本书由海南师范大学学术著作出版基金资助
本书由海南师范大学文学院及古代文学学科资助

明代状元与文学

MINGDAIZHUANGYUANYUWENXUE

郭皓政 著

齊魯書社

图书在版编目（CIP）数据

明代状元与文学／郭皓政著．—济南：齐鲁书社，2010.6

ISBN 978－7－5333－2418－6

Ⅰ.明…　Ⅱ.郭…　Ⅲ.①状元—研究—中国—明代　②古典文学—文学创作—文学研究—中国—明代　Ⅳ.①D691.46　②I206.2

中国版本图书馆 CIP 数据核字(2010)第 119044 号

明代状元与文学

郭皓政　著

出　　版	齊魯書社
社　　址	济南经九路胜利大街 39 号
邮　　编	250001
网　　址	www.qlss.com.cn
电子信箱	qlss@sdpress.com.cn
印　　刷	青岛星球印刷有限公司
开　　本	850×1168/32
印　　张	10
插　　页	3
字　　数	234 千
版　　次	2010 年 6 月第 1 版
印　　次	2010 年 6 月第 1 次印刷
标准书号	ISBN 978－7－5333－2418－6
定　　价	29.00 元

序

序

陈文新

皓政的博士学位论文《明代状元与文学》即将由齐鲁书社出版，作为他的导师，我很高兴就这本书说几句话。

一

关于古代文学的研究，我一向认为，我们不能满足于站在现代人的立场上，仅凭一个大体的印象，便指指点点，评头论足，下判断，作结论；我们必须对传统文化有学理意义上的同情，尽可能地贴近传统，深入传统，理解传统，这样才能有更深切的体验。多年来，我一直朝这个方向努力着。在指导研究生的时候，我也注意从这个方面启发、引导他们。特别是博士生的培养，我尤其重视这一点。我近年从事的一些研究，如《中华大典·文学典·明清文学分典》、《中国文学编年史》、《历代科举文献整理与研究丛刊》的编纂等，都让我的一些素质较好的博士生参与其中。在这个过程中，他们必须接触大量的第一手文献，这在加强其文献功底的同时，也有助于深化他们对传统文化的认识，形成自己独立的思考和判断。

皓政祖籍山东，有着北方人的忠厚和朴实，十分勤奋。2005年夏天，他考入武汉大学攻读中国古代文学博士学位，其时我正在酝酿历代科举文献整理与研究的课题。经过一年的考察，我决定让他承担《历代科举文献整理与研究丛刊》中的一个子课题，即“历代状元史料汇编”。皓政从明代入手，积累了大量资料，在其师弟甘宏伟博士的协助下，最后编成《明代状元史料汇编》一书。全书共两百余万字，作为《历代科举文献整理与研究丛刊》第一辑的一种，已由武汉大学出版社于2009年9月出版。在此基础上，皓政完成了他的博士论文，于2008年以校内外评审全优的成绩顺利地通过答辩。本书即是在其博士论文的基础上修改而成的。

本书值得关注之处主要有以下几点：首先，皓政能够以“了解之同情”的立场，来认识科举制度，认识状元的文学创作。其次，发掘了新材料，提出了新问题；不囿于前人观点，对一些新的见解作了力所能及的阐发。下面，我打算就这两点做些具体说明。

二

关于“了解之同情”的问题。

作为一项从整体上影响国民生活的官员选拔制度，科举制度对于提高全民族的文化水准，其作用是显而易见的。余秋雨曾说：“科举以诗赋文章作试题，并不是测试应试者的特殊文学天才，而是测试他们的一般文化素养。测试的目的不是寻找诗人而是寻找官吏。其意义首先不在文学史而在政治史。中国居然有那么长时间以文化素养来决定官吏，今天想来都不无温暖。”① 丰富的常识、健全的理解力和良好的涵养是文官选拔的三个必要条件，而科举考试以经学、诗文、策问为主体部分，已足以满足文官选拔的基本要求。

科举制度以其“程序的公正”为国家选拔了大量行政官员，在提高全民族的文化水准和维护我们这个多民族国家的统一稳定方面，发挥了直接而巨大的作用，这是其显而易见的功能；它还有其他不那么显著却同样值得重视的功能，即意识形态功能和人文教育功能：科举制度以其对社会的整体影响力将儒家经典维持世道人心的作用发挥到极致。明清时代有一项重要规定：科举以“四书”、“五经”为基本考试内容。这一规定是耐人寻味的。《论语》、《孟子》等儒家经典是秦汉以来中国传统社会维系人心、培育道德感的主要读物。我们经常表彰“中国的脊梁”，一个毋庸置疑的事实是，秦汉以降，“中国的脊梁”大都是在儒家经典的教育下成长起来的。以文天祥为例，这位南宋末年的民族英雄，曾在《过零丁洋》诗中说：“人生自古谁无死？留取丹心照汗青。”“丹心”，就是蕴蓄着崇高的道德感的心灵。他还有一首《正气歌》，开头一段是：“天地有正气，杂然赋流形。下则为河岳，上则为日星。于人曰浩然，沛乎塞苍冥。皇路当清夷，含和吐明庭。时穷节乃见，一一垂丹青。”身在治世，正气表现为安邦定国的情志，身在乱世，则表现为忠贞坚毅的气节，即文天祥所说：“当其

① 余秋雨：《十万进士》，原载《收获》1994年第4期。转引自刘海峰《科举学导论》，华中师范大学出版社2005年版，第113页。

贯日月，生死安足论。”1282年，他在元大都（今属北京）英勇就义，事前他在衣带中写下了这样的话：“孔曰‘成仁’，孟曰‘取义’。惟其义尽，所以仁至。读圣贤书，所学何事？而今而后，庶几无愧。”① “四书”、“五经”的教诲，确乎是他的立身之本。文天祥是宝祐四年状元，这是一个值得关注的事实，它表明：进士阶层在实践儒家的人格理想方面，其自觉性远远高于社会的平均水平。

当然，任何制度都不可能无懈可击。制度本身只能实现相对公正，不可能做到绝对公正。更何况，传统中国本身就是一个人情社会而非法制社会，在这种背景下，要想让科举制度实现彻底公正几乎是不可能的。科举考试中出现的一些营私舞弊现象，不能完全归罪于科举本身。就其影响而言，正如有阳光的地方总会有阴影一样，科举制度无疑也会产生一些负面影响，但我们不应将其负面影响过分夸大。

皓政的这部著作，能够摆脱流行观念的制约，对于科举制度及状元的文学创作，用事实说话，用材料说话，既不彻底否定，也不做夸大、溢美之词。例如，本书的上编《科名与文章》，在论及明代状元的选拔与其文学才能之间的关系时，作者指出，科举考试是选官制度，特别是明代的科举考试，在科目设置上，只考“四书”、“五经”，不考诗赋，在政策层面上确实存在着轻视文学的倾向，但在明人的观念中，文学才能与状元选拔依然有着密切联系。作者还分析了状元选拔过程中各种因素的影响，指出在状元中既有才华卓越之士，也有平庸之

① 脱脱等：《宋史》卷四一八《列传第一百七十七·文天祥列传》，中华书局1977年版，第12540页。

辈，这并不奇怪。除了科举制度之外，作者还注意到明代科举制度的延伸——翰林制度对状元文学创作的影响。下编《个性与时代》中，作者具体考察状元的文学创作，注意到时代风气以及作家个性的影响，没有将制度层面的影响绝对化。不论是对科举制度，还是对状元的文学创作，本书的立场和持论都是较为客观公允的。

三

关于发掘新材料，提出新问题。

皓政在编纂《明代状元史料汇编》的同时，完成了他的这本专著。他在史料的钩稽、整理方面用力颇勤，收获不少。例如，他对明代 89 位状元的别集存佚情况进行了调查摸底，发现明代状元中，至少有 45 人的别集依然存世。这些别集大部分未经整理和研究，而其中有些作家和作品是很有研究价值的。其研究价值，一是源于其作品自身的审美价值、思想价值，二是源于其文学史意义。

本书在论及永乐时期的馆阁文学时，将其分为两大流派，一派是以诗歌点缀盛世的“法唐”派，以解缙以及状元胡广、状元曾棨等为代表。另一派是以杨士奇为代表的、以文为主的“宗欧”派，状元陈循为其重要羽翼。作者还指出，茶陵派比台阁体更重视文学的审美价值，其对台阁体的发展，主要体现在诗的方面，而在文章领域，并没有太大发展。“前七子”对茶陵派的攻击主要集中在文章领域，在诗歌方面，“前七子”倒是继承和发展了李东阳的文学主张。这些见解，有助于加深对台阁体的了解，理清明代文学史的发展脉络。

就状元文学自身价值而言，有些状元的文学创作颇具审美价值和思想价值。例如，状元罗洪先是明代著名理学家，以往学界对罗洪先的思想关注较多，而对其文学成就关注较少。本书则对罗洪先的诗歌创作给予较高评价，指出罗洪先虽然不专注于诗歌创作，但当时文坛处于明代“七子”复古运动和唐宋派文风的笼罩之下，罗洪先的诗歌却能够自成一家，实现了诗与思的融合。又如，状元钱福是脍炙人口的《明日歌》的作者，以往文学史对他关注较少，以至于其人湮没无闻。钱福是吴地文人，同时又是茶陵派成员之一，他的诗文创作，体现出吴地文化与馆阁文化的碰撞，对稍后的唐寅也有重要影响。

在对明代状元文学做了大量个案考察的基础上，本书还从宏观的角度，总结出明代状元文学的发展趋势，即：明前期状元文学主要服务于政治，明中期逐渐关注审美，继而重视思想，晚明状元文学趋向多元化。状元文学受政治影响较大，而与明代文学的整体走向呈背离之势。这些都引发了我们对文学与社会关系的思考。

四

最后，再谈一点感想。

在文学史视野下考察明代状元文学，有两个不同的视角。一是纯文学视角，二是杂文学视角。

先说纯文学视角。20 世纪，中国文学史研究者大规模地采用纯文学观衡估古代文学，在文学史的撰写中表现出两个倾向：其一，强调诗、文、小说、戏曲为文学所特有的样式，文学史要以这四种文体为主要的叙述对象。符合现代文学观念的古代文体被划分到相应的领域，如诗、词、散曲属诗歌，古

文、骈文、小品文属散文，等等。按照“一代有一代之所胜”的思路，格外突出《诗经》、楚辞、汉魏乐府、唐诗、宋词、元杂剧、明清小说在文学史中的位置。其二，在著述方式上，强调文学史规律，大量采用现代文学理论的术语对古代作家作品进行分析评价，论述注重条理化和逻辑化。有一个现象值得一提，即20世纪初的文学史不太看重绪论、导论之类，20世纪30年代以降，绪论、导论越来越受重视，对文学史的统领作用也越来越强。注重绪论和导论，是注重条理化和逻辑化的表现。从纯文学视角看明代状元文学，我们很容易得出结论：明代状元文学很少文学史意义。理由是，其一，他们在小说领域基本上没有建树，他们的戏曲创作不成规模，他们的诗多为应酬之具，他们的文章多是实用的产物。其二，从进化论的角度看，唐代是诗的时代，宋代是词的时代，元代是曲的时代，明代是小说的时代，而明代状元恰好在小说领域留下了一片空白。这些理由，说来头头是道，但却是用一种理论强行裁剪文学史事实的结果。

再说杂文学视角。明代状元别集的主体部分，以实用性的文体和应酬功能较强的文体（如七律）为主，这似乎就注定了这些作品没有文学史意义。其实不然。清代的沈德潜在编选《清诗别裁集》时，曾致力于区分在酬赠时写诗和将诗作为酬赠之具这两种不同的情况。在沈德潜看来，应酬宴饮是生活中必不可少的部分，对于诗人来说，关键问题不是拒绝在诗中涉及酬酢宴饮等内容，而是如何做到在创作中不流于应酬，使酬赠之作具有超出应酬的价值。因此，沈德潜在《清诗别裁集》的作家作品评议中特别强调赠答、送别诗的“体”、“格”。“时送行诗汇成卷轴，剧多名作，然颂扬得体，无逾此章。”①（评吴襄《送徐溦斋先辈奉使琉球》）“极乱后宜以宽严相济处之，文翁、武侯其前事也。赠言之体如是。”②（评严允肇《送宋荔裳按察四川》）“此言抚吴大臣，推周文襄忱、王端毅恕、海忠介瑞，而冀公之追步前哲也。此种立言，得吉甫赠人之体，诗亦穆如清风。”③（评韩菼《赠江南巡抚汤潜庵先生》）“入山修炼，非儒者事，况有慈亲在耶？送之即以招之，得赠人以言之体。”④（评濮淙《赠方望子入黄山修炼》）

所谓“体”、“格”，就是身份，就是品格。没有品格即流于应酬，超越了应酬即是得“体”，即是有“格”。沈德潜认为，那些发自内心的酬唱诗与登临凭吊之作一样，是受外物激发而内心有所感触的产物，这类诗作同样具有打动人的力量，能发挥化导人心的作用；只有那些疲于应酬，随口赠答，并无真情实感的应酬之作，才是不可取的。因此，在对酬酢之作进行取舍时，沈德潜并不只从题材着眼，一概加以排斥，而是着眼于内涵加以选择。

由沈德潜对“体”、“格”的论述，我们可以得出结论，明代状元别集中，许多作品的确具有实用和应酬的功能，但实用和应酬不是这些作品的全部价值，在文学史视野下考察

① 沈德潜：《清诗别裁集》卷二十三，上海古籍出版社1984年版，第933页。

② 沈德潜：《清诗别裁集》卷五，上海古籍出版社1984年版，第202页。

③ 沈德潜：《清诗别裁集》卷十，上海古籍出版社1984年版，第397页。

④ 沈德潜：《清诗别裁集》卷二十，上海古籍出版社1984年版，第815页。

这些作品，实用和应酬甚至不是这些作品的主要价值，其中颇有一些杰作。我们还可以进一步指出，对明代状元别集的研究还有另一层文学史意义，即有助于我们把握明代的文学生态。20 世纪流行的纯文学观，仅以小说、戏曲和少量的诗文流派来建构明代文学史，难免留下很多断层。大量的文学史信息和文学史景观被忽略掉了，或视而不见。要想填补这些文学史的断层，仅凭推断和想象是不够的，而应尽可能地走近历史，尽可能地还原历史。重返文学史现场也许只是一种愿望，但这并不意味着可以对大量丰富的文学史细节和文学史景观置之不理。认真研究明代状元别集，可以对明代文学获得更多的现场感。在明代这个科举社会的鼎盛时期，不深入考察明代状元别集，对文学生态的了解就可能是残缺不全的。皓政这一部专著的意义，由此也可以得到进一步的说明。

是为序。

陈文新
2010 年 4 月 12 日于武汉大学

目　录

序 …… 1

引　言 …… 1

上　编　科名与文章 …… 11

第一章　金榜题名：明代状元的选拔 …… 13

第一节　明代状元概况 …… 13

第二节　文学在明代科举考试中的地位 …… 33

第二章　玉堂岁月：明代状元的仕途 …… 55

第一节　明代状元的仕途路线 …… 55

第二节　文学对明代状元仕途的影响 …… 70

第三章　历史回响：明代状元文学概况 …… 78

第一节　明代状元的文学创作概貌 …… 78

第二节　庙堂之音与山林之趣 …… 92

下　编　个性与时代 …… 99

第四章　政治的附庸：明前期状元文学 …… 101

第一节 洪武状元文学与台阁体萌芽…………101
第二节 台阁体的主流：以文为主的“宗欧”派 …121
第三节 台阁体的支脉：以诗为主的“法唐”派 …129
第五章 审美的追寻：明中期状元文学（上） ………144
第一节 从状元文学看台阁体向茶陵派的过渡………144
第二节 台阁体与茶陵派之外的状元文学…………166
第六章 思想的召唤：明中期状元文学（下） ………195
第一节 “大礼议”前后的状元文学 …………195
第二节 王学对状元文学的影响……………………217
第七章 理想的挽歌：晚明状元与文学……………233
第一节 状元焦竑与晚明文学思潮…………………233
第二节 党争影响下的晚明状元文学………………246
余 论 明代状元文学启示录……………………267
附录一 明代状元别集存佚情况一览表……………278
附录二 大型丛书中的状元别集……………………291
参考文献…………………………………………297
后 记……………………………………………305

引 言

自1905年清政府废除科举考试之后，科举制度便成为一幅泛黄的老照片，成为遥远而陌生的回忆。曾经在长达1300年的时间内深刻影响着无数士人生活和灵魂的科举制度，今人已经很难感受到它当初的强大影响力了。今天的人们，无法想象科举时代那一幅幅生活画面，例如，每三年一次的秋闱、春闱，士人们长途跋涉，赴省城、京城赶考……无法感受到科举对士人灵魂的煎熬，它给士人带来的一次次希望和失望。程文、墨卷，这些过去被士人们奉如珍宝的东西，都已成为死去的词汇。但是，科举时代也留下了一些无法抹掉的记忆。比如“状元”这一称谓，已成为人们的日常用语。各行各业的第一，都可以称为状元。只是，今天人们口中的“状元”，已被抽空了丰富的历史文化内涵，只具有“第一”的含义。那么，历史上的“状元”又是如何呢？

“状元”之称由来已久，它伴随着科举制度的产生而出现。但“状元”最初只是一种俗称，见于唐代的野史笔记。直到明代，这一称谓始得到官方正式认可。在许多人的印象中，“状元”往往与“才子”、“文采风流”之类的词汇联系在一起。大量有关状元的民间传说，才子佳人小说、戏曲中“落难公子中状元”的情节套路，也在强化着人们的这种印象。不过，有人也可能会提出相反意见，认为状元是落后的封建科举制度的产物，没有什么真才实学。特别是明代科举罢诗赋不试，在有些人看来，这一时期的大部分状元大概只会做八股文章，满脑子“四书”、“五经”、程朱理学，心里想的是功名富贵，嘴上谈的是伦理道德，就算偶尔写点诗文，也都迂腐不堪。上述两种观点，究竟孰是孰非？我们不妨走近历史，了解一下明代历史上那些真实的状元，探寻一下他们文学创作的真相。

一

明代，中国科举社会进入鼎盛阶段。科举制度是中国古代一项重要的文官选拔制度，它始于隋大业元年（1605），至清光绪三十一年（1905）始告终结，时间跨度长达1300年。在漫长的历史岁月中，科举制度不断趋于完善和严密，影响日益扩大。至明代，科举的触角已延伸至政治、教育、思想、文化乃至日常生活的各个角落，深刻地影响着士人的思想和灵魂。清代科举制度基本上是沿袭明代。因此，我们在研究中国古代文学特别是明清文学的时候，有必要对科举予以适当关注。

从科举视角研究文学，程千帆《唐代进士行卷与文学》（上海古籍出版社1980年版）、傅璇琮《唐代科举与文学》（陕西人民出版社1986年版）都是开风气之先的著作，他们的研究思路和方法对后来研究各时代科举与文学的关系具有示范意义。在他们的影响下，已经有越来越多的学者开始关注科

举与文学的关系，并取得了不少重要成果。不过，目前，大多数研究者的目光多集中于制度史的研究层面，视野有待进一步拓展。傅璇琮先生早已指出："我们似应该把视野放开些，不能只停留在说明考试办法（如试诗赋、策文等）对文学的影响上，单纯以下个积极或消极的结论为满足，可以把科举制对社会风气与文人生活的影响作为研究的课题，进行较为全面的、历史的考察。"① 这一点对明代科举与文学关系的研究而言，尤为重要。由于明代科举制度与文学的关系较为隐蔽和复杂，我们既要从制度方面进行考察，也应关注那些有着特殊科举身份的文人（例如状元、榜眼、探花、会元、庶吉士、解元等等）的文学创作成就，以此验证我们对科举制度所下的结论。本书研究明代状元与文学的关系，即是在一方面所做的初步尝试。

20 世纪 80 年代之前，由于对科举制度的批判，状元文学研究长期处于被遮蔽的境地。除少数状元（如明代的杨慎、康海等）外，大部分状元及其文学创作鲜为人知。20 世纪 90 年代之后，对状元作整体考察的著作出版了不下 30 种，数量虽然不少，但绝大部分以普及历史知识为目的，注重趣味性，研究有待拓展和深化。就创作而言，状元的八股文、策论相对受到重视，诗文研究尚处于起步阶段。龚笃清《明代八股文史探》（湖南人民出版社 2006 年版）对明代八股文发展史作了梳理，介绍了各个时期的八股文名家，其中提到的明代状元有商辂、钱福、罗伦、吴宽、文震孟、周延儒等。李维新等主

① 傅璇琮：《唐代科举与文学》，陕西人民出版社 1986 年版，第 416 页。

编的《天下第一策·历代状元殿试对策观止》(中州古籍出版社1998年版),收集了唐代至清代部分状元(其中包括31名明代状元)的殿试对策,并对其加以评析。此外,还有邓洪波、龚抗云编著的《中国状元殿试卷大全》(上海教育出版社2006年版)等。相关的研究论文也有不少。状元的八股文、策论受到研究者重视,这不难理解。在科举时代,状元的八股文、策论便备受关注。不过,参加科举考试毕竟只是状元人生中的一个阶段,并非状元生活的全部。如欲走进状元的内心世界,我们更应关注其诗文创作。王鸿鹏选注的《中国历代状元诗(明朝卷)》(昆仑出版社2006年版),仇江、曾燕闻、李福标编选的《岭南状元传及诗文选注》(中山大学出版社2004年版)等,为读者了解更多状元的文学创作情况打开了一扇窗口,但所收诗文有限,读者借此仅能略窥一斑。朱焱炜的专著《明清苏州状元与文学》(中国言实出版社2008年版)以盛产状元的苏州为研究中心,涉及明代状元8名,清代状元26名。该文从科举文体、地域文化、家族文化等角度对状元文学加以研究,具有一定深度,但涉及明代状元较少,且仅限于苏州一地,未能展现明代状元的整体创作面貌。

当然,我们考察明代状元文学的视角并不局限于科举制,而是延伸到翰林制度乃至整个明代政治。关于明代翰林制度与文学之间关系的研究,目前也未得到足够的重视。明代状元大体每三年产生一位,在近三百年的时间内,状元文学与明代政治一起经历了无数风风雨雨,导致状元们的文学创作风格可能存在较大差异。我们的目标,是将宏观研究与个案研究相结合,将对状元文学创作共性与个性的考察相结合,注重对时代精神的把握和对作家创作个性的分析,力争从明代状元文学的演进过程中得出较具普遍性的结论，以为后世文学创作之鉴。

二

本书的题目为《明代状元与文学》，单从字面意义着眼，其涵盖的范围可能非常宽泛，如“文学作品中的状元形象”，亦可视为题目中的应有之义。状元是人们喜闻乐见的一类角色，从古至今，以状元为题材的文学作品为数不少。萧锦源《状元史话》（重庆出版社1992年版）专辟“状元与小说、戏曲”一章，分析了状元题材的小说、戏曲的源头、演变、人物形象以及思想艺术的高下得失等问题，特别是书中的“古代小说、戏曲、弹词中状元一览表”，考索较勤。这是一个值得深入研究的课题，但其研究对象是“与状元有关的文学”，而非“状元创作的文学”，故本书未将其列入研究范围。另外，由于古今文学观念不同，“文学”的界定亦有不确定性，从文体学角度讲，八股文、策论等考试文体，亦可纳入研究视野。为了使主题明确，论述集中，本书不拟面面俱到。为此，特将研究对象的范围界定如下：本书以明代状元的文学创作为主要研究对象。题目中的“与”字，意在表明状元与文学两者之间存在相互影响的关系，即：文学对明代状元的选拔、仕途具有一定影响；状元对明代文学的发展亦具有一定影响。题目中的“文学”二字，在就状元创作而言时，仅指那些符合现代文学观念的作品，如诗词、散文、戏曲等。

又，在后文中，本书会经常用到“状元文学”四字，这只是为了行文方便，并无特殊含义。本书无意将“状元文学”作为一个概念提出。不过，笔者认为，对状元文学创作的关注、对作家科举身份的关注都是必要的。有学者曾经提出

“官人文学”的概念，其着眼点主要在文体：

> 他们为“举业”而作的策、论、诗、赋等等，数量之大，恐怕难以想象，其中必有高质量作品。由他们及其作品所构成的“官人文学”（或“考试文学”），不仅是可以成立的，而且阵容强大，蕴藏丰厚……它们所曾给予中国人生活的影响不比任何其他“文学”种类逊色，理应成为我们今天文学研究的重要对象之一。①

将“举业”文字纳入文学研究视野，这是广义文学观念的体现，亦有其研究意义。鉴于目前学界对状元八股文、策论等科举文体的研究已经有了足够重视，而大部分明代状元的文学创作仍相对受到冷落，本书不将举业文字作为研究重点。不过，作为背景知识，还是会予以适当关注。

三

本书主体部分分上、下两编。上编《科名与文章》为总论，介绍了明代状元的选拔过程、仕途路线、文学概况，下分三章：

第一章，介绍明代状元概况及其选拔过程。状元之称由来已久，至明代始成为定制。明代共89名状元，从地域分布看，受区域文化影响比较明显。例如，明初江西文风特盛，仅吉安府一地，所出状元就不下10人。永乐年间的状元，被江西、福建两地包揽。当时内阁成员中，解缙、胡广、杨士奇、金幼孜等均为江西人，杨荣为福建人。因此，台阁体的兴盛，受江

---

① 陈选公：《“状元策”论略——“官人文学”研究之一》，《郑州大学学报（哲学社会科学版）》1997年第6期，第64页。

西区域文化影响比较明显。从年龄结构看，状元夺魁越早，越有利于往文学方面发展。明代进士科确定程朱理学为指导思想，罢诗赋不试，对文学发展十分不利。明代科举考试多次“正文体”。这虽然是针对科举之文，但对文学创作也会产生一定影响。状元的最终选拔主要受皇权和阁权的影响，在这两种权力的交织下，还会出现许多不确定因素。

第二章，考察明代状元的仕途。明代的科举制度与翰林制度接轨。明代有“非进士不入翰林，非翰林不入内阁”① 之说，状元作为进士中的佼佼者，与翰林制度、内阁制度密切相关。钱穆对明清两代的翰林制度很赞赏，他在《中国历代政治得失》中指出：“这是一个很好的制度。明清两代，许多大学问家，大政治家，多半从进士翰林出身。并不是十年窗下，只懂八股文章，其他都不晓得。”② 状元在翰林院可以博览群书，广交文朋，不但可以培养从政能力，对其文学创作也有所裨益。状元文学作为馆阁文学的一个组成部分，受台阁体影响较深。

第三章，介绍明代状元的著述情况。明代状元中，有诗文别集存世者不下 45 人，别集数量相当可观。笔者根据自己的调查情况，编制了《明代状元诗文别集存佚情况一览表》，见附录一。明代状元从事戏曲小说创作者较少。除了文学创作以外，他们还参与了许多国家大型文化工程，在经学、史学等方面有不少私人著述。其文风以庙堂之音为主，

---

① 张廷玉等：《明史》卷七十《志第四十六·选举二》，中华书局 1974 年版，第 1702 页。

② 钱穆：《中国历代政治得失》，生活·读书·新知三联书店 2001 年版，第 130 页。

也不乏山林之趣。

下编《个性与时代》，包括第四、五、六、七章。这一部分为分论，对状元的文学创作进行具体考察。在考察过程中，既注重对时代精神的把握，亦注重对状元创作个性的彰显。在选择考察对象时，主要考虑三点，一是能体现时代精神，二是具有较为鲜明的创作个性，三是有别集存世。

第四章，重点考察明前期状元文学与台阁体的关系。从洪武元年（1368）明朝开国到宣德十年（1449）明英宗朱祁镇继位，历经洪武、建文、永乐、洪熙、宣德五朝，统称之为明前期。这段时期内，明朝的历代君主把加强和巩固皇权作为首务，基本上都能励精图治，是以国势一直保持强盛。明朝开国皇帝朱元璋善于选拔、任用人才，这不仅帮助他在元末大动乱中崛起，统一天下，而且使明初社会迅速趋于安定繁荣。朱元璋很重视对皇子、皇孙的教育，使明初强大的国势得以延续。对于继朱元璋之后明初历代皇帝的施政、用人方针，晚明思想家李贽有如下评论：

> 建文继之纯用恩，而成祖二十有二年，则又恩威并著而不谬。仁宗继之纯用仁，而宣宗章皇帝在位十年，则又仁义并用而不失。况正统十年之前，昭圣未宾，三杨犹在，尚行二祖三宗之政乎。则我朝仁义立国，爱民好贤，盖相继且百有余岁也。①

这种良好的政治局面，维持了近百年，台阁体文学遂应运而生。李贽没有提及正统朝的英宗皇帝，但是却提到了正统朝的张太皇太后（昭圣）以及台阁体的代表人物“三杨”（杨士

---

① 李贽：《续藏书》卷一《小引》，中华书局1974年版，第3页。

奇、杨荣、杨溥)。这是因为英宗宠信太监王振,“三杨”在世时,仰仗张太皇太后的支持,犹能勉力支撑政局。从正统五年(1440)到正统十年(1445),“三杨”、张太皇太后相继谢世,王振专权,正统十四年(1449),终于酿成“土木堡之败”,明朝国势遂颓。一般将“土木堡之败”视为明朝进入中期的重要标志。不过,明朝国势的转折并非由“土木堡之败”这场突发性事件直接引起,“土木堡之败”只是一个爆发点,皇权政治走向腐败才是真正的导火索。事实上,整个正统时期均可视为一个转折阶段。从状元文学发展的角度看,正统时期,文学创作带有明显台阁体风格的状元,大都在正统之前入仕,而在正统时期入仕的状元,其创作风格已经非台阁体所能笼罩了。因此,将正统年间入仕的状元列入明中期讨论。

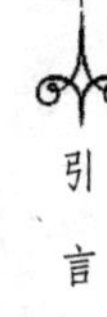

第五章、第六章,以状元文学为切入点,考察馆阁文学的转向和没落过程。从正统元年到万历前期,统称之为明中期。这段时期,明代的政治面貌发生了新的变化,皇帝荒政的现象比较严重,但士风从整体上看还值得称道。这一时期的状元文学,开始逐渐摆脱了政治的束缚,出现了一些新的趋向。为叙述方便,又将这段时期分为两个阶段。第一阶段主要包括正统、景泰、天顺、成化、弘治五朝。从“土木堡之变”到“弘治中兴”,状元文学逐渐摆脱政治束缚,始重视文学自身审美价值。第二阶段包括正德、嘉靖、隆庆三朝以及万历前期。在这一阶段,王学的风行对状元文学造成一定冲击,思想为这一时期的状元文学注入了新的活力。

第七章,考察晚明状元文学。状元焦竑是处于中晚明社会过渡阶段的重要思想家。他本人虽然不太注重文学创作,但其文学思想有值得注意之处。晚明是一个充满道德危机感的时代，晚明状元的道德水准出现了明显的分化。在君主专政体制下，儒家的道德理想主义将不可避免地走向破灭。

状元每三年产生一位，均匀地分布于整个明代社会发展的历史进程中。状元的特殊身份，决定了其创作是考察明代社会思潮、政治与文学关系的绝佳着眼点。明代状元文学与明代政治的发展基本上是同步的，而整个明代文学与明代政治之间则存在一种“同构”、“异动”的现象。明代文学与明代政治都立足于传统，有志于恢复传统，最终却背离了传统。不同的是，明代政治较传统政治更加恶化，而晚明文学则呈现出新的面貌。明代状元文学置身于政治与文学的夹缝之间，将政治放在首位，没有加入晚明文学的大合唱，最终成为明代政治的牺牲品。这一现象，值得我们反思。

上编

科名与文章

第一章　金榜题名：明代状元的选拔

第一节　明代状元概况

状元是科举制度下的佼佼者，是进士群体的代表。在一定意义上，状元亦是科举文化的象征。众所周知，状元指古代全国性科举考试的第一名。这种理解大致不差，不过，还需要做如下几点补充：首先，科举考试有许多科目，进士科是其中影响最大的一科，状元仅指进士科的第一名。其次，科举考试分许多等级，仅就全国性考试而言，就有会试和殿试。会试虽然也是全国性考试，但其第一名只能称作会元。殿试在会试之后举行，主要目的在于区分进士等级。只有在殿试中取得第一名者，才被称为状元。状元又被称为殿元、龙首、状头、榜头、榜首、鼎元、元魁。状元是在殿试过程中产生的，故又称殿元。状元经皇帝御笔钦点，故又称龙首。榜首，指黄榜之首。殿试一甲三人，类似于鼎之三足，故称鼎甲，因此，状元亦被称作鼎元。

这些五花八门的称呼，今天大都被人们遗忘了，只有状元一词还在广为流传。

一、状元至明代始成为定制

为了解明代状元的特点，我们首先将他们放到科举制度发展的历史长河中，与前代状元作一番比较。科举制度始于隋末，状元之称出现得稍晚。在早期的科举考试中，进士数量较少，亦不分等级，因此“状元”只是一种美称，对仕途并无太大影响。“状元”中的“元”字，乃元首之意。“状”字有两种解释：一种是解释为投状、奏状，类似于现代的“身份证”、“报名表”之类，上面有举子的姓名、籍贯、履历等信息。清人赵翼考证：“自武后初试贡士于殿前，别其等第，门下例有奏状，其居首者因曰状头，亦曰状元。”① 末代探花商衍鎏亦认同这一观点：“状元之称始于唐，因唐制举人赴礼部试者，皆须投状，殿试第一谓为状元，意义如此。武后试贡士于殿前，故居首者曰状头，亦曰状元。”② 今人岑仲勉亦云：“唐制府州送士用解文，故曰解头。礼部奏用状，故曰状头。弘词宣以敕，故曰敕头。”③ 这种说法如今被广为接受。也有人将“状”理解为“榜”，明人朱之瑜便持这种观点，他说：“进士以三月十五日廷试，十八日传胪，天子亲笔书第一甲第一名某人等字，属有黄榜张挂，礼部更有题

---

① 赵翼：《陔余丛考》卷二十八《状元、榜眼、探花》，商务印书馆1957年版，第584页。

② 商衍鎏：《清代科举考试述录及有关著作》，百花文艺出版社2004年版，第149页。

③ 岑仲勉：《金石论丛》，上海古籍出版社1981年版，第167页。

名录，缄縢而付该司收掌，所谓状也。元即元首之元，所谓‘君恩赐状头’可证也。”① 虽然朱之瑜的解释更易被人们理解和接受，但是从状元的历史来看，“投状”之说或许更为可信。

唐人的笔记小说中，已有“状元”之称。如孙棨《北里志》：

孙龙光为状元（名偓，文府弟，为状元在乾符五年），颇惑之，与同年侯彰臣（潜）、杜宁臣（彦殊）、崔勋美（昭愿）、赵延吉（光逢）、卢文举（择）、李茂勋（茂蔼弟）等数人，多在其舍。他人或不尽预。②

又：

裴思谦状元及第后，作红笺名纸十数，诣平康里，因宿于里中。③

又：

郑合敬先辈及第后，宿平康里，诗曰：“春来无处不闲行，楚润相看别有情。好是五更残酒醒，时时闻唤状元声。”④

五代王定保的《唐摭言》一书，多记唐代科场之事，书中“状元”、“状头”等词更是俯拾皆是，如：

合淝神质瓌秀，主副为之动容。因曰：“不为作状

---

① 朱舜水：《朱舜水集》卷十《答源光国问十一条》，中华书局1981年版，第347页。

② 孙棨：《北里志·郑举举》，见《唐五代笔记小说大观》，上海古籍出版社2000年版，第1407页。

③ 孙棨：《北里志》附录《裴思谦状元》，见《唐五代笔记小说大观》，上海古籍出版社2000年版，第1416页。

④ 孙棨：《北里志》附录《郑合敬先辈》，见《唐五代笔记小说大观》，上海古籍出版社2000年版，第1417页。

元，便可延于吾庐矣。”①

《唐摭言》记载唐代状元及第后相关礼仪、风俗的有：

大凡谢后便往期集院（团司先于主司宅侧税一大第，与新人期集）院内供帐宴馔。卑于辇毂。其日，状元与同年相见后，便请一人为录事。（旧例率以状元为录事）其余主宴、主酒、主乐、探花、主茶之类，咸以其日辟之。……其被袋，状元、录事同检点，阙一则罚金。曲江之宴，行市罗列，长安几于半空。②

又：

状元已下，到主司宅门下马，缀行而立，敛名纸通呈。入门，并叙立于阶下，北上东向。主司列席褥，东面西向。主事揖状元已下，与主司对拜。拜讫，状元出行致词，又退著行各拜，主司答拜。拜讫，主事云："请诸郎君叙中外。"状元已下各各齿叙，便谢恩。余人如状元礼。礼讫，主事云："请状元曲谢名第。第几人，谢衣钵。"（"衣钵"谓得主司名第，其或与主司先人同名第，即谢衣钵，如践世科，即感泣而谢。）谢讫，即登阶，状元与主司对坐。③

---

① 王定保：《唐摭言》卷二《争解元（叩贡院门求试后到附）》，上海古籍出版社1978年版，第19页。

② 王定保：《唐摭言》卷三《散序》，上海古籍出版社1978年版，第24、25页。

③ 王定保：《唐摭言》卷三《谢恩》，上海古籍出版社1978年版，第25页。

又：

又出抽名纸钱，每人十千文。其敛名纸，见状元。俄于众中蓦抽三五个，便出此钱铺底，一自状元已下，每人三十千文。①

又：

状元、录事具启事取人数，主司于其间点请三五人工于八韵、五言者。②

又：

生徒随座主过中书，宰相横行，在都堂门里叙立。堂吏通云："礼部某姓侍郎，领新及第进士见相公。"俄有一吏抗声屈主司，乃登阶长揖而退，立于门侧，东向；前后状元已下叙立于阶上。状元出行致词云："今月日，礼部放榜，某等幸忝成名，获在相公陶铸之下，不任感惧。"（在左右下，即云庆惧。）言讫，退揖。乃自状元已下，一一自称姓名。称讫，堂吏云："无客。"主司复长揖，领生徒退诣舍人院。主司襕笏，舍人公服靸鞋，延接主司。然舍人礼貌谨敬有加。随事叙杯酒，列于阶前，铺席褥，请舍人登席。诸生皆拜，舍人答拜。状元出行致词，又拜，答拜如初。③

此外，《唐摭言》中还有不少关于唐代状元宴饮狎妓、趣

① 王定保：《唐摭言》卷三《期集》，上海古籍出版社1978年版，第26页。

② 王定保：《唐摭言》卷三《点检文书》，上海古籍出版社1978年版，第26页。

③ 王定保：《唐摭言》卷三《过堂》，上海古籍出版社1978年版，第27页。

闻轶事的记载，如：

卢文焕，光化二年状元及第，颇以宴醵为急务，常俯关宴。①

又：

新进士尤重樱桃宴。乾符四年，永宁刘公第二子覃及第；时公以故相镇淮南，敕邸吏日以银一铤资覃醵罚，而覃所费往往数倍。邸吏以闻，公命取足而已。会时及荐新状元，方议醵率，覃潜遣人厚以金帛预购数十硕矣。于是独置是宴，大会公卿。②

此外，《北里志》中的《裴思谦状元》、《郑合敬先辈》等亦见于《唐摭言》中。

在《唐摭言》中，常有"状元"、"状头"混用的情形，如：

高锴侍郎第一榜，裴思谦以仇中尉关节取状头，锴庭谴之，思谦回顾厉声曰："明年打脊取状头。"明年，锴戒门下不得受书题，思谦自怀士良一缄入贡院；既而易以紫衣，趋至阶下白锴曰："军容有状，荐裴思谦秀才。"锴不得已，遂接之。书中与思谦求巍峨，锴曰："状元已有人，此外可副军容意旨。"思谦曰："卑吏面奉军容处分，裴秀才非状元，请侍郎不放。"锴俯首良久曰："然则略要见裴学士。"思谦曰："卑吏便是。"思谦词貌堂堂，锴见之改容，不得已遂礼

① 王定保：《唐摭言》卷三《慈恩寺题名游赏赋咏杂纪》，上海古籍出版社1978年版，第31页。

② 王定保：《唐摭言》卷三《慈恩寺题名游赏赋咏杂纪》，上海古籍出版社1978年版，第38、39页。

之矣。①

《唐摭言》中关于唐代状元的记载尚多，兹不一一列举。

明人徐应秋编纂的《玉芝堂谈荟》卷二“历代状元”条下，共考出唐代状元80余名。其中代宗宝应二年（763）有洪源、萧遘，宣宗大中十二年（858）有李亿、刘蒙，昭宗乾宁三年（896）有崔谔、沈崧，每榜都有两名状元。可见，唐代状元非全指进士第一人。

宋代科举在形式和内容上做了许多改革。宋代开宝六年(973)，殿试成为定制。元初马端临在《文献通考·选举考五》的《宋登科记总目》中，把开宝六年以前的省试第一人称为榜首，而此后的省试第一人改称为省元，将殿试第一人称为状元。同时，宋代进士科取士数目大增，进士之中亦有了高下之分。中高第者，多蒙重用。因此，宋代状元与其他进士的区别已经有所体现。

金、元两代，亦曾开科取士。金代前期科举分经义、词赋两科，一般只取词赋科（汉人）状元。金世宗大定十三年(1173)，始设女真进士科，其第一名称为策论状元。元代直到延祐二年（1315）始开科取士，中选进士分列两榜：蒙古色目人一榜，称右榜。汉人（南人）一榜，称左榜。每科取左右榜进士第一人各一名，相当于每科有两名状元。

明代，科举社会发展到鼎盛阶段。直到这时，状元之称才得到官方的认可，被正式确定下来。明代进士分三甲，其中“一甲止三人，曰状元、榜眼、探花，赐进士及第。二甲若干

① 王定保：《唐摭言》卷九《恶得及第》，上海古籍出版社1978年版，第100页。

人，赐进士出身。三甲若干人，赐同进士出身。状元、榜眼、探花之名，制所定也”①。

状元至明代成为定制，这既是科举文化发展的必然结果，也包含着特殊的政治用意，表明统治者有意将状元作为科举的象征和表率。例如，洪武二十一年（1388）殿试选拔出状元任亨泰出身于国子监，朱元璋十分高兴，不但令在国子监门口立《进士题名碑》，还命有司在任亨泰家乡立“状元坊”以示表彰。

明代，殿试发榜之后，有一系列的仪式和庆祝活动，称为“恩荣次第”：

> （洪武）四年，定恩荣次第。二月十九日，御奉天殿策赐贡士。二十日，午门外唱名，张挂黄榜。奉天殿钦听宣谕，同除授职名。于奉天门谢恩。二十二日，赐宴于中书省。二十三日，国子学谒先圣，行释菜礼。②

这是国初的规定，仪式还比较简单。自永乐二年起，关于庆祝活动的规定更加详细，状元的地位也更加突出：“张挂黄榜于长安左门外。顺天府官，用伞盖仪从，送状元归第。”③《词林典故》卷六《仪式》据《明良记》：“明初京官俱不用伞，惟考试官入场及状元归第，乃得用之。”④ 可见其隆重。“明日赐状元及进士宴于礼部。命大臣一员待宴。读卷执事等

---

① 张廷玉等：《明史》卷七十《志第四十六・选举二》，中华书局1974年版，第1693页。

②③ 俞汝楫：《礼部志稿》卷二十三《殿试》，文渊阁《四库全书》本。

④ 鄂尔泰、张廷玉：《词林典故》卷六，见傅璇琮、施纯德编《翰学三书（二）》，辽宁教育出版社2003年版，第136页。

官皆预。进士并各官皆簪花一枝。（花剪彩为之。其上有铜牌，钑‘恩荣宴’三字。惟状元所簪花，枝叶皆银，饰以翠羽，其牌用银抹金。）教坊司承应。宴毕，状元及进士赴鸿胪寺习仪。又明日，赐状元冠带朝服一袭。诸进士宝钞，人五锭。后三日，状元率诸进士上表谢恩，（仪见‘策士’。）明日，状元率诸进士诣国子监，谒先师庙，行释菜礼。”① 除了官方的宴会以外，还有一些私人的宴集，沿为惯例。谈迁《枣林杂俎·圣集》记载：“鼎甲胪传讫，出长安左门，京兆候迎，谢恩毕，宴堂上，南向，京兆北向。席特盛，用太常乐。仍谢恩出，京兆送归私第，茶别。”这是官方举办的正式宴会。接下来，“状元同乡宦京朝者，例邀京兆宴之，榜眼、探花不预”②。这是专门为状元举办的私人宴会，规格亦是相当高的，宋懋澄《九籥集》卷一记载了一次顺天府宴状元的全过程，“至七献始毕”，感叹“国家待士之隆，至于此而极矣”。③

明代除文举之外，还有武举。明朝于天顺八年公布《武举法》，至崇祯四年始开设武举殿试。武举殿试只开了5科，明代便灭亡了。相对于文状元而言，武状元并未受到特别重视，至少在士人的眼里是如此。如翁之琪（？~1644）是崇祯十三年（1640）庚辰科武举第一人，他的祖父翁汝进是万

---

① 俞汝楫：《礼部志稿》卷二十三《殿试》，文渊阁《四库全书》本。

② 谈迁：《枣林杂俎》圣集《胪传》，《四库全书存目丛书》子部第113册，齐鲁书社1995年版，第309、310页。

③ 宋懋澄：《九籥集》卷一《顺天府宴状元记》，中国社会科学出版社1984年版，第31、32页。

历乙未进士。翁之琪中武状元后，他的祖父并不感到高兴，反而叹道："余游宦无多长，唯督挞弁夫称能，安得清白束子孙，俯为人执鞭！"① 另外，武状元的仕途也不如文状元那般平坦。崇祯四年之前，武举非但开科不固定，而且从未举行过殿试，故武状元数量较少，且大多湮没无闻。在武举考试中也有文字方面的内容，而且个别武状元的文学成就还不低，如嘉靖五年（1526）武举会试第一人孙堪、嘉靖三十五年（1556）武举会试第一人周整等。无论在士人心目中，还是就仕途发展来看，武状元都较文状元逊色不少，这也从侧面衬托出明代对文状元的高度重视。本书只讨论文状元，不涉及武状元。

二、明代状元的基本情况

明代自洪武三年开科，洪武四年举行首次殿试，产生了第一位状元。其后，由于建国之初，官员紧缺，朝廷急于用人，洪武四年、五年、六年，连续举行了三次乡试，所取举人未经会试便直接授官，所以这三年并未产生状元。洪武六年，朱元璋鉴于"今有司所取，多后生少年，观其文词，若可与有为，及试用之，能以所学措诸行事者甚寡"②，下诏暂停科举，改行荐举。直到洪武十五年，方下诏恢复科举取士，并规定每三年开科一次。从此，明代科举开始步入正轨。一般每逢子、卯、午、酉年秋举行乡试，次年春天会试，会试之后接着举行殿试。直到明末崇祯年间，在内忧外患交攻的形势下，科举仍

① 查继佐：《罪惟录》列传卷之十九，浙江古籍出版社 1986 年版，第 2413 页。

② 见《明实录·明太祖实录》卷七十九，台湾"中央研究院"历史语言研究所 1962 年版，第 1443 页。

然坚持正常举行。明亡后，南明几个小朝廷也举行过科举考试，但多是地方性的考试，与乡试类似，规模很小，也就无所谓状元产生。从洪武初年（1368）到崇祯末年（1644），有明一代276年间，共举行过88次正规的科举考试，产生了89名状元。①

（一）地域分布

关于明代状元的地域分布，周腊生《明代状元奇谈·明代状元谱》中有如下统计：

整个明代一共产生了89名状元，大部分集中于东南的今福建、浙江、江苏、江西4省。其中：

浙江20名，占总数的22.47%；

江西17名，占总数的19.10%；

江苏16名，占总数的17.98%；

福建11名，占总数的12.36%；

这4省合计64名，占总数的71.91%。若加上上海3名，安徽5名，广东3名，东南一角共75名，占总数的84.27%。

剩下14名，零星分布在8个省、市：

山东3名，河北、河南、陕西、湖北各两名，北京、四川、湖南各1名。

---

① 洪武三十年（1397）丁丑科因“南北榜”事件产生了两名状元。是年依惯例于二月会试，三月殿试，初榜所取进士全部为南方人，称“南榜”或“春榜”。这激起了北方士子的不满。朱元璋于是决定在六月份对落榜举子重新殿试，所取全部为北方人，称“北榜”或“夏榜”。两榜各有一名状元，春榜状元为陈䢿，夏榜状元为韩克忠。

从以上分布情况看，就明代的文化教育事业的发展而言，东南一隅大大优于其他地区。①

从总体上看，南方明显超过北方。南方状元又集中在浙江、江西、江苏、福建等省。从时间段来看，明初江西出的状元最多。仅江西吉安一府，就出过11名状元，进士更是不胜枚举。明人刘仕义《新知录摘抄》中有“吉安文物之盛”条②，云：

江西一省可谓冠裳文物之盛，而吉安一府为尤最。自洪武辛亥至嘉靖己未，凡六十科，吉安进士七百八十八人，状元十一人，榜眼十一人，探花十人，会元八人，解元三十九人，登第者二十八人，官至内阁九人，一品六人，赠三人，尚书二十二人，赠四人，左右都御史六人，得谥二十五人。盛哉！

成化年间，江西吉水一个名叫刘充化的盲人，尝赋吉郡《十阁老》、《九尚书》、《十状元》诗。其《十状元》诗云：

天开文运盛庐陵，累占鳌头已十人。胡广时中兼子棨，彭时刘俨与罗伦。

后来彭教同曾彦，前有陈循并鹤龄。何事三元争些子，斯文颙望在明春。③

诗中提到的十位状元分别是：建文二年（1400）庚辰科状元胡广、永乐二年（1404）甲申科状元曾棨、永乐九年（1411）辛卯科状元萧时中、永乐十三年（1415）乙未科状元陈循、永乐十九年（1421）辛丑科状元曾鹤龄、正统七年（1442）

① 周腊生：《明代状元奇谈·明代状元谱》，紫禁城出版社2004年版，第181、182页。

② 刘仕义：《新知录摘抄》，中华书局1985年版，第72、73页。

③ 刘仕义：《新知录摘抄》，中华书局1985年版，第73页。

壬戌科状元刘俨、正统十三年（1448）戊辰科状元彭时、天顺八年（1464）甲申科状元彭教、成化二年（1466）丙戌科状元罗伦、成化十四年（1478）戊戌科状元曾彦。原诗为求押韵，没有按科第顺序排列。

江西自古便有“物华天宝，人杰地灵”之称，有着悠久的文化传统，特别是宋代，更是文人辈出。江西诗派作为宋诗的代表，在诗坛上的影响极为深远。在散文领域，“唐宋八大家”中的欧阳修、王安石、曾巩等都是江西人，他们的文风对明代台阁体有直接影响。天顺之前的江西状元大多为台阁体重要成员。

从天顺年间开始，江浙一带状元渐多。周腊生《明代状元奇谈·明代状元谱》对明代后期29名状元的地理分布情况作了如下统计：“江苏9名，占总数29名的31.03%；浙江8名，占27.59%；福建2名，占6.90%；江西1名，占3.45%……”①从上述统计看，明代后期，仅江苏一省的状元便占了后期状元总数的三分之一，江、浙两省合起来超过半数，而江西、福建两省比例明显下降。

（二）年龄分布

明代状元夺魁的年龄，一般在30岁左右。其中，以30岁至40岁这一年龄段夺得状元者最多，约占50%，30岁以下约占30%，40岁以上约占20%。最年轻的状元是费宏，夺魁时年仅20岁；其次是林大钦、周延儒，均为21岁夺魁；施槃23

---

① 周腊生：《明代状元奇谈·明代状元谱》，紫禁城出版社2004年版，第182页。

岁夺魁；朱希周、杨慎24岁夺魁。年龄最大的状元是唐皋，夺魁时年已58岁；其后依次是曾彦54岁；刘同升51岁；焦竑50岁；刘俨49岁；文震孟49岁。

上述少年状元中，嘉靖时，费宏以文学受到世宗宠遇；正统时，施槃以文学受到台阁文人领袖杨溥器重；杨慎的文学成就自不待言；林大钦早年以文章闻名天下，后醉心于心学。年长状元中，焦竑以学问著称；刘同升、文震孟以气节著称；他们在文学方面并不特别突出。

可见，状元的年龄分布，对其文学创作有一定影响。在跨过科举这道门槛之前，文人的首要任务是“举子业”，而非“古文词”，夺魁时间越早，越有利于文学才能的培养和发挥。

不过也有例外的情况。如：成化八年（1472）壬辰科状元吴宽早年屡试不第，遂决定告别科场，致力于古文词。后因御史敦促，又参加了一次科举考试，结果一举夺魁，其时年已38岁。吴宽夺魁虽晚，但他早年没有汲汲于“举子业”，故文学才能并未受到压抑。

明初，朱元璋用人重老成，由于科举选拔出来的多为少年，朱元璋认为他们徒有虚文，一度暂罢科举。后来，明代统治者制定了进士观政、庶吉士考选等制度，在一定程度上解决了年龄与从政能力之间的矛盾。状元不需观政，亦无需经考选，直接供职于翰林院。但是状元在翰林院也要经过长期的学习和锻炼，才能承担重要职位。进入翰林院之后，状元有很多机会读中秘书，经、史、子、集无不涉猎，不再局限于“举子业”，这对他们的文学创作大有裨益。

“十载寒窗无人问，一举成名天下知。”在古代科举社会当中，作为一个作家，无论怎样有才华，如果没有考中进士，在其生前，他的文学影响始终是地方性的。例如晚明作家徐渭，在诗、文、书、画、戏曲等方面都有极高的造诣，但由于他只是秀才，所以只在他的家乡浙江绍兴小有名气。直到徐渭死后，公安派领袖袁宏道才重新发现了他的诗文集，对他大加揄扬，使他产生了全国性的影响。明代“前七子”、“后七子”、唐宋派作家产生全国性影响，都是在他们中进士之后。所以，状元夺魁的年龄，也可以视为状元正式步入文坛的一个标志。他们夺魁之后，离开家乡，来到京城定居，也把不同地方的文化传统带到了京城，促进了京城与地方的文化交流。

三、明人眼中的“状元郎”

（一）“人与科名交相为重”

在科举时代，人与科名的关系一直是人们津津乐道的话题，有种观念在士人中流行甚广——“科名以人重，人不以科名重”①，或者“人与科名交相为重”。

明代对状元的重视，使得士人对考取状元趋之若骛，从而在科举考试中投入更大的精力。例如，明代宣德五年（1430）庚戌科状元林震（生卒年不详），出身寒门，幼有大志，尝游九龙山，见宋代状元陈尧夫题壁诗云：“人生五马贵，山有九龙游。”遂续曰：“极品何荣贵，须先占状头。”在世人眼中，有幸被皇帝钦点状元，可谓是一生中最辉煌的瞬间。此前，他

---

① 钱泳：《履园丛话》卷十三《科第·立品》，中华书局 1979 年版，第 338 页。

们的人生轨迹和一般士子没什么两样。此后，则转向了另外一条道路，从此飞黄腾达。这种简单地把功名富贵作为奋斗目标的心态，并不值得称道。

还有些士人，同样对中状元抱着势在必得的心态，但却是以此作为施展自己才学的台阶。康海（1475 ~1540）是弘治十五年（1502）壬辰科状元。他在会试之后，曾当众叹曰："乡试让吉时，会试让鲁铎，若廷试复让一人，则真弃物矣！"①（李开先《康、王、王、唐四子补传》）决心考取状元，廷试时果然如愿以偿。

不过，也有些士人对状元并不太在意。嘉靖八年（1529），罗洪先考中状元，他的岳父太仆卿曾直高兴地说："幸吾婿成大名。"罗洪先却不以为意地说："儒者事业有大于此者。此三年一人，安足喜也。"② 清人钱泳在《履园丛话》卷十三《科第》中亦云：

> 状元、会元、解元，虽三年内必有一人，然其名甚美，妇人女子皆所健羡。一隔数年，便茫然不复能记其名矣。须其人有功业文章脍炙人口者，方能流传。即如三元，翁覃溪先生尝考过，自唐至今计有十三人，所传者惟宋之王曾、明之商辂而已。③

明代天顺八年（1464）甲申科状元为彭教，同榜进士有李东阳。李东阳是二甲第一名，被选中庶吉士，进入翰林院继续深造。是年，彭教27岁，李东阳年仅18岁。他们与其他几

① 李开先：《李开先集》，中华书局1959年版，第633、634页。

② 张廷玉等：《明史》卷二八三，中华书局1974年版，第7278页。

③ 钱泳：《履园丛话》卷十三《科第·立品》，中华书局1979年版，第339页。

名在翰林任职的同年结成“翰林同年会”，经常在一起饮酒赋诗。16 年后，彭教英年早逝，只升过一级，官不过六品，是明代状元中升迁最慢的一个。李东阳则飞黄腾达，官至首辅，无论在仕途上，还是在文学上，其影响都远远超过彭教。弘治十一年（1498），李东阳任太子少保、礼部尚书兼文渊阁大学士，他为彭教的遗集《东泷遗稿》作序，写道：

> 盖先生始以经学魁天下，名翰林，高才博识肆为丰溢奔放之辞，杂文歌诗衮衮不竭，及读礼之余，日就超诣，则刊落华靡，澡雪铅黛，益为简洁峻绝出群之作。观其志直欲追古作者，故虽一时快意适兴之所为，瞬息信宿已自不满，片纸断墨不悉存录。今所辑者仅十二三而止，然知者于此亦可以观矣。先生耿介明决，每权衡人物，论国家天下事，慨然思有以大施于世。使之遇盘根，兼重负，必能振厉风节，扬勋业于无穷。其于制作盖累见之矣。顾为嫌忌所中，疾疢所困，年仅逾四十，官不过六品，编摩考校之外，无由自试。所恃以不朽者惟文耳，而文又弗尽其蕴，则世之知先生者岂非仅得其粗也哉？且自唐宋以来状元之选特为隆重，考德校业，良亦难乎。其人如先生者，名实交副，方为时望所属。而不幸止此，大夫、士无问识不识，皆为悼叹不能置然，则天下固知其人，而况其文乎？文之传者以人不以官，先生之文宜不待科第而后显，官不暇论也。①

可惜彭教的文章也没有如李东阳期望的那样“不待科第而后

① 李东阳：《东泷遗稿序》，见彭教：《东泷遗稿四卷、制策一卷、附录一卷》卷首，江西省图书馆藏钞本，《四库全书存目丛书》集部第 38 册，齐鲁书社 1997 年版，第 7 页、第 8 页。

显”。《四库全书总目·〈东泷遗稿〉提要》认为，李东阳对彭教的称赞“盖亦微词也”①，其实是暗含着一种批评。不论李东阳的本意是惋惜还是批评，我们可以看出，科第高下与仕途不一定成正比，与文学才能也不一定成正比。

人们一般对状元抱有较高的期望值，不过，明人对状元的期望主要集中在道德方面，功业和文学还在其次。明代有五位状元死节，分别是洪武二十四年（1391）辛未科状元黄观（1364～1402），死于靖难之役；宣德八年（1433）癸丑科状元曹鼐（1402～1449），死于土木堡之役；天启五年（1625）乙丑科状元余煌（？～1646）、崇祯七年（1634）甲戌科状元刘理顺（1582～1644）、崇祯十年（1637）丁丑科状元刘同升（1587～1646），均死于明亡之际。刘理顺全家殉难，尤为时人所称颂。他在临终时曾口占绝命词一首，云：“成仁取义，孔孟所传。文信践之，吾何不然？既占科名，岂敢苟全。三忠祠里，无愧前贤。”② 文信即文天祥。文天祥是南宋状元，他在明代一直是最受推崇的状元楷模。文天祥的《正气歌》、《过零丁洋》等诗篇虽然流传千古，但人们更推重的是他的气节。黄观、余煌、刘理顺、刘同升都被时人比作文天祥，其他状元也常常以文天祥自励。唐代的王维过去也被认为是状元，但是在明代，很少有状元乐意被比作王维。状元康海受刘瑾案

---

① 永瑢等：《四库全书总目》卷一百七十五《集部二十八·别集类存目二·东泷遗稿四卷（江西巡抚采进本）》，中华书局1965年版，第1560页。

② 申涵光：《刘文烈公本传》，见刘理顺《刘文烈公全集十二卷》，清顺治刻康熙印本，《四库禁毁书丛刊》集部第144册，北京出版社1999年版，第15页。

牵连罢官归乡后，杨廷仪来访，相饮甚欢，康海为之弹琵琶劝酒。杨廷仪是大学士杨廷和之弟、状元杨慎之叔，他表示："家兄在内阁，久欲起君，何不以书自通，待吾到京首言之。"康海大怒，扔掉琵琶追打杨廷仪，且追且骂："吾岂效王维假作伶人，以琵琶讨官作耶!"① 康海的行为固然与其个性有关，但我们也可以由此看出，在明代状元的心目中，道德的重要性远远高于文学。

（二）发达的状元文化

由于明人对状元十分重视，明代的状元文化也较前代更为发达。明人对状元生平事迹的考证较前代更为关注，对状元趣闻轶事亦津津乐道。明代，有很多以考证状元生平事迹为主的专书，仅《千顷堂书目》卷九著录的就有《明状元考》四卷、《明状元图考》五卷、《明三元考》十四卷、《科名盛事录》七卷、《明元魁表》、《状元纪事》三卷等。此外，《明状元图考·缉〈状元图考〉采用书目》还列举了《状元录》、《状元全考》、《状元奇异编》等书。明人不但关注本朝状元，对前代状元也十分关注。如张乾《状元纪事》三卷，其纪事起于宋太祖建隆庚申科，止于明世宗嘉靖己丑科。

在这类专书中，《明状元图考》是流传较广的一种。该书万历三十五年黄氏刻本卷端下题"句吴大学士顾鼎臣孙祖训汇编，新都后学吴承恩锡父、程一桢君宁父校益"。顾鼎臣是弘治十八年（1505）乙丑科状元，汇编者顾祖训为其后人。顾鼎臣本人虽然没有参与此书的编纂，但也不能说他与此书毫

① 李开先：《李开先集》，中华书局1959年版，第595页。

无关系。顾鼎臣“童子时即善丹青，绘《状元归去马如飞》、《独立朝纲》、《一路功名到白头》三图，各题七言绝句于上”①。万历年间，礼部尚书徐学谟与顾氏后人有姻亲，顾氏后人将上述三幅图装潢成轴，请徐学谟题跋。徐学谟在跋中称：“乃知天生豪杰，固自不偶。留侯所谓：‘天授，非人力也。’”②这三幅图，无论就形式还是思想内容而言，都与《明状元图考》相通，《状元图考》的编纂或许是受此启发。继顾祖训之后，此书由海阳吴承恩③于万历间增补，清代陈枚续补。顾编止于隆庆辛未（缺正统十三年戊辰科状元彭时），所记多梦兆、星占、谶应之事，反映了“科名前定、不由人力”的观念。后有总考，备载历科会元、状元、榜眼、探花姓氏履历，并附状元《谢恩表》四篇、状元命造评注等。吴承恩增补万历间部分状元的事迹，并增补状元诗歌一卷。经吴氏增补重订后，全书共五卷。清代陈枚续补了晚明至康熙朝状元的事迹。经陈枚续补后，全书增至六卷。该书图文并茂，刻工精细，在当时非常畅销。虽然书中极力宣扬科名天定的宿命论思想，但是也保存了不少珍贵的资料。该书征引了《状元奇异编》、《状元纪事》、《状元录》、《状元全考》等许多专书，说明在明代中期，状元文化已经受到广泛关注。

万历十七年（1589）己丑科状元焦竑编纂的《历代廷试状元策》十卷、《总考》一卷，保存了大批珍贵文献，有助于从“状元策”这一侧面了解状元的文学才能。

---

①② 徐学谟：《顾鼎臣〈戏写三图并题三绝〉跋》，见徐学谟《海隅集》，明万历五年东海徐氏刊本。

③ 此人非淮安吴承恩。与小说《西游记》之作者无关。

明代士人对状元津津乐道，在明人笔记中有突出体现。许多明人笔记，如徐应秋《玉芝堂谈荟》、王世贞《弇山堂别集》、焦竑《玉堂丛语》、蒋一葵《尧山堂外纪》等，都记载了大量的状元轶事，包括对状元的夺魁年龄、地域分布、仕途遭际等都做了不少饶有趣味的统计。有些笔记不但关注本朝的状元，还将研究的触角伸向前代。如《玉芝堂谈荟》卷二有“历代状元”条。这些都为后人研究明代状元文化提供了宝贵的资料。

明代状元文化的发达，亦表现在各种冠以状元名目出版的形形色色的书籍方面。这些书籍主要有以下几类：一是科举相关书籍。二是经典著作，如《藏园群书经眼录》中著录的《杨升庵先生批点文心雕龙音注十卷》、《普林斯顿大学葛思德东方图书馆中文善本书志》中著录的《杨升庵先生批选史记市言八卷》。三是通俗文艺作品，如《日本东京所见小说书目》中著录的《镌杨升庵批点隋唐两朝志传十二卷一百二十二回》。这些出版物中，有不少是假托状元之名以扩大销路。不管是真是假，都可以看出状元在当时具有相当的社会影响力。

第二节　文学在明代科举考试中的地位

文学与科举制度有着不解之缘。在历代科举考试中，虽然对于文学能否拔得真材，一直存在争议，但文学一直是重要的衡量标准。状元是通过科举考试层层选拔出来的，因此，文学在科举考试中占有什么样的地位，起着什么样的作用，都会直接或间接地影响到状元的知识结构、文学素养。这些都会在状元的文学创作中有鲜明体现。同时，科举衡文具有一定标准，标准的制订体现了某一时期的文化政策的导向，这也会对状元的文风产生一定影响。

一、文学与“进士科”的历史变迁

科举，顾名思义，乃是“分科取士”的意思。明代之前，科举往往分为许多科目，进士科只是其中一科。至明代，虽然还存有一些其他科目，但常设科目基本只剩下了进士一科。状元虽然地位比较特殊，但依然是进士群体的一员。考察“进士科”的历史变迁，亦有助于把握明代状元的思想文化背景。

隋大业三年（607）四月，隋炀帝下诏十科举人，意味着科举制度正式产生。其诏书云：“学业优敏，文才美秀，并为廊庙之用，实乃瑚琏之资。……爰及一艺可取，亦宜采录，众善毕举，与时无弃。……有一于此，不必求备。”① 可见，当时的分科取士，文学有其独立的地位，被视为一项才能，不必依附于儒家思想而存在。隋代“十科”之中，“学业优敏，文才美秀”一科，被视为“进士科”的前身，但在当时并未受到特别重视。

科举制度至唐代渐趋完备。唐代进士科的一大特色是诗赋在考试中占有重要地位。唐代科举名目繁多，其中，以明经、进士为主。明经科以帖经为主，兼及时务策问；进士科主要考时务策问，也试经义。可以看出，唐代儒家思想在科举考试中的地位较隋末明显提升。唐初的科举考试“明经多抄义条，

---

① 魏征等：《隋书》卷三《帝纪第三·炀帝杨广纪上》，中华书局1973年版，第68页。

进士惟诵旧策，皆亡实才”①，唐代统治者乃下诏进士加试诗赋。从唐代起，文学在科举考试中所处的境地一直比较尴尬。一方面，在传统儒家思想观念中，诗赋被视为小道，精于诗赋者，未必善于治国；另一方面，科举考试似乎又少它不得，否则只考记诵的内容，又无法验证士人是否具备真才实学。虽然存在着种种批评意见，但诗赋在唐代科举考试中一直占有不可或缺的地位，以至后世将唐代科举考试的特点简单地概括为“唐以诗赋取士”。唐代著名诗人白居易参加进士科考试中第四名，他在《与元九书》中说：“十五六始知有进士，苦节读书。二十已来，昼课赋，夜课书，间又课诗，不遑寝息矣。以至口舌成疮，手肘成胝。既壮而肤革不丰盈，未老而齿发早衰白，瞥瞥然如飞蝇垂珠在眸子中也，动以万数。盖以苦学力文所致，又自悲矣。家贫多故，二十七方从乡赋。既第之后，虽专于科试，亦不废诗。”② 白居易专心于科试，而又不废诗赋，无疑与诗赋在唐代科举考试中的地位有关。

宋代，王安石对科举考试的内容作了重大改革，取消诗赋，专以经义、论、策取士。改革的目标，在于通经致用。王安石的改革，遭到苏轼等人的反对。王安石在晚年也认识到：“本欲变学究为秀才，不谓变秀才为学究也。”③ 在后来的科举考试中，有时考诗赋，有时考经义，有时兼而有之。

---

① 欧阳修等:《新唐书》卷四四《志第三十四·选举志上》，中华书局 1975 年版，第 1160 页。

② 白居易著、朱金城笺校：《白居易集笺校》卷四五，上海古籍出版社 1988 年版，第 2792 页。

③ 顾炎武著、黄汝成集释、秦克诚点校：《日知录集释》卷一六《经义论策》，岳麓书社 1994 年版，第 585 页。

金代科举对词赋十分重视。金初以经义、词赋两科取士，各取一名状元，打乱了进士、明经的界限。金海陵王天德二年（1150）罢经义，专以词赋取士。金世宗大定十八年（1178）恢复了经义、词赋两科取士的旧制。金章宗承安四年（1199）命经义、词赋两科增试时务策，只取一名词赋科状元。元代科举分左右榜，蒙古色目人为右榜，南人（汉人）为左榜，南人考试内容有古赋一道。

明代，科举只剩进士一途。洪武三年，朱元璋下诏设科取士，曰："汉、唐及宋，科举取士各有定制，然但贵词章之学，而不求德艺之全。……自今年八月为始，特设科举，以起怀才抱道之士，务在经明行修，博通古今，文质得中，名实相称。"① 明代科举考试内容以"四书"、"五经"为主，不考诗赋。至成、弘时期，在科举考试中出现了一个比较引人注目的改变，即八股文的定型。顾炎武《日知录》云："经义之文，流俗谓之八股，盖始于成化以后。……天顺以前，经义之文不过敷演传注，或对或散，初无定式。"② 戴名世亦有类似说法："经义之文，自天顺以前，作者敷衍传注，或整或散，初无定式。而成化以后始有八股之号，嗣是以来，文日益盛，而至于隆庆及万历之初，其法益巧以密。"③

明人丘濬指出："王安石所谓'士当少壮时正当讲求天下

---

① 《明实录·明太祖实录》卷五二，台湾"中央研究院"历史语言研究所 1962 年版，第 1020 页。

② 顾炎武著、黄汝成集释：《日知录集释》卷一六《试文格式》，岳麓书社 1994 年版，第 594 页。

③ 戴名世撰、王树民编：《戴名世集》卷四《丁丑房书序》，中华书局 1986 年版，第 93 页。

正理，乃闭门学作诗赋，及其入官，世事皆所不习。’切中今世学者习科举之弊。今世举子所习者虽是五经、濂洛之言，然多不本之义理，发以文采，徒缀缉敷演，以应主司之试焉耳。”① 他认为，明人学习“四书”、“五经”，其实与前代学习诗赋没有太大区别，都是为了应付科举考试。

概而言之，明代科举考试的内容与前代相比，主要有以下两个特点：一是文学逐渐边缘化、实用化；二是儒家思想在科举考试中的地位进一步提高。

二、明代科举考试的政策导向

了解明代科举考试中的政策导向，有助于加深对状元的文学思想、创作风格及其时代特征的把握。对科举政策导向应该客观地分析。一方面，它们可能对状元的选拔和文学创作有所影响，另一方面，政策的效用也是有限的，不可过分夸大。同时，这些政策的制定，恰恰从反面说明了当时文坛的实际状况。明代有三个时期的科举考试的政策导向值得关注：

（一）洪武时期：务在典实，反对虚文

洪武时期是明代科举制度的奠基期。朱元璋反对“虚文”，重视德行。早在吴元年（元至正二十七年）三月，朱元璋定文武科取士之法，便规定“其应文举者，察之言行以观其德，……俱求实效，不尚虚文”②。洪武三年五月，正式开

① 张朝瑞辑：《皇明贡举考》卷一《开科·取士之制》，《四库全书存目丛书》史部第 269 册，齐鲁书社 1997 年版，第 456 页。

② 张朝瑞辑：《皇明贡举考》卷一《开科·诏令》，《四库全书存目丛书》史部第 269 册，齐鲁书社 1997 年版，第 454 页。

设科举，其诏曰："策惟务直述，不尚文藻。"① 洪武四年首科状元吴伯宗《荣进集》卷一收其乡试、会试、御试卷。《四库全书总目·〈经义模范〉提要》认为吴伯宗《荣进集》中的举业文字"惟以明理为主，不以修词相尚"②。可见吴伯宗的举业之文也是符合时代要求的。

从明初政策导向看，文学在科举考试中并不占重要地位。但是在实际考核当中，文学毕竟是最直观的选拔标准，因此还是免不了"虚文"。为此，洪武六年，朱元璋下诏暂停科举，曰："朕设科举以求天下贤才，务得经明行修、文质相称之士，以资任用。今有司所取，多后生少年，观其文词，若可与有为，及试用之，能以所学措诸行事者甚寡。朕以实心求贤，而天下以虚文应朕，非朕责实求贤之意也。今各处科举，宜暂停罢。别令有司察举贤才，必以德行为本，而文艺次之。庶几天下学者知所向方，而士习归于务本。"③ 洪武十五年重新下诏开科取士。洪武二十四年定文字格式，要求"务在典实，不许敷衍繁文"④。俞宪曰："国初以文取士，大概辞达为本。三试文式，至今以为定制。"⑤明初科举考试中的政策导向，为以后的科举政策导向定下了基调。

洪、宣年间，在"直述"的基础上，又提出了"典雅"

① 张朝瑞辑：《皇明贡举考》卷一《文体》，《四库全书存目丛书》史部第269册，齐鲁书社1997年版，第458页。

② 永瑢等：《四库全书总目》卷一百八十九《集部四十二·总集类四·经义模范一卷》，中华书局1965年版，第1716页。

③ 《明实录·明太祖实录》卷七九，台湾"中央研究院"历史语言研究所1962年版，第1443、1444页。

④⑤ 张朝瑞辑：《皇明贡举考》卷一《文体》，《四库全书存目丛书》史部第269册，齐鲁书社1997年版，第458页。

的要求。这与当时流行的台阁体风格是一致的。

（二）成、弘时期：“文理纯正”、“纯雅通畅”

成、弘时期是八股文开始定型的时期。嘉靖癸丑《会试录序》曰：“举业之文，宣德以前其词简而质，弘治以前其词雅而畅，至正德间其词蔚以昌矣。然厌弃师说而流于诡僻、骛于怪奇者亦间有之。”① 成化十三年十二月，天顺元年（1457）丁丑科状元、时任少詹事的黎淳上奏折，指出：“近年所刊程文，纯粹者少，驳杂者多，乞移文所司，将考试官究治，申明科场旧制，颁降学校，永为遵守。”奉圣旨：“出题校文并刊录文字，必须合式，依经按传，文理纯正。”② 弘治七年，朝廷下令作文务要纯雅通畅，不许用浮华险怪艰涩之词，说明正统之后到成化之前的这段时期，文学已经越来越受到士人的重视。

王鏊是成化十年（1474）乡试解元和次年的会元、探花，是明代著名的八股文大家。且看他对科举与文学关系的认识：

> 唐宋以来，科有明经，有进士。明经即今经义之谓也，进士则兼以诗赋。当时二科并行，而进士得人为盛，名臣将相皆是焉出。明经虽近正，而士之拙者则为之，谓之学究。诗赋虽近于浮艳，然必博观泛取，出入经史百家。盖非诗赋之得人，而博古之为益于治也。至宋王安石为相，黜诗赋，崇经学，科场以经义论策取士，可谓一扫

---

① 张朝瑞辑：《皇明贡举考》卷一《文体》，《四库全书存目丛书》史部第269册，齐鲁书社1997年版，第459、460页。

② 同上，第458页。

历代之陋也。然士专一经，白首莫究，其余经史付之度外，谓非己事。其学诚专，其识日陋，其才日下，盖不过当时明经一科耳。后安石言初意驱学究为进士，不意驱进士为学究，盖安石亦自悔之矣。今科场虽兼策论，而百年之间，主司所重，惟在经义，士之所习，亦惟经义。以为经既通，则策论可无俟乎习矣。近年颇重策论，而士习既成，亦难猝变。夫古之通经者，通其义焉耳。今也割裂装缀，穿凿支离，以希合主司之求，穷年毕力，莫有底止。偶得科目，弃如弁髦，始欲从事于学，而精力竭矣，不复能有进矣。人才之不如古，其实由此也。①

王鏊对科举与文学关系的认识是深刻的。《吾学编》载，王鏊曾于弘治间，请科贡之外，略仿前代制科如博学宏词之类，以收异才，六年一举，每次最多选拔十余人，择其出类拔萃者授以翰林之职。可见这一时期，士人已经开始对科举的束缚表示不满，而有了重文的倾向。

（三）嘉靖时期：文体屡变，“学术不明”

嘉靖时期，文坛盛行复古之风，思想界王学广为流行。因此，“文风”问题更加引人关注。《皇明贡举考》作者张朝瑞称：“嘉靖中文体屡变，窃有感焉。丁亥之尚简实，矫冗长而为之者也，至其弊也，则怪僻从而生焉。戊戌之尚正大，矫怪僻而为之者也，至其弊也，则冗长复从而生焉。本以矫弊，适以启弊，所以然者何哉？以学术不明故耳。不求所以简实，而

---

① 王鏊：《震泽集》卷三十三《拟罪言》，文渊阁《四库全书》本。

涉猎《战国策》、《庄》、《列》等书，以为钩章棘句之地；不求所以正大，而记诵无根支蔓时文，以为夸多斗靡之资，学术不明，其流弊相寻无惑也。"①

嘉靖六年，朝廷对取士之文的要求是："务要平实尔雅，裁约就正，说理者必窥性命之蕴，论事者必通经济之权，判必通律，策必稽古，其有配合缀缉、夸多斗靡者，悉屏不录。"②"平实尔雅"已是老调重弹，我们关注的是"说理者必窥性命之蕴"，说明王学已经渗透到科举之中。这一时期，在"大礼议"中取得上风的"议礼派"在政治中发挥了重要影响，而他们的思想大多倾向于王学。

嘉靖十一年礼部题为《正文体以变士习事》，"内开近年以来士大夫学为文章，日趋卑陋，往往剽缀模拟《左传》、《国语》、《战国策》等书，蹈袭衰乱之文，争相崇尚以自矜眩。究其所归，不过以艰险之词，饰浅近之说，用奇僻之字，盖庸拙之文，纯正博雅之体，优柔昌大之气，荡然不存"。要求"今后会试文卷，务要醇正典雅，明白通畅的，方许中式。如有仍前钩棘奇僻，痛加黜落，甚则令主考官指名具奏处治"。③这是对复古运动末流的反拨。

嘉靖十七年，朝廷要求考官，"必须醇正典雅、明白通畅，方许中式。其有似前驾空翼伪、艰棘怪诞之文，必加黜落，仍听考试官摘出。不写经传本旨，不循体制，及引《庄》、《列》不经之言，悖谬尤甚者，将试卷送出礼部以凭指实参奏除名，不许再试"④。这一政策主要是针对王学的末流。

①②③④　张朝瑞辑：《皇明贡举考》卷一《文体》，《四库全书存目丛书》史部第269册，齐鲁书社1997年版，第459页。

从以上三个时期的政策导向可以看出，明代把“醇正典雅，明白通畅”作为对科举之文的基本要求，用以矫正不同时期的文风。而在不同时期，所面临的问题不同，朝廷在“正文风”时针对的对象也不同。

虽然正文风主要针对科举之文，但对文学创作也会产生一定影响。关于科举与文学的关系，明代文人于慎行曾经从“文体”层面，作了如下分析：

> 今之文体当正者三，其一，科场经义为制举之文；其一，士人纂述为著作之文；其一，朝廷方国上下所用为经济之文。制举著作之文，士风所关；至于经济之文，则政体污隆出焉，不可不亟图也。然三者亦自相因，经济之文由著作而敝，著作之文由制举而敝，同条共贯则一物也。何者？士方其横经请业、操觚为文，所为殚精毕力、守为腹笥金籝者，固此物也，及其志业已酬，思以文采自见，而平时所沉酣濡胾入骨已深，即欲极力模拟，而格固不出此矣。至于当官奉职，从事筐箧之间，亦惟其素所服习以资黼黻，而质固不出此矣。雅则俱雅，敝则俱敝，己亦不知，人亦不知也。①

于慎行将当时的文体形式分为三类：制举之文、著作之文、经济之文。对状元而言，于慎行所提到的三种文体形式都很重要。其中，著作之文与我们所说的文学创作较为相近，但又不限于文学创作，还包括历史、学术等方面的著作。于慎行认为，制举之文会对著作之文产生影响，著作之文又会影响到经

① 于慎行：《谷山笔麈》卷八《诗文》，中华书局1984年版，第84页。

济之文。三者“雅则俱雅，敝则俱敝”。而制举之文对文体的影响尤为重要，因为这是士人的安身立命之本。士人长期揣摩举业之文，浸淫已深，形成了固定的文风，以后便难于更改了。因此，明代政府屡次有“正文体”的举动，且大都是从科举之文入手。“正文体”的最终目的在于“经济之文”，因为这是“政体污隆之所出”。同时，“制举之文”与“著作之文”都与士风有关。我们则更关注“制举之文”对“著作之文”，特别是状元文学创作的影响。

三、“文”与“学”：从会试到殿试

说明代是“八股取士”，这有一定的合理性。在乡试与会试中，八股文是最重要的考试内容。乡试与会试时，试官往往只看前三场的八股文，因为统治者在选拔人才的时候，首先要考察思想是否“纯正”，而八股文最能体现这一点。明代状元是经过乡试、会试、殿试的层层选拔，最后才站到了金字塔的塔尖。在这个过程中，乡试、会试的竞争异常激烈，考官发挥了非常重要的作用。殿试只考策论，不考八股文，但是，殿试主要是给进士分等级，一般不再黜落。因此，说明代是“八股取士”大体是不错的。

会试中式者，一般称为贡士，之后还有一次殿试，这次考试并不淘汰，只将贡士分为三甲，分别为进士及第、进士出身、同进士出身。殿试的主要内容是策论，主要是考察中式举子们的识见。我们不妨简单地理解为，会试以考察“德行”为根本目的，殿试侧重选“才”，即考察治国才干。而在实际操作中，两者均以考察写作技巧（文学才能）为手段。

状元不一定是八股文写得最好的。因为八股文是乡试和省试中的考试内容，又称经义，主要内容是四书义和五经义，而乡试与会试的第一名分别为解元、会元。从理论上说，会元的八股文水平才是最高的，解元的八股文水平也比较高。状元是在殿试中钦点的，明代的殿试只考策问一道，不考八股文。但是状元是从乡试和会试中冲杀出来的，许多状元本身也是解元或会元，明代状元兼会元者有：黄观、商辂、吴宽、钱福、伦文叙、杨守勤、韩敬、周延儒等。状元兼解元者有：吴伯宗、林环、萧时中、陈循、商辂、柯潜、彭教、谢迁、李旻、杨维聪等。另外，陈循、彭教为会试第二，谢迁为会试第三，王华为乡试第二，杨慎乡试第三、会试第二，等等。可见，在乡试和会试中，状元一般也会取得较高的名次，其八股文的水平自然不低。

明人李乐《见闻杂记》卷五记载："本朝举业文字自永乐、天顺间非无佳者，然开创首功，惟文恪王公（鏊）为正宗。弘治则有钱公福，嘉靖则有唐荆川（顺之）、薛方山（应旂）、瞿昆湖（景淳）三先生。"① 其中，王鏊、唐顺之、瞿景淳皆为会元，钱福为会元兼状元。王鏊的同科状元为谢迁，本来王鏊在殿试时已经名列第一，很有可能中状元，但当时的内阁首辅商辂是明代唯一连中三元者，据说他害怕王鏊超过自己，故易以谢迁。王鏊在八股文史上声望甚高，这样一位八股文大家，连中解元、会元，却没能中状元，故后人多为其惋惜。其实，状元考察的是综合素质，单凭八股文是不行的。相对而言，会元和解元的八股文较受重视，因乡试和会试的考试

---

① 李乐：《见闻杂记》卷五，上海古籍出版社 1986 年版，第 447、448 页。

内容都是以八股文为主。状元如果不曾中过解元和会元，在八股文史上则不太受重视。状元钱福与王鏊齐名，时称“钱、王”。状元中其他的八股文名家，还有晚明的文震孟、周延儒等。清代方苞等选编的《钦定四书文》是一部非常重要的八股文选集，其中收录的明代八股文，状元之作亦占一定的比例。

八股文是科举的叩门砖，明人一般对其评价不高，状元的态度也是如此。如，状元吴宽提倡古文，反对仅仅“以举子业为事”。他称：“今之号为时文者，拘之以格律，限之以对偶，率腐烂浅陋可厌之言。”状元一般更注重道德修养，不以八股文为能事。成化以后，八股文很少被收入诗文别集。

相对于八股文而言，状元策更受重视。状元一生中最重要、最引人注目的华彩篇章，乃是他们的状元策。与八股文不同，状元策是可以收入文集的，而且金殿对策还是一种荣耀，在状元的文集中一般被置于显著的位置。吴承学在《中国古代文体形态研究》第三章《策问与对策》中便指出：“古代文章家都非常重视策文。《文选》把策问列入严格的‘文’的范围，一直到清代，历代许多文章选家或作家本人都把策问与对策作为文章收录文集中。”① 明代状元中，殿试策最著名的，有曾棨、罗伦、林大钦等。

永乐初，明成祖思求博闻之士，命学士解缙择天文、律历、礼乐制度拟撰为题。这次的策问题目非常难，成祖本以为士子必定会被难倒。及得曾棨卷，洋洋洒洒长达两万余言，记诵详尽，成祖大为叹异，认为他贯通经史，识达天文，遂拔为

① 吴承学：《中国古代文体形态研究》，中山大学出版社 2002 年版，第 48 页。

状元。

成化二年殿试，罗伦自言久困场屋，希望在廷对时充分施展自己的才华，请求考官多给他几张纸，让他写完自己想要表达出来的意思。考官答应了他的请求，誊真时，罗伦的试卷竟长达三十幅。致使大学士李贤在读卷时，跪得太久，因年事已高，竟然站不起来了。这一年，罗伦大魁天下。按惯例，状元对策必经删润之后，才刻印颁行天下，唯有罗伦的策论一字未改。

嘉靖十一年（1532），礼部尚书夏言上疏："举子经义论策，各有程序，请令今岁举子，凡骋词浮诞磔裂以坏文体者，摈不得取。"世宗诏准。及廷试，夏言复令人将此意再次传达给在场的所有士子，而林大钦来得晚，没有听到。结果，他没有按照规定的格式而文气甚奇。阅卷时，大学士张孚敬认为该卷"虽破格，甚明健可诵也"，取为第三。既呈览，世宗御批改第一。①

林大钦是一个特例。他之所以被录取，也许是暗合了嘉靖"大礼议"之后，世宗、张孚敬等人刻意打破传统常规的心理。而曾棨、罗伦的对策之所以有名，主要是因为他们的知识丰富、见解超群，文采还在其次。

四、文学之外的其他影响因素

状元策的作用虽然重要，但并不是状元选拔的最终决定因素。状元的选拔过程不但受到皇权影响，还受到阁权的影响。

---

① 参见王世贞：《弇山堂别集》卷八十二《科试考二》，中华书局1985年版，第1569页。

在这两种权力的交织下，还会出现许多不确定因素。状元的选拔既有必然性，也带有一定的偶然性。因此，科举时代的文人们才会发出“科名前定，非由人力”的感叹。

（一）皇权的影响

说是不公平也罢，说是偶然也罢，状元更多地带有一种象征意义。因此，夺魁与否不全是由考试水平本身决定的，也会有许多意外的情况出现。而这些意外情形的出现，看似偶然，实为必然，因为说到底，状元的选拔是国家用人标准的象征，也是国体的象征，因此不但要公平，也要考虑其象征意义。

1. 钦点

明代殿试之后，受卷官以试卷送弥封官，弥封讫。送掌卷官，转送东阁读卷官处，详定高下。第二天读卷官赴文华殿读卷，御笔亲定三名次第。读卷的具体过程为，殿试后二日早，常朝毕。皇帝驾诣文华殿。读卷官各执卷随至文华门外。各读卷官依次进读。读三卷后，临时候旨，再读几卷。如奉旨免读，各官即执卷同至御前跪。司礼监官以次接卷俱置御案。各读卷官出至文华门外，候上将试卷裁定。御批第一甲第一名、第一甲第二名、第一甲第三名。其余各卷，发出内阁官领收。

明初，殿试策的内容多由皇帝亲自拟定，如洪武四年、十八年皆然。此后，策问多由翰林院儒臣拟定，一般拟两条，用哪一条，由皇帝裁定。嘉靖年间，世宗曾有过几次御制策问，“于时士子廷对者，咸以得奉御制为荣”①。除了御制策问，皇

① 徐阶：《世经堂集》卷四《奏对·请廷试策问》，《四库全书存目丛书》集部第79册，齐鲁书社1997年版，第436页。

帝在裁定一甲三人时，有时还会在试卷上亲笔御批，同样被士人视为极大的荣耀。不过这些情形都不常见。明陆埰《篔斋杂著》记载，明代“廷试，一甲三名，读卷官先日圈点，于文华殿进读，余以次填榜，未必经御览也。御批自永乐中曾棨后亦鲜见”①。崇祯年间，国势日危，皇帝希望拔取真材，才对钦点状元重视起来。刘若宰是崇祯元年（1628）状元，崇祯即位不久，曾经向天祈祷拔取真才，“将进呈三十六卷并贮金瓯中，以金箸夹之。首得刘若宰，遂定为状元”②。虽然诚心可感，但这种抽签的方式能否拔取真才，是很值得怀疑的。崇祯的做法，更多地具有一种象征意义，表示对人才的渴望。其后，崇祯七年（1634）状元刘理顺、崇祯十六年（1643）明朝最后一科状元杨廷鉴都是崇祯帝翻阅了所有进呈的殿试卷之后亲自选拔出来的。崇祯十三年（1640）状元魏藻德，则是崇祯帝在阅毕所有进呈试卷之后，加了一次面试选拔出来的。“庚辰殿试，照例进呈十二卷，上取余卷至再三，皆以十二卷进，遂至三十余卷，因而召对，问‘绥边靖患报仇雪耻’之策，诸人各有所对。独通州魏藻德对曰：‘以臣所见，不离明问之中’，因以‘耻’字立论，累数百言，朗朗可听。上为倾耳久之。时朝臣在列者，皆谓且为状元，已而果然。”③ 这场追加的“策问”中，魏藻德以一段利口，将状元骗去，他在

① 陆埰：《篔斋杂著》，《四库全书存目丛书》子部第102册，齐鲁书社1995年版，第794页。

② 李逊之：《崇祯朝记事》卷一，《四库禁毁书丛刊》史部第006册，北京古籍出版社2002年版，第480页。

③ 杨士聪：《玉堂荟记》卷下，见《四库全书存目丛书》子部第244册，齐鲁书社1995年版，第547页。

大谈“耻”字之外，更“自叙十一年守通州功。帝善之，亲擢第一，且意其有抱负，从修撰超拜大学士。一无建白，惟倡议令百姓捐助而已。闯贼至京，即首同陈演开门迎降，为贼考赃献万金，贼以为少，酷刑五日，脑裂而死，时四月初二也”①。魏藻德表现出来的是口才，亦是文才。他用华丽的词藻，打动了崇祯帝。事实表明，他其实是有“藻”而无“德”。

2. 梦兆

洪武十八年，是明初暂停科举十余年后，第二次开科，状元为丁显。是年会试，黄子澄第一，练子宁次之，花纶又次之。花纶为浙江解元。三月殿试，有司最初拟定的前三名为花纶、练子宁、黄子澄，丁显并不在前列。由于殿试的前一天晚上，朱元璋梦到殿前一个大铁钉，上缀白丝数缕，悠扬日下，而丁显之名恰好符合梦兆，故拔为状元。更加真实的原因，可能是年龄因素。因为朱元璋任人重用“老成”，当时，丁显年方二十八岁，但和练子宁、花纶相比，还算是年长一些。② 梦兆云云，或许不过是朱元璋的借口罢了。

---

① 李调元：《制义科琐记》卷三，中华书局 1985 年版，第 97 页。

② 郑方坤《全闽诗话》卷六《丁显》：“洪武乙丑会试，命翰林待诏朱善、前助教聂铉为考试官，取中式四百七十二人，黄子澄第一，练子宁次之，皆监生也。第三名花纶，乃浙江新解首。及殿试，有司奏纶第一，子宁次之，子澄又次之。先一夕，上梦殿前一铁巨钉，缀白丝数缕，悠扬日下，觉以语左右，莫知其为何祥。及拆状元卷，乃花纶也，上嫌其不叶梦，取第二人为首。已而得丁显卷，姓名与梦相符，遂擢为状元。显时年二十八。子宁次之，纶又次之。三人皆拜修撰。而第二甲马京、齐麟为编修，吴文及三甲蔡福南为检讨。子澄抑置三甲，为翰林庶吉士，久之亦授修撰云。或传童谣曰：‘黄练花，花练黄。’上恶其语，以纶及子澄年少高科，故抑之也。”（郑方坤：《全闽诗话》，福建人民出版社 2006 年版，第 298 页）

3. 相貌

状元虽然是御笔钦点，但其提名由内阁负责，为避免出现问题，内阁在拟定状元之时，往往要暗暗地调查一下状元的外貌及声誉。状元象征着国体，因此相貌也十分重要。这看似以貌取人，但文学本来就不是一个固定的标准，鼎甲三人的文学才能往往相去无几，在这种情况下，只有考虑相貌或其他因素了。如，洪武四年，郭翀貌寝，换成吴伯宗；建文二年，王艮貌寝，换成胡广；正统元年，状元周旋貌寝，杨士奇误认为貌美而录取；正统四年，张和眼疾，改为施槃。弘治十二年，丰熙的脚不大方便，降至第二，另拔广东人伦文叙为第一。

4. 姓名

与对相貌的关注类似，状元的姓名有时候也成选拔时考虑的因素。以姓名得遇者，有朱希周、秦鸣雷、李春芳、王一夔等。因姓名不好而与状元擦肩而过者，如永乐二十二年（1424），初拟孙曰恭为状元，因“曰恭”竖着连写近于“暴”，被御笔钩掉，另选邢宽为状元，意谓“暴不如宽（刑宽）”。嘉靖二十三年（1544），原拟取吴情为状元，但世宗认为“吴情”与“无情”谐音，不宜居第一。世宗曾于前夜闻到雷声，便命在册查找与天象相符者，结果查出一人叫秦鸣雷，嘉靖立刻钦点此人为状元，而吴情被降为探花。

（二）内阁的影响

虽然状元的选拔最终取决于皇帝，但阁臣在状元选拔中也具有很大影响力。在整个殿试过程中，从出卷、监考到阅卷，阁臣始终是重要参与者。

1. 拟制策问

题目的制定，是殿试的一个重要环节。题目由谁制定，出题的范围，题目的难易程度如何，等等，这些问题，都对状元选拔有直接影响。策问多由翰林院儒臣预拟或润色，这样，阁臣便可以预知殿试的内容。这就在无形中赋予阁臣一种权力，使他们有可能将试题泄露给中意者，从而左右状元的人选。

查继佐《罪惟录》便记载了这样一个事例："内阁刘诩（作者按：应为'刘珝'，原文如此）使其子柬西席黄恂，'汉七制、唐三宗、宋远过汉唐者八事宜知之。'恂露此柬案上。顷，王华看恂，得柬，预构以应试，遂及第第一，黄次之。"王华是成化十七年状元。①

弘治九年，状元为朱希周。殿试之前，有友送《宋鉴》云："司马公五规，不可不读。"② 朱留心，果然高中。

明人沈德符《万历野获编》卷十四有《科场·关节状元》条，称：正德六年（1511）辛未科状元杨慎，其父杨廷和为内阁次辅，首辅李东阳曾将殿试题目透露给他，所以才高中。万历八年（1580）庚辰科状元张懋修，其父为内阁首辅张居正。是年的殿试题，便是张居正所拟，并曾向张懋修透露。

2. 读卷

内阁在殿试之后的读卷过程中，同样拥有很大权力。"若状元卷，则必出揆地所读，方得居首。间有出上意更置前后

---

① 查继佐：《罪惟录》志卷之十八《科举志》，浙江古籍出版社1986年版，第830页。

② 查继佐：《罪惟录》志卷之十八《科举志》，浙江古籍出版社1986年版，第831页。

者，十不一二也。”①

明初，读卷官用祭酒、修撰等官，其后非执政大臣不得与，而其去取之柄则在内阁。明人叶盛曰：“景泰二年，予为殿试弥封官，最知读卷事。第一甲盖阁老预属意于受卷官，已皆知之，余皆分送读卷诸大臣，且率以三分，上一等，次二等，各置一所。少顷阁老收上一等则判二甲，次二等则判三甲也。将午，三人者持一甲卷诣文华殿进读，午后填黄榜，明早榜出矣。盖辰巳二时，榜中人第已定。若曰须一一品量高下次第，固有所不能也。”② 由于读卷时间紧迫，无法一一细审，便有了作弊的可能。明杨士聪《玉堂荟记·卷上》：“殿试分卷，在受卷官，其实中书掌房者，主张居多，读卷多人，每人分不及三十卷，若授意中书，以书字不工之卷，聚于一处，而以注意之卷入其中，不拘分到何人，自是第一。但得第一，则一、二、三名惟首辅之所置，他人不敢问矣。”③

五、从选拔过程看状元的文学才能

从状元的选拔过程看，应该承认，科举对文学的消极影响是存在的，但不能简单地认为，在科举考试中名次越高者，受科举的“毒害”越深。对某些才华横溢的士人而言，科举的压力并不大，文学还有助于他们在科举考试中顺利过关，此后

---

① 沈德符：《万历野获编》卷十五《科场》，中华书局1959年版，第388页。

② 黄佐：《翰林记》卷十四《殿试读卷执事》，见傅璇琮、施纯德编《翰学三书（一）》，辽宁教育出版社2003年版，第165、166页。

③ 杨士聪：《玉堂荟记》卷上，见《四库全书存目丛书》子部第244册，齐鲁书社1995年版，第517页。

更可以专心从事文学创作。如李东阳 19 岁中进士，杨慎 24 岁中状元，他们的文学才能都没有受到科举的压抑。

明代科举考试虽然不考诗赋，但举子在诗赋方面展露出来的才华有时也会对状元选拔产生一定影响，这其实是将文学作为一种“延誉”的手段。如：

成化八年（1472）壬辰科状元吴宽，早年屡试于乡不第，年过三十，始入县学，从此务博学，攻诗文，绝意仕进，不肯复应举。后御史以礼敦遣，吴宽不得已入试，名在第三。成化壬辰，吴宽赴京参加会试，以诗谒李东阳，李东阳对其才华十分赞赏，将他推荐给会试考官彭教。结果吴宽会试第一，入试大廷又第一，官至礼部尚书，为馆阁名臣。当然，李东阳当时只是翰林院的一名普通官员，官阶仅从六品，尚不足以左右状元的人选，但这一事例说明成化年间随着时代风气的转变，文学在科举考试中的地位正在提高。

弘治三年（1490）庚戌科状元钱福少时便才华出众，以诗文敏捷见长，与顾清、沈悦齐名，称为“三杰”。尝游小赤壁，对客放歌云：“六丁拔出天地骨，一柱镇压吴江东。”时人以为奇句。他在赴京赶考时，往谒李东阳，适逢有人持司马光的画像请李东阳为赞。李东阳于是命钱福代作，钱福写道：“连茹拔茅，维公在朝。青苗保马，维公在野。公之再入，旋乾转坤，重睹庆历。公之云亡，阴凝冰坚，驯致靖康。呜呼悲哉！诚竭于已，命属于天。天若祚宋，曷为其然？”① 李东阳

① 钱福：《钱太史鹤滩稿》，北京图书馆藏明万历三十六年沈思梅居刻本，《四库全书存目丛书》集部第 46 册，齐鲁书社 1997 年版，第 267、268 页。

大为赞赏，认为数语该括宋家治乱殆尽，为之延誉于当朝名流，称钱福有状元之才，而会试、殿试，钱福果然连夺第一。

上述事例说明，成、弘时期，馆阁文学逐渐从政治束缚中解脱出来，走向审美回归之路，这一审美转向也渗透到科举考试之中。特别是李东阳主持文坛，大力汲引后进，使“借文学以延誉”成为一种时代风气，对状元选拔产生了一定的影响。

万历年间，大学士张居正欲延揽名士汤显祖与其子同游，也是一种借他人文学才能为自己延誉的手段。崇祯年间，大学士周延儒为使自己的姻亲陈于泰取得高第，特地拉上大名士吴伟业作探花，以为陪衬。可见，虽然明代科举考试内容与政策导向都存在轻视文学的倾向，但在时人观念中，文学才能与状元选拔依然有着密切联系。

当然，就制度层面而言，文学在明代科举考试中依然是不受重视的。状元的选拔过程受到各种因素的影响，因此，在状元中有平庸之辈，也有才华卓越之士，这并不奇怪。

第二章　玉堂岁月：明代状元的仕途

明代的科举制度与翰林制度接轨，翰林制度是科举制度的延伸。翰林院的文化属性，决定了状元的仕途与文学有密切的关联。就对状元文学创作的影响程度而言，翰林制度不亚于科举制度，甚至比科举制度还要重要。因为许多状元在入仕之前，专攻“举子业”，无暇顾及诗文。在跨过科举这道门槛后，他们有了更大的自由去培养、发挥自己的文学才能。不过，其创作依然要受到仕途的影响和制约。

第一节　明代状元的仕途路线

一、升迁途径：从翰林院到内阁

明代状元入仕后，首先供职于翰林院。《词林典故》卷二《官制》为我们勾勒了翰林官的升迁路线如下：“按明制，翰林院迁官始自詹事府、左右春坊、司经局，循至学士，其转则吏部尚书、侍郎以至内阁，不及他途。"① 这一升迁路线，也就是状元的升迁路线，只不过较其他有机会进入翰林院供职的新科进士而言，状元的起点更高。

（一）授官

明代进士分为三甲。一甲仅三人，即状元、榜眼、探花，他们可直接被授予官职。状元授翰林院修撰（从六品），榜眼、探花均授翰林院编修（七品）。这一制度是从洪武二十一年（1388）才形成定例的。洪武初，翰林院官皆由荐举入。洪武四年（1371），首科状元吴伯宗授礼部员外郎，尚未能直接进入翰林院。洪武十七年（1384）恢复科举后，一甲进士俱授翰林院修撰。此后，除了建文二年（1400）一度遵洪武十七年（1384）之例，一甲三人并授修撰外，皆依洪武二十一年（1388）之例。二甲进士则须经过选拔，优秀者得入翰林院庶吉馆学习，学成之后，"优者留翰林为编修、检讨，次者出为给事、御史"。未入选庶吉士者，则分配到六部等处，成为观政进士。

《明史·选举制》称，明代"科举视前代为盛，翰林之盛，则前代所绝无也"。这主要体现为仕途的远大。《明史》卷七十《选举二》载："非进士不入翰林，非翰林不入内阁，南、北礼部尚书、侍郎及吏部右侍郎，非翰林不任。而庶吉士始进之时，已群目为储相。"② 庶吉士尚且受到如此重视，状

① 鄂尔泰、张廷玉：《词林典故》卷二《官制》，见傅璇琮、施纯德编《翰学三书（二）》，辽宁教育出版社 2003 年版，第 25 页。

② 张廷玉等：《明史》卷七十《志第四十六·选举二》，中华书局 1974 年版，第 1702 页。

元自不待言。明代状元入内阁辅政（相当于宰相）者，共有十七人，大大超过前代。庶吉士至少要“三年学成”，通过考试，称作“馆选”，始委任官职，这还是就一般情况而言。丘濬更言：“庶吉士者，远则八九年，近则四五年而后除授。”以至“有不堪者，乃改授他职”。① 庶吉士有幸进入翰林院供职者，亦不过授编修（正七品）、检讨（从七品）。尽管如此，新科进士依然对庶吉士趋之若鹜。与庶吉士相比，一甲三名进士则要幸运许多，因为他们不需经过筛选，便可以直接进入翰林院。

（二）迁转

明代自洪武元年（1368）便已建立翰林院。洪武十八年，翰林院的品员全面更定。翰林院中的官职大体分为三类。第一类是正官，包括：学士 1 人，正五品；侍读学士、侍讲学士各 2 人，从五品；首领官孔目 1 人，未入流。第二类是属官，包括：侍读、侍讲各 2 人，正六品；《五经》博士 5 人，正八品；典籍 2 人，从八品；侍书 2 人，正九品；待诏 6 人，从九品。第三类是史官，包括修撰 3 人，从六品；编修 4 人，正七品；检讨 4 人，从七品。

翰林院为国家储才之所，官无定员，没有六部衙门中那样繁杂的日常事务。翰林官员皆近侍清贵之职，官阶虽低，但地位很高，不轻易授人。据黄佐《翰林记》卷一《职掌》记载：“窃惟国家置本院以来，官不必备，以待儒学之臣，必如所谓明仁义礼乐、通古今治乱、文章议论可以决疑定策、论道经邦

① 黄佐：《翰林记》卷三《庶吉士铨注》，见傅璇琮、施纯德编《翰学三书（一）》，辽宁教育出版社 2003 年版，第 28 页。

者，始可以处之。故洪武、永乐、宣德间，虽待诏、孔目，不轻授人，凡居是职者，咸知自重。”①

翰林官员的升迁，名义上不经吏部铨衡，由皇帝亲擢，但必须是九年考满，或者参与纂修书籍等活动，论功行赏。因此，还是要按资格循序升迁。翰林院内部，高于修撰的职位有侍读、侍讲、侍读学士、侍讲学士、翰林学士。

詹事府是太子的属官机构，主要负责辅导太子，下设左、右春坊、司经局。詹事府、坊、局官员中，品阶高于翰林修撰或与修撰平级的有：詹事（正三品）1人，少詹事（正四品）2人。左春坊大学士（正五品）、左庶子（正五品）、左谕德（从五品）各1人，左中允（正六品）、左赞善（从六品）、左司直郎（从六品，后不常设）各2人。右春坊的官员设置如左春坊。司经局洗马1人（从五品）。介绍詹事府、坊、局官员职掌如下：“明詹事之职，于内外众务无所不掌，少詹事则贰之……左右春坊大学士综劝学、辅德、文翰、记注之事，庶子掌宫中并诸吏之适子及支庶版籍，行则负玺护驾，拜则左右扶掖之，谕德掌侍从赞谕，中允掌侍从礼仪，驳正启奏，并监药理刑，赞善掌侍从翊养，司直掌弹劾绳纠……司经局洗马掌太子出则前驱导威仪、图籍经史之事，校书掌校雠经籍，正字掌刊正文字，皆与翰林院互兼职事。”② 上述职务，状元在升迁过程中都有可能兼任。

成化以后，翰林高级官员还可兼任礼部、吏部等重要部门

① 黄佐：《翰林记》卷一《职掌》，见傅璇琮、施纯德编《翰学三书（一）》，辽宁教育出版社2003年版，第3页。

② 鄂尔泰、张廷玉：《词林典故》卷三《职掌》，见傅璇琮、施纯德编《翰学三书（二）》，辽宁教育出版社2003年版，第55、56页。

的职务，地位进一步提高。《明史》卷七三《职官二》："自成化时，周洪谟以后，礼部尚书、侍郎必由翰林，吏部两侍郎必有一由于翰林。其由翰林者，尚书则兼学士，侍郎则兼侍读、侍讲学士。其在詹事府暨坊、局官，视其品级，必带本院衔。"① 兼尚书、侍郎之职者，多为内阁成员。

在翰林院中任职，升迁非常慢。"词林虽号清华，然迁转最迟。"② 初进翰林院，如果没有机会参加修书等活动，至少要在史官的位置上，坐九年的冷板凳。但这冷板凳也不是白坐的，一旦获得升迁，便有机会接近皇帝或太子，并在日后进入内阁。故当时有谚云："翰林九年，就热去寒。"③ 沈德符《万历野获编》卷十《词林・翰林升转之速》："本朝迁官故事，必九年方升二级。他官犹内外互转，惟词臣不离本局，确守此制，以故有积薪之叹。"④ 正统七年（1442）壬戌科状元刘俨用一个形象的比喻表达了自己的世身感受："翰林之职固清高可喜，淹滞亦可叹。譬如金水河中鱼，化龙之期未可必有，而纲罟之患则可必无。"⑤ 状元们在翰林迁转之慢，有益于他们更留意于文事。

---

① 张廷玉等：《明史》卷七三《志第四十九・职官二》，中华书局1974年版，第1787、1788页。

② 沈德符：《万历野获编》卷十《词林・词臣迁官》，中华书局1959年版，第263页。

③ 朱彝尊：《明诗综》卷一百《翰林谚》，文渊阁《四库全书》本。

④ 沈德符：《万历野获编》卷十一《词林・翰林升转之速》，中华书局1959年版，第259页。《汉书・汲黯传》："陛下用群臣如积薪耳，后来者居上。""积薪"喻选用人才后来居上。

⑤ 参见王鸿鹏等《中国历代文状元》，解放军出版社2003年版，第277页。

（三）入阁

明代有非进士不入翰林，非翰林不入内阁之说。状元作为进士中的佼佼者，不需选拔便可直接进入翰林院，他们的下一个主要目标便是入阁。

明代洪武十三年（1380）罢除宰相制。永乐初，成祖从翰林院官员中选解缙等 7 人入直文渊阁，参预机务，文渊阁在午门之内，地处内廷，于是称“内阁”。内阁最初并未脱离翰林院，“然其时，入内阁者皆编、检、讲、读之官，不置官属，不得专制诸司，诸司奏事，亦不得相关白”①。后来，内阁的权力不断扩大，阁臣的地位也不断提高，逐渐从翰林院脱离，有了自己的属官。正德、嘉靖以后，内阁“朝位班次，俱列六部之上”②。

明代 89 名状元中，官至大学士入阁辅政或非大学士而入阁辅政者有 17 人，分别是：永乐状元胡广、陈循，宣德状元马愉、曹鼐，正统状元商辂、彭时，成化状元谢迁、费宏，弘治状元顾鼎臣，嘉靖状元李春芳，万历状元申时行、朱国祚、黄士俊、周延儒、钱士升，天启状元文震孟，崇祯状元魏藻德。

人们往往将入阁者视同宰相，如明人徐㶿《徐氏笔精》卷八《状元宰相》称：“国朝状元为相者十四人：吴伯宗、胡广、马愉、曹鼐、陈循、彭时、谢迁、费宏、顾鼎臣、李春芳、申时行、朱国祚、周延儒、商辂。”③ 其实，有些状元是

---

①② 张廷玉等：《明史》卷七二《志第四十八·职官一》，中华书局 1974 年版，第 1734 页。

③ 徐㶿《徐氏笔精》卷八，文渊阁《四库全书》本。

不能称为宰相的。例如，首科状元吴伯宗虽然官至大学士，但当时尚无内阁，大学士地位并不尊崇，故不应被视为宰相。

明郎瑛撰《七修类稿》卷十三《状元入阁》对明代正德之前状元入阁情况做了统计：

> 本朝百八十年，为龙首者六十矣，而入阁者止胡文穆公广、曹文忠公鼐、陈方洲公循、商文毅公辂、彭文宪公时、谢文正公迁、费鹅湖公宏、顾味斋公鼎臣八人而已，可以为难矣。较宋人咏曰："圣朝龙首四十二，身到黄扉止六人"，则又过矣。虽然，此数也，又不在于功业文章论。①

根据郎瑛的统计，明代正德之前的60名状元中有8人入阁，宋代前期42名状元（宋朝共有118名状元）中有六人为相。郎瑛只看到绝对数字超过了宋代，其实两者比例是差不多的，前者为13%，后者为14%，宋代还稍高一些。不过，明中后期，状元入阁比例大大提高。崇祯时期，内阁成员更替频繁，有"崇祯五十相"之说。"崇祯五十相"中，就有五人是状元，分别为黄士俊、周延儒、钱士升、文震孟、魏藻德。整个明代，状元入阁比例为19%。

当然，不是所有状元都有机会入阁，中状元与入阁并无必然的联系。不过，凡入阁者多为在科举考试中掇高第者，状元入阁的机会还是很大的。因此，明代的"状元宰相"比例大大高于前代。

郎瑛指出，状元入阁"此数也，又不在于功业文章论"。

---

① 郎瑛：《七修类稿》卷十三《状元入阁》，文化艺术出版社1998年版，第149、150页。

确实，状元入阁有时候带有一定的机遇性，不能以此作为评判状元政治才能、文学才能高下的标准。有些很有才能的状元可能因为早逝、政治斗争或其他一些原因而未能入阁。如康海、杨慎都才华横溢，康海受刘瑾案牵连，杨慎受“大礼议”事件拖累，两人都遭贬谪，终身不复起用。又如柯潜、吴宽不但有文学才能，而且为士林所推重，是一时众望所归的入阁人选，最终也都没能入阁。相反，有些状元虽然入阁，却遭到后人的唾弃，如晚明的周延儒、魏藻德。周延儒是在晚明党争中浑水摸鱼，魏藻德是利用崇祯思贤若渴的心态获得破格任用，实践证明，他们不仅才能平庸，而且道德低下。

二、翰林院的主要职能

翰林与文学有着密切的联系。“翰林”一词，最早见于西汉扬雄《长杨赋》：“聊因笔墨之成文章，故藉翰林以为主人。”此文收于《文选》中，下有李善注曰：“翰林，文翰之多若林也。”① 唐时始建翰林院，为儒臣文学供奉待诏之所。《新唐书》卷四六《百官一》：“翰林院者，待诏之所也。唐制，乘舆所在，必有文词、经学之士，下至卜、医、技术之流，皆直于别院，以备燕见。”② 此后，各朝代皆沿袭之。虽然历代翰林院的官制、职能有所不同，但皆被视为清要之地，有瀛洲、玉堂等美称。明代翰林院制度有了较大变革，特别是内阁制度产生后，翰林院作为通往内阁的重要通道，其重要性

---

① 萧统辑：《文选》卷九，上海古籍出版社 1986 年版，第 404 页。

② 欧阳修、宋祁撰：《新唐书》卷四六，中华书局 1975 年版，第 1183 页。

进一步提高。明代翰林院的主要职能有二：一是作为储才之所，二是综理人文。两者皆与文学相关。

（一）储才之所

状元在翰林院供职，有一个重要目的，即主要是储材养望。翰林院作为国家重要的储才之所，担负着培养庶吉士的任务。状元也有随庶吉士一同进学者。如，永乐二年（1404），庶吉士并状元曾棨等 28 人同进学于文渊阁。景泰二年（1451），庶吉士并状元柯潜等 28 人同进学于东阁。景泰五年（1454），庶吉士并状元孙贤等 18 人同进学于东阁。另外，正统十二年（1447），“诏选本院官之有誉望者入东阁，读中秘书。修撰刘俨、商辂，编修陈文、吕原凡十人，且命之侍经筵日，在内府进学不倦，盖储之以待大用也。其后多入内阁为名臣者。然非职掌之旧，殆与庶吉士同矣”①。刘俨为正统七年（1442）壬戌科状元，商辂为正统十年（1445）乙丑科状元。

状元进入翰林院之后，除了参与进学以外，主要靠“自学”。翰林院内有文渊阁，为国家藏书之所。正统以前，文渊阁是面向所有翰林官员（包括庶吉士）开放的。翰林官员们每日退朝之后，便入文渊阁中翻检自己未曾读过的书。“盖馆阁无政事，以讨论考校为业，故得纵观中秘。”② 所谓“中秘”，即国家藏书。景泰年间，文渊阁已划归内阁管辖，由于编修周洪谟等人随便出入文渊阁，引起内阁不满，便将文渊阁

① 黄佐：《翰林记》卷二《东阁储用》，见傅璇琮、施纯德编《翰学三书（一）》，辽宁教育出版社 2003 年版，第 22 页。

② 黄佐：《翰林记》卷十二《收藏秘书》，见傅璇琮、施纯德编《翰学三书（一）》，辽宁教育出版社 2003 年版，第 142 页。

上了锁，禁止随便出入，读中秘书始稍有不便。

状元自进入翰林院之后，不再受举业的限制，可以博通经史，这对提升他们的文学修养还是大有好处的。如状元柯潜在任翰林学士之时，负责教习庶吉士，教学内容以古文词为主，以帮助新科进士们摆脱举业的束缚，转化气质。《词林典故》提到了当时教习庶吉士所用教材："明学士掌教习庶吉士。……其教庶吉士，文用《文章正宗》，诗用《唐诗正声》。"① 可见，古文、诗歌是庶吉士学习的主要内容。又如，状元杨慎在翰林院期间博览群书，成为明代最博学的学者，同时也为日后的文学创作打下了坚实的基础。

翰林官员在翰林院中储才养望，主要以德行、学问为主，文学还在其次。状元刘俨曾经指出："士莫先于涵养，涵养久则德性坚定，知虑精纯，言行操履，正大笃实，出而居大位，任大事，岂惟不动心哉，且有执而不失也。今之涵养，于官莫如翰林，所闻者圣贤之言，所习者圣贤之行，于凡钱谷簿书之事，机械变诈之巧，一无所动于中，而其养纯矣。故前后自翰林出者，率非寻常可及。"黄佐《翰林记》认为，刘俨之说符合明初建设翰林院的本意。"官无定员，凡以储英俊也；职无专掌，凡以求通儒也；置之中秘，凡以广器识也；列之近侍，凡以资薰陶也。然必己德既修，而后上德可成。如徒曰文艺而已矣，则所以辅导者先无其本，而何以为任大负重之地哉？故前辈官是院者，上体朝廷造就储用之意，以涵养德器变化气质为先。苟以交结趋走为圆机，视圣贤学术为长物，而事业不能

---

① 鄂尔泰、张廷玉：《词林典故》卷三《职掌》，见傅璇琮、施纯德编《翰学三书（二）》，辽宁教育出版社 2003 年版，第 45 页。

少自见，则虽谓之冗员可也。”① 清人徐乾学撰《翰林院题名碑记》亦云：“夫翰林为朝廷文学侍从之臣，居禁近，掌制诰，公辅之望由此其选，非可以雕虫篆刻之才当之也。”②

（二）综理人文

洪武元年（1368），朱元璋授予翰林学士陶安的诰词云：“开翰林以崇文治，立学士以冠儒英。重道尊贤，莫先于尔。用是擢居宥密，俾职论思。兹特赐以宠章，用贻国典。尚其勤于献纳，赞我皇猷，综理人文，以臻至治。”③ 这段话概括了明代翰林院的职能，主要是“论思”、“献纳”、“综理人文”。所谓“论思”、“献纳”，即充当皇帝顾问之意。而“综理人文”，包括掌制诰、掌修书史、典试事、掌教习庶吉士等。从事这些工作，要求翰林官员必须具有一定的文学才能。

以上是明代翰林院的基本职能。不难看出翰林院具有鲜明的文化属性。翰林院作为国家的高级文化机构，其文风也体现了国家的文化政策导向。明初，朱元璋在任命翰林院官员时，要求其为文必须“以浑厚醇正为宗”④。洪武二年三月戊申，朱元璋对翰林院侍读学士詹同说：“古人为文章，或以明道德，或以通当世之务，如典谟之言，皆明白易直，无深怪险僻

---

① 黄佐：《翰林记》卷十九《储养人才》，见傅璇琮、施纯德编《翰学三书（一）》，辽宁教育出版社 2003 年版，第 270 页。

② 鄂尔泰、张廷玉：《词林典故》，见傅璇琮、施纯德编《翰学三书（二）》，辽宁教育出版社 2003 年版，第 123 页。

③ 黄佐：《翰林记》卷一《御制诰词》，见傅璇琮、施纯德编《翰学三书（一）》，辽宁教育出版社 2003 年版，第 6 页。

④ 黄佐：《翰林记》卷十一《正文体》，见傅璇琮、施纯德编《翰学三书（一）》，辽宁教育出版社 2003 年版，第 133 页。

之语。至如诸葛孔明《出师表》，亦何尝雕刻为文，而诚意溢出，至今使人诵之，自然忠义感激。近世文士，不究道德之本分，不达当世之务，其辞虽艰深，而意实浅近。即使过于相如、扬雄，何裨实用。自今翰林为文，但取通道理明世务者，毋事浮藻。"① 宣德七年（1432），宣宗向翰林院颁赐《御制翰林院箴》，也对翰林院的文风提出了同样的要求："词尚典实，浮薄是戒。"② 翰林院以红底金字，将此《御制翰林院箴》悬挂于后堂。明代朝廷对翰林院文风的要求，与科举考试中的文化政策导向是一致的。状元在翰林院任职期间，虽然摆脱了举业的束缚，有了更多从事文学创作的自由空间，但其文风依然会受国家文化政策的引导，从而以牺牲创作个性为代价，在一定程度上成为体现官方意志的文化样本。

三、内阁的主要职能

内阁制度是明代政治的一个重要创造。内阁是从翰林院中独立出来的，与翰林院始终保持着密切联系，这决定了内阁的主要职能也具有一定的文化属性。但内阁与翰林院的职能又有很大不同，主要区别在于，翰林院只是咨询部门，而内阁拥有决策之权。明代内阁的地位有一个逐渐上升的过程，到明中叶基本稳定下来，其影响一直波及到清代。

明代洪武十三年（1380），朱元璋借权相胡惟庸企图造反之机，废除已经实行了一千多年的丞相制度，进一步加强

---

① 黄佐：《翰林记》卷十一《正文体》，见傅璇琮、施纯德编《翰学三书（一）》，辽宁教育出版社 2003 年版，第 133 页。

② 黄佐：《翰林记》卷一《御制箴》，见傅璇琮、施纯德编《翰学三书（一）》，辽宁教育出版社 2003 年版，第 6 页。

了皇权。废除丞相后，皇帝日理万机，十分辛苦，于是选拔了一些翰林官员以备顾问。永乐初，朱棣登上皇帝宝座以后，开内阁于东角门内，从翰林官员中简拔了解缙、黄淮、胡广、金幼孜、杨士奇、杨荣、胡俨等七人，轮值内阁，参预机务。当时的内阁即文渊阁，为藏书之所，由翰林院掌管。因其位于皇宫之内，故名内阁。虽然明成祖对内阁成员宠任有加，但决策权还是掌握在成祖自己手中。《殿阁词林记》云："永乐、洪熙二朝，每召内阁造膝密议，人不得与闻，虽倚毗之意甚专，然批答出自御笔，未尝委之他人。"①据明人余继登的《典故纪闻》记载，成祖每日于退朝之后，"间取四方奏牍，一一省览，其有边报及水旱等事，即付所司施行"②。宣德时，阁臣的权力有所扩大，"于中外章奏，许用小票墨书，贴各疏面以进，谓之条旨，中易红书批出"③。这就是所谓的"票拟"。虽然形式上依旧是由皇帝做最终的决策者，但实际上，许多决策意见都是阁臣做出的，皇帝的御批不过是走个过场而已。

明代废除宰相制度之初，几个皇帝，像明太祖朱元璋、明成祖朱棣等都是有雄才大略的皇帝，精力过人，日理万机。同时，他们非常重视对皇子皇孙的教育，故明初的皇帝都比较勤政，内阁的权力有限。明宣宗去世较早，英宗以幼冲继位，此时，杨士奇、杨荣、杨溥作为顾命大臣，三朝元老，在政治上起着举足轻重的作用。此后内阁成员的地位逐渐提高，其地位

①③ 廖道南：《殿阁词林记》卷九《拟旨》，文渊阁《四库全书》本。

② 余继登：《典故纪闻》卷六，中华书局1981年版，第116页。

不仅高于一般的翰林官员，而且名列六部之上，虽无宰相之名，却有宰相之实了。

内阁职权扩大后，虽然综理天下大事，但与翰林院依然保持着密切的关系，内阁成员一般都是从翰林官员中简选的，翰林院可视为内阁的直接下属。内阁一端联系着翰林院，一端直接与皇帝保持着密切的接触，其职权的扩大，也间接地提高了翰林院的政治地位。

钱穆认为，明代政治制度较之前代是“大大退步了”①。以往的朝代，还有相权作为君权的补充，可以起到一定的平衡、制约作用，而明代废除了宰相制度，由皇帝一人独裁。明代内阁虽然发展到后来，也能够起到宰相的作用，但毕竟不是真正的宰相，只是皇帝的“秘书处”。由于明太祖曾经明令子孙后代不得设立宰相，所以内阁的政治地位得不到有效保障，最终的决断必须由皇帝作出，而皇帝的旨意往往借助太监传达，所以明代太监弄权的现象非常突出。

钱穆的看法有一定道理。欲评价宰相制度与内阁制度的优劣，还应从儒家思想的本质谈起。儒家思想源于春秋战国时期，其实质是要借推行一套社会规范，来维持社会的稳定。帝王在儒家知识分子眼中，是国家政权的象征，只有维护其尊严，才能避免国家动荡不安。儒家知识分子提倡忠君，但并不提倡愚忠，他们同时也反对暴政。所以孟子说：“民为贵，社稷次之，君为轻。”他们维护君权的目的，是为了推行儒家的政治理想。而在君主一方，则是借儒家的这一套理论，来维护自己的专制。儒家知识分子与封建君主之间，实际上是两种既

① 钱穆：《中国历代政治得失》，三联书店2001年版，第102页。

相互抗衡、相互制约，又相互利用的关系。汉代董仲舒提出的天人感应理论，也是在给君主的统治披上一层神圣外衣的同时，借上天的旨意来约束君主的行为，使之不至于恣意妄为。以往，皇帝主要作为国家的象征，皇帝偶尔偷懒的时候，如果有一个好的宰相，还可以运用手中的权力保持国家机器的正常运转，使国事不至于大坏。朱元璋废除宰相制度后，权力的天平明显地向皇权倾斜。这时，国家政治的好坏，在很大程度上取决于皇帝。儒家知识分子要推行自己的政治理想，只能完全依靠皇帝本人。如果有一个精明能干的皇帝，如朱元璋、朱棣，国家还不至于出现什么大问题，政府效率可能还比较高。如果皇帝一旦荒政，国家便会败象丛生。不幸的是，在明代中后期，皇帝荒政的现象非常突出。总体来看，明代儒家知识分子在与皇权的抗衡中，始终处于下风，他们只有在皇帝甚至太监面前奴颜婢膝，才能巩固自己的政治地位。虽然也有一些儒家知识分子秉承了道德理想主义精神，但在政治斗争中，往往处于劣势，无从施展自己的抱负。明代状元中，有些道德理想主义者，如罗伦、康海、杨慎、舒芬、罗洪先等等，在政治上都饱受挫折。康海提倡复古主义，最后为搭救好友李梦阳，却不得不向太监刘瑾低头，结果刘瑾垮台后，康海受到牵连，终身不复录用。杨慎在“大礼议”事件中对皇权进行了不屈的抗争，最后被发配到云南。罗伦、舒芬、罗洪先等人都因直言敢谏，仕途坎坷，或沦落下僚，或辞官归隐。而那些飞黄腾达、进入内阁的状元，多奉行乡愿哲学，甚至有些弄权误国之辈，如晚明的周延儒、魏藻德等。这和皇权与阁权的不平衡有很大关系。

第二节　文学对明代状元仕途的影响

《词林典故》卷五《艺文》云："在昔儒流，遭逢明盛，供奉清班，著作专家，汗牛充栋，故从来记翰林者不载艺文，非不载也，不胜载也。"① 状元在馆阁任职期间，除了应对日常公务之外，还有大量的时间用于诗文创作。这些诗文有些带有半官方性质，如应制诗文；有些则是友朋倡和、社交应酬之作，对其仕途也有一定影响。

一、应制诗文，结宠皇帝

应制诗文的兴衰，既与政治环境有关，也与皇帝本人的喜好有关。明初国势强盛，太祖、成祖皆有雄才大略，馆阁文人多歌功颂德之作。翻开明初状元的别集，会发现其中充斥着大量的应制诗文。这种现象，到了明代中后期便较为少见了。不过，嘉靖朝是一个例外。嘉靖喜好诗文，并崇信道教，阁臣多以"青词"等诗文邀宠，其中亦不乏状元的身影。

明初应制诗文虽盛，但皇帝仅将其视为太平盛世的点缀，其实对文学不甚重视。因此，明初鲜有以诗文干进者。例如，永乐朝的首位状元曾棨，才华横溢，甚得成祖宠幸。曾棨同乡有坐建文间党入狱者，他人都为曾棨感到担心；又宅第失火，延及宫墙，成祖皆不问罪。但是，曾棨的仕途一直是按部就班，并未因在文学方面受到宠幸而被破格任用。

---

① 鄂尔泰、张廷玉：《词林典故》卷五《艺文》，见傅璇琮、施纯德编《翰学三书（二）》，辽宁教育出版社2003年版，第93页。

他在翰林供职28年，仅官至侍讲学士兼少詹事（正四品）。据叶盛《水东日记》卷六记载："尝闻曾状元在翰林凡若干年，而后得侍讲学士。太宗一日顾近臣曰：'曾棨已与学士矣。'意犹谓其得之早也。祖宗之慎重名爵，磨砺人才如此。"① 曾棨临终之际，醉后题诗曰："宫詹非小，六十非夭，我以为多，人以为少。易箦盖棺，此外何求。白云青山，乐哉斯丘。"诗中含有自我宽慰之意，既表现出几分洒脱，亦透出一丝无奈。

明初皇帝对文学的态度，一些馆阁文人心知肚明，他们一方面因诗文而受到皇帝的宠幸，另一方面又对文学持贬低的态度，更加得到皇帝的赏识。例如，洪武中，太祖朱元璋经常召集馆阁文人赋诗为乐，且与文人们一起评论诗法。有位叫桂彦良的，时任太子正字，每次作应制诗，他总是第一个完成。但是他并没有以此为荣，反而劝朱元璋："治道具在六经，典谟训诰，愿留圣意，诗非所急也。"② 朱元璋深以为然，从此对他更加恩遇隆洽，称其为"老桂"，而不呼其名。无独有偶，永乐七年（1409），太子一度醉心于诗艺，杨士奇素以文学见长，但是他却站在太子辅导老师的立场，劝太子以圣学为重，不可迷恋诗艺。杨士奇的文学立场，其实体现了成祖对文学的态度。在杨士奇的帮助下，太子顺利登极，是为仁宗，杨士奇亦历事四朝，官至一品，成为馆阁文人的领袖。状元曾棨若能有桂彦良、杨士奇一样的见识，便不会发出"宫詹非小"的

① 叶盛：《水东日记》卷六《学士进官》，中华书局1980年版，第64、65页。

② 黄佐：《翰林记》卷十一《评论诗文》，见傅璇琮、施纯德编《翰学三书（一）》，辽宁教育出版社2003年版，第139页。

感叹了。

正统之后，应制诗文渐少。嘉靖时此风又起。不过，嘉靖时无论皇权还是士风，都与明初大不相同，因此嘉靖时期，应制诗文不仅无补于政治，反而成为一种干进的手段，更加遭到世人的诟病。据《万历野获编》记载："世宗初政，每于万几之暇喜为诗，时命大学士费弘（宏）、杨一清更定。或御制诗成。令二辅臣属和以进，一时传为盛事。而张璁等用事，自愧不能诗，遂露章攻弘，诮其以小技希恩。上虽不诘责，而所出圣制渐希矣。"① 费宏是成化二十三年（1487）丁未科状元，也是明代最年轻的状元，20岁便中状元，44岁便入阁，被称为"黑头宰相"（谓其年轻）。在"大礼议"中，费宏虽然是"护礼派"，但态度并不激烈，因而得到了世宗的好感。闲暇时，世宗经常与费宏一起讨论诗文，并多次御制诗文，命费宏和进，世宗复赐以批答。费宏编有《宸章集录》一卷，所收即嘉靖五年世宗御赐费宏等诗文，及费宏等依韵唱和之作。张璁、桂萼等在大礼议中是"议礼派"，坚定地站在世宗一面，虽然他们对费宏极力攻击，世宗却始终对费宏恩礼不衰。

"大礼议"对明代士风是一次沉重打击，此后，朝廷多用软熟之人为相。世宗在位45年，后期崇信道教，于是出现了"青词宰相"，即依靠撰写"青词"博得世宗青睐，而平步青云，登上相位者。据《明史·宰辅年表》统计，嘉靖十七年后内阁十四辅臣中，即有九人系以撰青词起家。正德三年

---

① 沈德符：《万历野获编》卷二《御制元夕诗》，中华书局1959年版，第38页。

（1508）戊辰科状元顾鼎臣、嘉靖二十六年（1547）丁未科状元李春芳等俱属此列。青词，亦称“绿章”，指道教在举行斋醮时献给天神的奏章祝文，因写在青藤纸上，故名“青词”。唐李肇《翰林志》：“凡太清宫道观荐告词文，用青藤纸书朱字，谓之青词。”① 宋人文集中亦常有之，遂为文体之一。历代文人中都有写青词的，如唐代中期的杰出诗人李贺。青词写得好，也是有一定文学价值的。如清代龚自珍的“九州生气恃风雷，万马齐喑究可哀。我劝天公重抖擞，不拘一格降人材”，即作者过镇江时，为道士所撰青词。可惜在明人撰写的青词中，很难找到这样的佳作。明代以青词媚主，始自顾鼎臣。《明史》卷一百九十三云：“帝好长生术，内殿设斋醮，鼎臣进《步虚词》七章，且列上坛中应行事。帝优诏褒答，悉从之。词臣以青词结主知，由鼎臣倡也。”② 状元顾鼎臣、李春芳等人所写的青词，多为迎合上意而作，没有任何思想价值，艺术上亦平淡无奇。

二、集会倡和，铺平仕途

馆阁为人文荟萃之地，馆阁文人之间的诗文酬唱也很多。明初，这类倡和活动的主题依然是为皇帝歌功颂德，带有浓厚的政治色彩。正统以后，馆阁文人集会倡和的政治色彩渐淡，社交意味渐浓。在这类馆阁文人的倡和活动中，状元往往扮演着十分活跃的角色。

---

① 李肇《翰林志》，见傅璇琮、施纯德编《翰学三书（一）·翰苑群书》，辽宁教育出版社2003年版，第2页。

② 张廷玉等：《明史》卷一九三，中华书局1974年版，第5115页。

永乐七年中秋，学士胡广召集翰林同僚会于北京城南公宇之后，酒酣，分韵赋诗成卷，此为翰林院节会倡和之始。[①] 胡广为建文二年（1400）庚辰科状元。

宣德三年三月，学士杨溥掌翰林院事，率僚友迎新科状元马愉等鼎甲三人，宴于杨荣宅第，杨士奇因名其堂曰“聚奎”，为文以识之，众皆赋诗，自是遂为例。后来此礼虽废，但馆阁宴集，犹谓之“聚奎宴”。[②]

正统二年三月，馆阁诸人过杨荣所居杏园燕集，赋诗成卷，杨士奇序之，且绘为图，题曰《杏园雅集》。永乐十三年（1415）乙未科状元陈循预其事。[③]

正统之前，馆阁文人雅集多由翰林院或内阁召集，带有半官方的性质。天顺以后，文人聚会则以同乡、同年、师友等关系为纽带，私人色彩渐浓。

天顺以后，浙江解元在京者较多，遂有六元会、七元会等。[④] 商辂为宣德十年（1435）浙江乡试解元、正统十年（1445）乙丑科会元兼状元，六元会、七元会皆曾参与。谢迁为成化十年（1474）浙江乡试解元，成化十一年（1475）状元，参与过六元会。商辂、谢迁皆为内阁大学士，但在这类以乡谊为纽带的聚会中，他们并不是当然的主角。这体现出与正统之前文人雅集的明显不同。

---

① 黄佐：《翰林记》卷二十《节会倡和》，见傅璇琮、施纯德编《翰学三书（一）》，辽宁教育出版社 2003 年版，第 284 页。

②③ 黄佐：《翰林记》卷二十《聚奎堂宴集》，见傅璇琮、施纯德编《翰学三书（一）》，辽宁教育出版社 2003 年版，第 285 页。

④ 朱国祯：《涌幢小品》卷七《元会》，文化艺术出版社 1998 年版，第 145 页。

天顺八年（1464）甲申科同榜进士、同在翰林者，结成了“翰林同年会”，定期聚会。与会者有状元彭教、二甲进士第一名李东阳等。在这批进士中，李东阳逐渐崭露头角，成为成化、弘治时期馆阁文人的领袖。

据《玉堂丛语》卷七《恬适》记载：“李文正当国时，每日朝罢，则门生群集其家，皆海内名流，其坐上常满，殆无虚日，谈文讲艺，绝口不及势利。其文章亦足领袖一时。”① 成化八年（1472）壬辰科状元吴宽、弘治三年（1490）庚戌科状元钱福等，都曾是李东阳的座上客。茶陵派便是在此基础上发展起来的。虽然这类聚会只是“谈文讲艺，绝口不及势利”，但不能说与政治毫无关系。《四友斋丛说》卷十五载：

> 李西涯长于诗文，力以主张斯道为己任。后进有文者，如江石潭、邵二泉、钱鹤滩、顾东江、储柴墟、何燕泉辈，皆出其门。独李空同、康浒西、何大复、徐昌谷自立门户，不为其所牢笼，而诸人在仕路亦遂偃蹇不达。②

康浒西即康海，乃弘治十五年（1502）壬辰科状元，他因为文学见解与李东阳不一致，而无法融入馆阁文人的圈子，在受刘瑾案牵连被免官后，终身不复起用。

弘治中，南京吏部尚书倪岳、吏部侍郎杨守址、户部侍郎郑纪、礼部侍郎董越、祭酒刘震、学士马廷用，皆发身翰林者，相与醵饮，倡为瀛洲雅会。正德二年七月，吏部尚书王

---

① 焦竑：《玉堂丛语》卷七《恬适》，中华书局 1981 年版，第 235 页。

② 何良俊：《四友斋丛说》卷十五《史十一》，中华书局 1959 年版，第 127 页。

华、侍郎黄珣、礼部尚书刘忠、侍郎马廷用、户部尚书杨廷和、祭酒王敕、司业罗钦顺、学士石珤、太常少卿罗玘复继之，皆倡和成卷，梓行于时。① 其中，王华为成化十七年（1481）辛丑科状元，同时，他也是明代著名思想家王守仁的父亲。而户部尚书杨廷和后来官至首辅，在嘉靖初年的“大礼议”中，是护礼派的领袖，同时也是明代著名文学家、正德六年（1511）辛未科状元杨慎的父亲。

除了这些社团性质的聚会之外，馆阁文人还有大量的文字应酬。成弘时期的馆阁文人领袖李东阳便视此类应酬为“盛事”：“惟馆阁以道德文字为事……情交而义达，喜有庆，行有饯，周旋乎礼乐，而发越乎文章，倡和联属，亹亹而不厌，此词林之盛事也。”② 在翰林官员中，凡有奉使给假、侍亲养疾、致事迁官、贺寿、之任南京等情形者，馆阁中必推与事主交情最好的一人为序，其余皆赋诗赠之，谓之“例赠”。③ 这些文字，更注重交际功能，于文学价值本身不太重视。弘正时期兴起的文学复古运动，在一定程度上即是对这种空洞的馆阁文学的反拨。

李梦阳《朝正倡和诗跋》云：

> 诗倡和莫盛于弘治，盖其时古学渐兴，士彬彬乎盛矣，此一运会也。余承乏郎署，所与倡和则扬州储静夫、赵叔鸣，无锡钱世恩、陈嘉言、秦国声，太原乔希大，宜

---

① 黄佐：《翰林记》卷二十《瀛洲雅会》，见傅璇琮、施纯德编《翰学三书（一）》，辽宁教育出版社2003年版，第285页。

② 鄂尔泰、张廷玉：《词林典故》，见傅璇琮、施纯德编《翰学三书（二）》，辽宁教育出版社2003年版，第135页。

③ 黄佐：《翰林记》卷十九《例赠》，见傅璇琮、施纯德编《翰学三书（一）》，辽宁教育出版社2003年版，第277页。

兴杭氏兄弟，郴李贻教、何子元，慈溪杨名父，余姚王伯安，济南边庭实，其后又有丹阳殷文济，苏州都玄静、徐昌谷，信阳何仲默，其在南都则顾华玉、朱升之其尤也。诸在翰林者以人众不叙。①

这段话值得我们回味。馆阁文人久有集会倡和的传统，李梦阳却说“诗倡和莫盛于弘治”，其理由是“其时古学渐兴，士彬彬乎盛矣”。这句话既表达了复古运动的文学主张，也隐含着对馆阁文人特权的批判。李梦阳所说的“士”，当以普通进士阶层为主体。弘治之前，馆阁文人在文坛上是最引人注目的群体。馆阁文人往往有着远大的前程，令普通进士无法望其项背。普通进士没有政治特权，却有意在文学方面与馆阁文人一争高下。李梦阳不厌其详地列举了郎署阶层中的“所与倡和”者，却将馆阁文人以“诸在翰林者以人众不叙”一语带过，甚至连复古运动的主将康海都绝口未提，可见他反对馆阁文学，不单单是出于文学主张的不同，还有为普通进士阶层争胜的政治意图在内。这一意图在“后七子”中得到了进一步的贯彻。“后七子”代表人物王世贞以普通进士的身份成为文坛领袖，天下翕然宗之，而馆阁文章在“前七子”、“后七子”的猛烈抨击之下，甚至成了世人讥笑的对象。明代后期，京师流传着“十可笑”的民谣，其中有一条就是“翰林院文章”②。由于馆阁文学的没落，嘉靖之后，文学酬唱等活动对状元仕途的影响也越来越微弱了。

---

① 李梦阳：《空同集》卷五十九《朝正倡和诗跋》，文渊阁《四库全书》本。

② 沈德符：《万历野获编》卷二十四《畿辅》，中华书局1959年版，第613页。

第三章 历史回响：明代状元文学概况

第一节 明代状元的文学创作概貌

一、明代状元诗文别集存佚情况

诗文别集无疑是研究状元文学的最重要、最基本的文献。明人别集数量十分丰富，以状元为例，明代共有89名状元，据笔者初步统计，有别集现存者不下45人，这为研究状元文学提供了宝贵的材料。同时，许多别集未经认真整理和深入研究，这也说明了研究状元文学的必要性。

调查状元文集的存佚情况，可供参考的文献有《中国古籍善本书目》、《中国历代诗文别集联合书目》、《增订日本现存明人文集目录》、《明别集版本志》等。笔者主要参考《明别集版本志》，该书的作者崔建英曾参与编辑《中国古籍善本书目》的审校工作，负责“明别集”部分，积累了一些资料，后又将在美国普林斯顿大学葛思德图书馆发现的一些别集并入，汇为此志。该书基本可以反映现存明别集的概况，但也偶有疏漏之处，如胡广《胡文穆公文集（二十卷)》，收入《四库全书存目丛书》，《明别集版本志》未著录；又如成化朝状元张昇有《张文僖公文集（十四卷)、诗集（二十二卷，存卷一至卷五)》，明嘉靖元年刻本，收入《四库全书存目丛书》。《明别集版本志》未著录该书，仅著录了《张文僖公和唐诗（十卷)》。另外，复旦大学配合《全明诗》的编纂，正在编纂《现存明别集全目》。相信该书出版后，能够带给我们一些新的发现。明代状元别集存佚的具体情况，可参考附录部分《明代状元诗文别集存佚情况一览表》。下面仅就目前搜集到的资料情况作一粗略的统计和分析。

（一）别集现存者

明代状元别集存世者有：

洪武朝：吴伯宗（《荣进集》)、任亨泰（《使交集》)。

建文朝：胡广（《胡文穆公文集》)。

永乐朝：曾棨（《曾西墅先生集》)、林环（《絅斋先生集》)、陈循（《芳洲文集》、《芳洲诗集》、《东行百咏集句》)。

宣德朝：马愉（《马学士文集》)。

正统朝：周旋（《畏庵集》)、商辂（《商文毅公集》)、彭时（《彭文宪公集》)。

景泰朝：柯潜（《竹岩集》)。

天顺朝：黎淳（《黎文僖公集》)、谢一夔（《谢文庄公集》)、彭教（《东泷遗稿》)。

成化朝：罗伦（《一峰文集》)、张昇（《张文僖公文集》、《张文僖公诗集》、《张文僖公和唐诗》)、吴宽（《家藏集》)、谢迁（《归田稿》）、费宏（《太保费文宪公摘稿》、《宸章集录》）。

弘治朝：钱福（《钱太史鹤滩稿》）、毛澄（《三江遗稿》）、康海（《对山集》、《沜东乐府》）、顾鼎臣（《未斋集》）。

正德朝：吕柟（《泾野先生文集》）、杨慎（《升庵集》、《升庵长短句》）、舒芬（《舒梓溪先生全集》）。

嘉靖朝：龚用卿（《云岗选稿》）、罗洪先（《念庵罗先生集》、《石莲洞罗先生文集》）、林大钦（《东莆先生文集》）、李春芳（《李文定公贻安堂集》）、唐汝楫（《小渔先生遗稿》）、申时行（《赐闲堂集》）等。

隆庆朝：罗万化（《世泽编》）、张元忭（《张阳和先生不二斋稿》）。

万历朝：孙继皋（《宗伯集》，又名《柏潭集》）、沈懋学（《郊居遗稿》）、唐文献（《唐文恪公文集》，又名《占星堂集》）、焦竑（《澹园集》，又名《欣赏斋集》）、朱之蕃（《奉使朝鲜稿》）、赵秉忠（《崄山集》）、张以诚（《张宫谕集》，又名《酌春集》）、杨守勤（《宁澹斋全集》）、钱士升（《赐余堂集》）。

崇祯朝：刘理顺（《刘文烈公全集》）。

以上共计45人，约占明代状元总数的50%。有些状元，其存世的别集可能只是残本。如吴伯宗曾有《南宫集》、《使交集》、《成均集》共二十卷，以及《玉堂集》四卷，现在只有《荣进集》存世。从《荣进集》中的作品看，内容颇为混杂，大概是原集散佚后，后人掇拾残篇，合为一编。又如罗万化的《世泽编》，原本或应为十六卷，现仅残存文部的五、六两卷。从这些残篇断简中，只能窥其文学面貌之一斑。也有些状元存世的别集有多种，如《千顷堂书目》卷二十二著录的杨慎别集有“杨慎《升庵文集》八十一卷；又《升庵合并集》二十卷；又《升庵遗集》二十六卷；又《升庵诗》五卷；又《南中集》七卷；又《七十行戍稿》一卷；又《归田集》；又《晚秀集》；又《升庵长短句》四卷；又《升庵外集》一百卷（焦竑辑）；又《读升庵集》二十卷（李贽）；又《升庵诗选》二卷（林兆珂辑）”①。杨慎著作之丰，在明代首屈一指。他的这些别集，大部分仍存于世。明代状元存世别集的数量是非常丰富的。

在上述状元中，康海、杨慎无疑是最受文学研究者重视的状元。有些状元在其他学术领域也颇受重视，如明代著名学者吕柟、罗洪先、焦竑等。这些状元的别集，都颇为后人重视，得到了较好的整理和研究，但是也有一些状元的别集则长期被埋没。例如，现代中小学教材中曾经选收了一首古诗《明日歌》，作者署名“钱鹤滩”，该诗系转录自清人钱泳笔记《履园丛话》，原文为：

> 后生家每临事，辄曰“吾不会做”，此大谬也。凡事做则会，不做则安能会耶？又做一事，辄曰“且待明日”，此亦大谬也。凡事要做则做，若一味因循，大误终身。家鹤滩先生有《明日歌》最妙，附记于此：“明日复明日，明日何其多。我生待明日，万事成蹉跎。世人苦被明日累，春去秋来老将至。朝看水东流，暮看日西坠。百

① 黄虞稷：《千顷堂书目》卷二十二，上海古籍出版社 2001 年版，第 550 页。

年明日能几何，请君听我《明日歌》。”①

文中只称“家鹤滩先生”，许多教辅书不知道这个“钱鹤滩”是何许人也，有的老老实实地标明“生平不详”，有的则胡乱揣测，赫然署上“清·钱鹤滩”，乃至以讹传讹。更有甚者，有人竟然还做过专门考证，称《〈明日歌〉并非钱鹤滩所作》②。还有学者认为《明日歌》为明人文嘉（1501～1583）所写。文嘉是明代书画家文征明之次子，确实曾经写过《明日歌》，其原文为：“明日复明日，明日何其多！日日待明日，万事成蹉跎！世人皆被明日累，明日无穷老将至。晨昏滚滚水东流，今古悠悠日西坠。百年明日能几何？请君听我《明日歌》。”与《履园丛话》中《明日歌》字句稍有出入。于是有人据此推测可能是“钱鹤滩”抄录文嘉原歌，而略加改窜，又未注明出处，致使钱泳误认为是“钱鹤滩”本人所作了。如果这个“钱鹤滩”真是清人的话，这一推测自然是不错的。但“钱鹤滩”不是清代人，而是明代弘治三年（1490）庚戌科状元钱福。钱福（1461～1504），字与谦，因其家居临近鹤滩，故自号鹤滩。《明日歌》见于钱福《鹤滩稿》卷一③。《鹤滩稿》至今尚存。钱福与文嘉都生活在吴中地区，钱福去世之前三年，文嘉才出生，只能是文嘉抄录钱福的作品，而不

① 钱泳：《履园丛话》卷七《臆论·不会做》，中华书局1979年版，第199页。

② 万联众：《〈明日歌〉并非钱鹤滩所作》，见《集萃》1982年第1期，第34页。

③ 钱福：《鹤滩稿》卷一，见钱福《钱太史鹤滩稿》，北京图书馆藏明万历三十六年沈思梅居刻本，《四库全书存目丛书》集部第46册，齐鲁书社1997年版，第97页。

是钱福抄录文嘉之作。钱福生前才华横溢，但因为个性狂放而遭到贬斥和非议，致使其诗文长期受到冷落。钱福是明代状元中才名较高的一位，其文集尚受此冷落，其他状元的文集更可想而知了。明代文学研究中存在着明显的不均衡现象，对明人文集的整理和研究亟待加强。

（二）别集仅见于文献著录者

在本书附录部分的《明代状元诗文别集存佚情况一览表》中，列出了一些别集的名称，但在“存佚”栏标明“待考”。根据《千顷堂书目》、《明史·艺文志》以及状元的碑传志铭等有关文献的确切记载可以断定，有些状元生前或者死后曾经有别集行世，但是否仍存于世，需要作进一步的调查。这些状元包括：丁显、黄观、萧时中、马铎、曾鹤龄、刘俨、孙贤、曾彦、王华、李旻、伦文叙、唐皋、姚涞、茅瓒、秦鸣雷、陈谨、诸大绶、朱国祚、庄际昌、刘同升、杨廷鉴，共21人。笔者在《四库全书》、《四库全书存目丛书》、《四库禁毁书丛刊》、《四库续修丛书》、《四库未收书辑刊》、《丛书集成（初编、新编、续编、三编）》中，都没有找到这些状元的别集。《明别集版本志》亦未对这些状元的别集加以著录。当然，不能由此断定这些别集已经不复存在。

（三）别集不存者

在《明代状元诗文别集存佚情况一览表》中，有些状元的“别集”、“存佚”等栏均为空白，表明其别集现已不存，且未见文献著录。这些状元共计23人，包括张信、陈郊、韩克忠、李骐、邢宽、林震、曹鼐、施槃、朱希周、杨维聪、韩应龙、沈坤、丁士美、范应期、张懋修、翁正春、黄士俊、韩敬、周延儒、余煌、刘若宰、陈于泰、魏藻德。这些状元没有别集存世，原因很多，主要有：

1. 政治原因。如张信、陈郊都是洪武朝状元，因卷入洪武朝科场大案——“南北榜”事件，而惨遭杀害。韩敬是万历三十八年（1610）庚戌科状元，在当时以才华著称，但人品颇为人不齿，与同榜探花钱谦益因争状元而结怨，后因科场案罢官归乡。居乡期间，曾编《东林点将录》，对东林党人进行攻击，后不知所终。晚明大多数状元无别集存世，除战乱的原因外，也与政治有关。周延儒、魏藻德都位至首辅，但周延儒被《明史》列入《奸臣传》，魏藻德卖国求荣，其别集俱不传。余煌曾率兵坚持抗清，殉国前叮嘱仆人，死后不刻文集。

2. 年龄原因。李骐、邢宽、林震、施槃、沈坤、范应期等状元，都去世很早。如施槃是正统四年（1439）己未科状元，23 岁中状元，24 岁就去世了。不排除这部分状元中的某些人曾经有别集行世甚至别集流传至今的可能性。或许还有更多的状元别集依然存世，等待着我们去发掘、整理、研究。

从时代来看，明初和晚明的状元别集，佚失情况最为严重，这与当时的政治环境有关。

二、明代状元其他著述一瞥

（一）文学创作

明代状元的诗文创作，除见于别集者外，在一些总集和选集、方志、笔记等文献中，也常可见到零章散篇，限于篇幅，不再一一列举。

状元一般较少涉足词曲创作领域，不过也有一些状元在词曲创作领域取得了引人注目的成就，比如康海和杨慎。吕天成《曲品》中，将杨慎和康海划归“不作传奇而作散曲者”之列，称“杨状元异才甘放”、“康翰林绝技矜狂”。① 康海有《沜东乐府》、杂剧《中山狼》、《王兰卿》，王季思主编的《中国十大古典喜剧集》（上海文艺出版社 1982 年版）将杂剧《中山狼》收入其中，给予了很高的评价。《沜东乐府》有两种点校本，分别是周永瑞点校的《沜东乐府》（上海古籍出版社 1989 年版）和赵俊玠校注的《沜东乐府校注》（三秦出版社 1995 年版）。杨慎著有《升庵长短句》三卷、《陶情乐府》四卷、《二十一史弹词》十二卷、杂剧《洞天玄记》等。他们的词曲创作主要是在仕途受挫之后，这是值得深思的现象。秦鸣雷（1518 ~ 1593）是嘉靖二十三年（1544）甲辰科状元，著有《清风亭》（一名《合钗记》），原作已不可考，但据其内容改编的花部戏曲《清风亭》，在乾隆时期极为流行，至今仍是地方戏中一部流传相当广泛的剧作。吕天成《曲品》将秦鸣雷列为“中之中”，称其“以状元而乐归隐”，“观其词、学，俱铮铮者也”，② 对秦鸣雷的文品和人品作了肯定。

状元焦竑曾经以“龙洞山农”之名校刻《北西厢记》（并

① 吕天成撰、吴书荫校注：《曲品校注》，中华书局 1990 年版，第 157 页。

② 吕天成撰、吴书荫校注：《曲品校注》，中华书局 1990 年版，第 99 页。

《琵琶记》)，并为之作序，文末有云："知者勿谓我尚有童心可也。"焦竑的好朋友、晚明思想家李贽受此启发，写成《童心说》一文，成为李贽公开讨伐假道学、假文学的著名檄文。

笔记是状元比较偏爱的一种文学体裁，许多状元都曾经涉足这一文体。如商辂《蔗山笔麈》，彭时《彭文宪公笔记》，焦竑《焦氏笔乘》、《玉堂丛语》、《焦氏类林》，秦鸣雷《谈资》，张懋修《墨卿谈乘》，文震孟《姑苏名贤小记》等。这与他们在翰林院的供职经历有一定关系。翰林院的重要职能之一是修史，为了给修史做准备，他们要积累很多材料，这些材料便成为写作笔记小说的好素材。同时，在翰林院还可以阅读到大量秘籍，接触许多重要的人物和事件，这也为状元从事笔记小说写作奠定了基础。有些状元也从事过传奇小说的写作，像杨慎写过《仓庚传》，还假托汉人之名写过《杂事秘辛》这样的艳情之作。

（二）状元参与的国家大型文化工程

明代翰林文人要承担很多官方的著述活动，主要有修日历宝训、修实录、修玉牒、修书、修史、订辑经传、校勘书史等①。这些国家大型文化工程的纂修者中不乏状元的身影。

明初之时，翰林院的功能和人员还不完善，故纂修多用山林隐逸之士。如《元史》由左丞相李善长监修，宋濂、王祎为总裁，征来山林隐逸之士汪克宽、胡翰、赵埙等16人参加纂修。记载明朝国初事迹的《大明日历》、《皇明宝训》，由宋

---

① 参见黄佐：《翰林记》卷十三，傅璇琮、施纯德编《翰学三书》(一)，辽宁教育出版社2003年版，第150～159页。

濂主持，参与纂修者除首科状元吴伯宗（时未入翰林，为员外郎）一人为职官外，其余皆为儒士。此后，纂修逐渐成为翰林官员的职责，而监修、总裁等则主要由内阁和翰林院的高级官员担任。状元在这些国家大型文化工程中，发挥了重要的作用。如永乐十二年，状元胡广继受命纂修《五经四书大全》之后，又奉旨将宋代理学家的重要著作类聚成编，纂成《性理大全》。状元曾棨曾担任《永乐大典》的副总裁。正统年间，状元马愉、曹鼐曾与杨士奇一起编定《文渊阁书目》。景泰年间，状元陈循主持修撰了《寰宇通志》。成化年间，状元彭时、商辂等主持修纂了《续宋元资治通鉴纲目》。彭时还与李贤等一起担任过《大明一统志》的总裁官。此外，状元作为翰林院的史官，大都参与过明代历朝《实录》的编纂工作，兹不一一赘述。

（三）私人学术著述

状元大都博学多才，除参与官方文化工程外，还有不少私人学术著述。

天顺元年（1457）丁丑科状元黎淳辑有《国朝试录》六百四十卷，辑明成化以前试士之文，大学士邱濬为之作序。

成化二年（1466）丙戌科状元罗伦著有《周易传》、《中庸解》、《礼记集注》、《三礼考注》等。

明代思想家王守仁的父亲、成化十七年（1481）辛丑科状元王华著有《礼记大义》。

弘治十五年（1502）壬戌科状元康海不但以文学著称，而且颇有史才。他曾著有《武功县志》，书仅三卷，而“王士祯谓其‘文简事核，训词尔雅’，石邦教称其‘义昭，劝鉴尤严。而公乡国之史，莫良于此'，非溢美也"①。

正德三年（1508）戊辰科状元吕柟是明代著名理学家，世称泾野先生，一生著述丰富，除诗文别集外，其他著述计有《周易说翼》、《尚书说要》、《尚书因问录》、《毛诗序说》、《礼问内外篇》、《诗乐图谱》、《春秋说志》、《泾野经说》、《四书因问》、《小学释诗》、《解州志》（嘉靖间修）、《高陵县志》、《潜江县志》、《监规发明》、《署解文移》、《泾野子内篇》、《语录》、《五子抄释》二十一卷（《周子》二卷，《张子》二卷，《二程子》八卷，《朱子》九卷）、《周子演》、《寒暑经图解》、《史馆献纳》、《南省奏议》等。

正德六年（1511）辛未科状元杨慎著述之博，堪称有明一代之冠。明人何宇度《益部谈资》卷中所列名目如下："杨用修著述之富，古今罕俦。予所见已刻者二十九种：《升庵全集》、《升庵诗集》、《升庵诗话》、《杨子卮言》、《赤牍清裁》、《词林万选》、《丹铅要录》、《丹铅总录》、《丹铅摘录》、《丹铅余录》、《丹铅续录》、《艺林伐山》、《墨池琐录》、《诗话补遗》、《五言律祖》、《绝句辩体》、《禅林钩玄》、《水经》、《古今韵语》、《转注古音略》、《古音骈字》、《古复字》、《古音附录》、《异鱼图赞》、《韵林原训》、《李诗选》、《杜诗选》、《风雅遗编》、《皇明诗抄》。未见已刻者三十九种：《南中续集》、《玉堂集》、《长短句》、《长短句续集》、《书品》、《词品》、《金石古文》、《画跋》、《赤牍拾遗》、《选诗外编》、《选诗拾遗》、《唐绝精选》、《唐音百绝》、《唐绝增奇》、《六言诗选》、

① 永瑢等：《钦定四库全书总目》卷六十八《史部二十四·地理类一·〈武功县志〉三卷》，中华书局1965年版，第602页。

《古文音释》、《古音猎要》、《古音丛目》、《奇字韵》、《古文参同契》、《温泉诗集》、《洞天玄纪》、《檀弓丛训》、《禅藻集》、《谭苑醍醐》、《陶情乐府》、《乐府续集》、《箜篌新咏》、《墐户录》、《滇载记》、《脉位图说》、《连夜吟卷》、《月节词》、《千里面谈》、《经义模范》、《崔氏志铭》、《山海经补注》、《七十行戍稿》。闻未刻者尚有七十一种：《各史要语》、《晋史精语》、《夏小正解》、《管子叙录》、《庄子刊误》、《古隽》、《谢华启秀》、《群书丽句》、《文海钓鳌》、《名奏菁英》、《四诗表证注》、《古文韵语别录》、《古文诗选》、《皇明诗续抄》、《诗林振秀》、《五言绝选》、《选唐百绝》、《寰中秀句》、《古今柳诗》、《古谚》、《古今风谣》、《苍珥记游》、《填词选格》、《百琲明珠》、《词苑增奇》、《草堂诗余补遗》、《六书传证》、《六书探赜》、《篆韵索隐》、《古篆要略》、《六书统摘要》、《隶骈》、《铭心神品》、《韵藻》、《晞钱瓻录》、《清暑录》、《希姓录》、《滇程纪》、《书画名跋》、《书画神品目》、《素问纠略》、《群艳传神》、《江花品藻》、《滇候记》、《引书晶钝》、《丹铅别录》、《丹铅闰录》、《丹铅赘录》、《升庵经说》、《文游余录》、《卮言闰录》、《敝帚病榻手吹》、《苏黄诗髓》、《宛陵六一诗选》、《五言三韵诗选》、《五言别选》、《宋诗选》、《元诗选》、《群公四六节文》、《古韵诗略》、《说文先训》、《古今词英》、《填词玉屑》、《六书练证》、《逸古编》、《经书指要》、《偶语》、《六书索隐》。总之一百四十种。”而据今人统计，杨慎著作号称有四百种，现存二百种左右。①

---

① 参见王文才：《杨慎学谱》，上海古籍出版社 1988 年版，第 445 页。

正德十二年（1517）丁丑科状元舒芬的著述也不少，主要有《周礼定本》、《易笺问》、《书论》、《诗稗说》、《春秋疑义》、《太极通书释义》、《士相见礼仪》等。

嘉靖二年（1523）癸未科状元姚涞有杂史《驱除录》。

嘉靖八年（1529）己丑科状元罗洪先是明代著名理学家，除诗文别集外，主要著述有《易解》、《周礼疑》、《广舆地图》（《增补朱思本广舆图》）、《绣川罗氏族谱》、《冬游记》等。其中，《冬游记》乃罗洪先与王守仁弟子王畿、王艮辈讲学语，颇能见其思想。

嘉靖二十六年（1547）丁未科状元李春芳官至大学士，著有《宗藩条例》、《先正训蒙》等。

嘉靖四十一年（1562）壬戌科状元申时行官至大学士，著有《书经讲义会编》、《毓德宫召见纪事》、《升储汇录》、《外制集》、《纶扉奏草》、《纶扉笥草》等。

隆庆五年（1571）辛未科状元张元忭以忠孝闻名于世，在理学、史学方面均有较高造诣，著有《读〈尚书〉考》、《明大政纪》、《读史肤评》、《绍兴府志》、《云门志略》、《馆阁漫录》、《张子志学录》、《槎间漫录》等。其《绍兴府志》体例颇善，末为《序志》一卷，凡绍兴地志诸书，自《越绝书》、《吴越春秋》以下，一一考核其源流得失，亦为创格。

万历十一年（1583）癸未科状元朱国祚有《孝宗大纪》、《册立仪注》、《册立疏草》等。

万历十七年（1589）己丑科状元焦竑是明代著名学者、藏书家，编著有《易筌》、《禹贡解》、《考工记解》、《春秋左传抄》、《东宫讲义》、《俗书刊误》、《金陵旧事》、《关公祠志》、《词林历官表》、《京学志》、《明史献征录》、《逊国忠节录》、《国史经籍志》、《焦氏藏书目》、《中原文献》、《养正图解》、《庄子翼》、《南华真经余事杂录》、《阴符经解》等。他还曾编次杨慎《杨升庵外集》一百卷。焦竑与晚明著名思想家李贽往来甚密，李贽《藏书》曾经焦竑审阅，焦竑还将家中藏书中的相关资料提供给李贽，助其编成《续藏书》。李贽死后，著作遭焚毁，焦竑主持编辑出版了《李氏遗书》与《续焚书》，重新编辑出版了《焚书》，为传播李贽的思想作出了重要贡献。① 焦竑在当时名气很大，许多书商出书时，都爱借焦竑之名以提高声价，扩大销路。

万历二十三年（1595）乙未科状元朱之蕃以书画闻名，醉心于文艺，编有《集中唐十二家诗》、《晚唐十二家诗》、《唐科试诗》、《明百家诗选》等。

万历二十九年（1601）辛丑科状元张以诚有《毛诗微言》、《明史类记》。

万历四十四年（1616）丙辰科状元钱士升官至大学士，以气节为东林党人所重。著有《易揆》、《南宋书》、《逊国逸书》、《明忠表纪》、《明表忠录》、《楞严外解》、《庄子内篇诠》等。

天启二年（1622）壬戌科状元文震孟官至大学士，立朝清介。著有《姑苏名贤小记》二卷。

以上列举的明代状元著述，有些虽然不属于文学创作，但从中可以看出大多数明代状元的创作倾向，一是重“义理”

---

① 参见李剑雄：《焦竑评传》，南京大学出版社 1988 年版，第 66、67 页。

（主要是儒家经典的义理），二是重博学，三是重史才。这种创作倾向是由状元作为翰林官员，担任皇帝文学侍从、担任史官的身份决定的。同时，这一倾向也体现于状元的文学创作当中。综合状元的诗文别集与其他著述，可以看出，明代状元中单纯以辞章取胜者非常少见，而且这一类状元往往影响不大。一般情况下，状元往往学胜于文，或者义理、考据、辞章并重，如杨慎、康海等都是如此。

第二节　庙堂之音与山林之趣

上节概括了明代状元著述的基本情况，本节着重讨论明代状元文学的思想内容和创作风格。明代状元的仕途，决定了其文学创作是馆阁文学的一个重要组成部分。庙堂之音始终是世人品评状元诗文的一个重要标准。但状元的诗文创作又不完全受馆阁文学的限制，许多状元在仕途中受到挫折后，其创作呈现出与馆阁文学不同的风貌，而且明代馆阁文学自身也在不断地发展变化当中，至明代中后期，随着馆阁文学走向衰微，状元的文学创作也趋于多元化。庙堂之音与山林之趣始终是状元文学的两极，它们共同构成了衡量明代状元文学的标尺。

一、台阁之文

馆阁文人的身份，决定了明代状元文学从总体上看是馆阁文学的一个组成部分。

何谓馆阁？明代的馆阁乃沿用宋时的旧称。宋代设置“昭文馆”、“史馆”、“集贤院”三馆和“秘阁”、“龙图阁”

等，分掌图书经籍和编修国史等事务，通称馆阁。馆阁中人员常须应制作诗文，其文体、书体皆力求典重工致，俗称“馆阁体”。明代将其职掌移归翰林院，故亦称翰林院为馆阁。除馆阁之外，翰林院还有词林、词垣、玉堂、玉署、翰苑等美称。明代内阁是从翰林院独立出来的，同时和翰林院始终保持着密切的关系。明代专记翰林故实的著作，如黄佐《翰林记》、廖道南《殿阁词林记》、张位《词林典故》、张元忭《馆阁漫录》、焦竑《玉堂丛语》等，都是既写翰林院，也写内阁。廖道南的《殿阁词林记》，从书名看虽然是将内阁与翰林院分开，但其内容基本上沿袭黄佐《翰林记》。故明代馆阁系指翰林院和内阁。

馆阁亦称台阁。台，指“尚书台”，汉武帝时设置，因位于宫中的中台，故以台名。东汉时直接辅佐皇帝处理政务，三公之权渐轻。魏晋至宋，一直为中央最高政令机构。如果细细考较起来，明代的馆阁侧重指翰林院，台阁侧重指内阁，但两者一般情况下是通用的，馆阁体即台阁之文。

“馆阁体”有典重工致的特点。典重，既典雅，庄重。工致，就书法而言，是工整之意；就文学而言，主要指合乎规范。典重工致只是对“馆阁体”的一般要求。具体到不同时期，伴随着政局与时代风尚的改变，“馆阁体”也会有不同的时代特点。

宋代已有“馆阁气”的说法。宋吴处厚《青箱杂记》卷五云：“本朝夏英公亦尝以文章谒盛文肃，文肃曰：‘子文章有馆阁气，异日必显。’后亦如其言。然余尝究之，文章虽皆出于心术，而实有两等：有山林草野之文；有朝廷台阁之文。山林草野之文，则其气枯槁憔悴，乃道不得行，著书立言者之所尚也。朝廷台阁之文，则其气温润丰缛，乃得位于时，演纶视草者之所尚也。故本朝杨大年、宋宣献、宋莒公、胡武平所撰制诏，皆婉美淳厚，过于前世燕、许、常、杨远甚，而其为人，亦各类其文章。王安国常语余曰：'文章格调，须是官样。'岂安国言官样，亦谓有馆阁气耶？"① 宋初承晚唐五代余风，馆阁中曾一度流行过白体和西昆体。白体浅切清雅，西昆体以词藻华丽丰赡为特色。北宋中期之后，欧阳修领导的诗文革新运动取得胜利，馆阁文风也随之转变，思想内容变得更为充实。

自元代开始，山林之文与台阁之文的二分法，已成为一种较为流行的文学批评观念。这种划分，主要以风格为依据，兼及作家身份。元代文人黄溍指出："予闻昔人论文，有朝廷台阁、山林草野之分，所处不同，则所施亦异。夫二者岂有优劣哉？今四方学者第见尊官显人雕章绘句，婉美丰缛，遂悉意慕效之，故形于言者类多有其文而无其实。"② 在元代，许多并不具有台阁身份的文人，也纷纷慕效台阁文风。

明初，为适应"开国之规模"，台阁之文大受推崇。宋濂、高启等文人都大力崇导台阁文风。特别是宋濂，无论就其时代还是地位而言，都应当被视为有明一代台阁体的首倡者。宋濂本人的诗文风格前后期有较大转变，后期更接近台阁体。这是一种有意识的、自觉的转变。洪武三年（1370），他在《〈汪右丞诗集〉序》中说："昔人之论文者曰：有山林之文，

① 吴处厚著、李裕民点校：《青箱杂记》卷五，中华书局 1985 年版，第 46 页。

② 黄溍：《金华黄先生文集》卷十八《云蓬集序》，《四部丛刊》本。

有台阁之文。山林之文，其气枯以槁；台阁之文，其气丽以雄。岂惟天之降才尔殊也？亦以所居之地不同，故其发于言词之或异耳。”① 在《〈蒋录事诗集〉后》中，他再次申说：“予闻昔人论文，有山林、台阁之异。山林之文，其气瑟缩而枯槁；台阁之文，其体绚丽而丰腴……（蒋有立）善古文，宏富充赡，得作者之体。”② 高启评其族弟高士敏（逊志）《辛丑集》云：“论文者有山林、馆阁之目，文岂有二哉？盖居异则言异，其理或然也。今观宗人士敏《辛丑集》，有春容温厚之辞，无枯槁险薄之态，岂山林、馆阁者乎？”③ 此外，《四库全书总目》在评价袁华的《可传集》时，也提到他的诗歌“大都典雅有法，一扫元季秾纤之习，而开明初春容之派”④。由上可知，洪武初，汪广洋、蒋有立、高士敏、袁华等都有与台阁文风相近的作品。明初对台阁之文的提倡，实际上是拥护新政权的体现。在结束了元朝这一少数民族的统治之后，许多汉族文人都有重振大汉声威的期待和喜悦，明初台阁之文的流行是一种较为普遍的文学现象。

永乐时期以“三杨”为代表的台阁体，标志着明代台阁之文的影响达到鼎盛阶段。永乐时期的台阁体，既具有“馆

---

① 宋濂：《銮坡前集》卷七《〈汪右丞诗集〉序》，见《宋濂全集》，浙江古籍出版社 1998 年版，第 481 页。

② 宋濂：《翰苑续集》卷四《〈蒋录事诗集〉后》，见《宋濂全集》，浙江古籍出版社 1998 年版，第 842 页。

③ 高启：《凫藻集》卷四《题高士敏辛丑集后》，见《高青丘集》，上海古籍出版社 1985 年版，第 925 页。

④ 永瑢等：《四库全书总目》卷一百六十九《集部二十二·别集类二十二·可传集一卷（浙江鲍士恭家藏本）》，中华书局 1965 年版，第 1475 页。

阁气”的一般特点，即典重工致，又具有自身的特点。“三杨”中，以杨士奇的文学成就最高、影响最大，而杨士奇是江西人，受欧阳修、曾巩文风影响较深，故这一时期的台阁体，其特色主要体现在散文方面，文风纡徐有致，重视文章的实用价值和社会价值，对文学的审美价值有所忽略。

正统之后，随着明代政局转向黑暗腐败，台阁体的影响逐渐削弱。至明中叶，李东阳领导的茶陵派崛起，试图调和山林气与台阁气，掀起了台阁之文的一次反弹。但李东阳的成就主要体现在诗歌方面，在散文方面的造诣并不高。随着“前七子”复古运动的兴起，明代的台阁之文逐渐走向沉寂。

以往对台阁之文的评价不高，认为其思想内容空虚。台阁之文确实存在一些弊端，如套路化的写作方式，限制了作家思想和艺术才能的自由发挥，作品往往缺乏个性。中国古代的诗歌传统，大体可分为风、雅、颂三类。过去往往强调台阁之文是歌功颂德之作，而忽视了它同时还具备“雅”的特点。应该认识到，台阁之文作为不同历史时期的“主旋律”，其深刻的社会影响不容忽视。对台阁之文不应过分贬低，应做具体分析，特别对其重视文学社会价值的特点，还是应该予以肯定的。

二、山林之文

明代状元一般是推重台阁之文，提倡庙堂之音的。这与他们的身份、地位、前途都有莫大关系。但是在有些时候，他们也会写一些怡情养性的诗文，追求山林之趣。明代有些状元热衷于创作山林之文，又可分为以下几种情况：

一是政治时局的变化使然。正统之前，台阁之文一直作为时代的主旋律被唱响。正统之后，特别是土木堡事件之后，政局变得更加错综复杂，包括状元在内的许多上层文人，开始想着远离政治，在精神上为自己寻找一个可以放松的家园，遂导致了山林之文的流行。正统之后，馆阁体开始了由重视社会价值向重视审美价值的转变，一些馆阁文人在担任科举考试主考官的时候，开始更多地关注那些才华横溢的举子，于是有更多以文采见长而非以理学见长的举子高中进士，并进入翰林院。

二是作家个人的气质禀赋使然。像景泰二年（1451）辛未科状元柯潜，热爱山水，在翰林院中建起一座“柯亭”，成为当时翰苑风流的代表。他曾长期教习庶吉士，担任过李东阳的老师，对台阁体向茶陵派的过渡产生过一定影响。吴中地区是文学比较发达的地区。明初，吴中文人一度是朱元璋重点打击的对象。到了明代中期，吴中文人大量地进入馆阁文人圈，他们也把山水之趣带入了馆阁。

三是某些状元在政治上受到挫折，被迫转向山林之文的创作，以获得一种精神上的解脱。如状元康海曾经是前七子之一，年轻时大力提倡文必秦汉，向当时馆阁中流行的庸弱文风发出挑战，目的是想扭转不良的台阁文风，建立一种新的台阁之文。不幸的是，他后来因同乡关系受到太监刘瑾的牵连，被迫远离了政治。由于“前七子”中，只有康海和王九思的身份曾经是馆阁文人，其他都是郎署文人，所以当康海和王九思远离政坛后，改革馆阁文风的愿望便成了泡影。康海归乡后，不再参与复古运动，转而投身于散曲和杂剧创作，其诗文也带有了更多的山林之气。状元杨慎也是如此，作为大学士杨廷和的儿子，杨慎本来是一个很有社会责任感的馆阁新秀，可惜在嘉靖初年的“大礼议”事件中，杨慎得罪了皇帝，被发配到云南，留下了许多诗酒自放的传说。再比如成化十一年（1475）乙未科状元谢迁，正德时官至大学士，因与权阉刘瑾不和，辞官归里，流连于山水之间，过了一段怡情养性的隐居生活，著有《归田稿》。直到嘉靖六年，谢迁才被重新召用，不久辞官。

与台阁之文相比，山林之文并不仅仅是吟咏自然山水，表达一种隐逸情怀，还包括作家个性的自然流露。从这个角度说，山林之文的创作更富真情实感，在文学上更具有审美价值。山林之文中也可以有一些关心国计民生的作品，但它体现出来的社会使命感比起台阁之文要差一些。所以，到了晚明的时候，当社会道德危机呈现的时候，又有人站出来提倡台阁之文，只是这种声音过于微弱，最终在晚明混乱的个性解放的大合唱中被淹没掉了。

下编

个性与时代

第四章　政治的附庸：明前期状元文学

明代前期，在国家机器强大影响力的辐射下，状元文学与政治关系密切，在某种程度上，状元文学已经沦为政治的附庸，这是当时状元文学的一个重要特点。下面，就以明初皇权的建立、巩固以及台阁体的形成、发展为主线，探讨一下明前期状元文学演变的轨迹。

第一节　洪武状元文学与台阁体萌芽

明初，台阁体已经萌芽，经过政治的选择和洗礼，逐渐向永乐时期以乡愿哲学为思想基础的台阁体过渡。

洪武时期是明代政治的奠基期，也是科举制度的创建期。考察洪武状元文学，需要特别留意两点：一是科举制度的创建及其录取标准。洪武年间，朱元璋为明代科举定下的基调是“俱求实效，不尚虚文”①，这既是科举考试的录取标准，也是明初文化政策的体现。在这一文化政策的引导下，文学的生存空间受到挤压。二是强大的皇权对明初士人心态的改造。明太祖朱元璋于洪武十三年（1380）废除中书省和丞相，实行高度的君主集权制，带来了中国政治史上一次重大转折。在这一转折过程中，皇权与士人阶层不可避免地会发生一些摩擦。正如钱穆所言：“所谓传统政治，便是一种士人的政治。明太祖无法将这一种传统政治改变，于是一面广事封建，希望将王室的势力扩大。一面废去宰相，正式将政府直辖于王室。既不能不用士人，遂不惜时时的用一种严刑酷罚，期使士人震慑于王室积威之下，使其只能为吾用而不能为吾患。”② 在中国历史上，朱元璋是继汉高祖刘邦之后，起自平民的唯一皇帝。他深知手中的权力来之不易，并随时有失去的危险，因此时刻保持着警惕的心态，一方面努力树立明君的形象，另一方面又采取严酷手段，坚决铲除对皇权构成威胁的一切不稳定、不合作因素。对士人心态的改造，对包括文学在内的意识形态领域的严厉控制，自然也都在朱元璋注意的范围之内。著名文人高启被腰斩，即是典型的一例。清代史学家赵翼在其《廿二史札记》中指出了“明初文人多不仕”的现象，“盖是时明祖惩元季纵弛，一切用重典，故人多不乐仕进”，并引用明初文人叶伯臣之语曰：“取士之始，网罗无遗；一有蹉跌，苟免诛戮，则必在屯田筑城之科，不少

① 张朝瑞：《皇明贡举考》卷一《开科·诏令》，齐鲁书社 1997 年版，第 454 页。

② 钱穆：《国史大纲》，商务印书馆 1994 年版，第 668、669 页。

顾惜。”① 状元也不例外，除了个别的幸运者外，洪武间的许多状元都身陷政治漩涡，成为政治斗争的牺牲品。他们或被降谪流放，或被处以极刑，不仅功业无闻，著作也随之湮没。明初的状元文学，就是在上述高压政治气候下艰难地生长的。就状元文学中台阁体的形成和发展角度而言，可以将洪武时期视为皇权与状元文学的磨合期。

明太祖朱元璋在位三十一年间，共开科九次。其中，有三年曾经连续举行乡试，而未举行会试和殿试，没有状元产生。另有一年举行了两次殿试，产生两名状元，被称为“南北榜”或“春秋榜”。洪武间共产生了七名状元，依次为吴伯宗、丁显、任亨泰、黄观、张信、陈䢿、韩克忠。

一、“明一代台阁之体，实胚胎于此”——首科状元吴伯宗

吴伯宗（1334～1384），名祏②，以字行。抚州金溪（今江西金溪）人。十岁能文，乡中先达见其文，赞叹：“此儿玉光剑气，终不可掩！”洪武三年（1370）参加江西省乡试，中解元。次年入京参加会试，有诗《入京五首》（见《荣进集》卷三，文渊阁《四库全书》本），当作于此时：

---

① 赵翼著、王树民校正：《廿二史札记校正》卷三十二《明初文人多不仕》，中华书局1984年版，第741页。

② 按：祏，音 shí。依黄佐、廖道南《殿阁词林记》。明代早期文献中关于吴伯宗生平的记载，均作“祏”。后钱谦益《列朝诗集小传》、陈田《明诗纪事》等记载吴伯宗名“祐”，《明史》亦然，皆误。清章宗瀛《明史》卷一百三十七《考证》据雷礼《国朝列卿传》及《开国臣传》改为“祏”，与黄佐、廖道南《殿阁词林记》的记载一致，当属可信。

（一）

虎踞龙蟠十二门，王侯第宅若云屯。
百蛮入贡天威重，四海朝元国势尊。
晓日旌旗明禁路，春风箫管沸名园。
唐尧虞舜今皇是，未必江潭老屈原。

（二）

蓬莱御气抱晨霞，万国山河拥帝家。
金殿势吞沧海日，玉楼光映赤城霞。
巨鳌偃蹇乘丹阙，舞凤飘飖翼翠华。
遥想至尊巡幸处，六龙高驾五云车。

（三）

凤凰城阙压金汤，龙虎旌旗护未央。
万国衣冠朝玉陛，百蛮歌舞进瑶觞。
花迎宫扇红霞晓，日落天袍翠雾光。
江海小臣无以报，空将诗句美成康。

（四）

大明宫阙势岧嶢，万岁声呼山动摇。
金殿九重明日月，玉楼十二插云霄。
青丝马上王孙贵，丹毂车中赵女娇。
自是凤城春色好，只将心事计渔樵。

（五）

翠辇檀车往复回，风情九陌障尘埃。
锦袍公子呼鹰出，茜帽僧官跃马来。
云外笙歌声宛转，水边楼阁势崔嵬。
少年自有看花兴，欲赋观光愧不才。

这组诗气象宏伟，词藻赡丽，爽健明朗。作者满怀热情地表达了对大明王朝的礼赞以及希冀报效国家的愿望，颇能体现出明朝的开国气象。

洪武四年（1371），吴伯宗入对大廷，一举夺魁，授承直郎、礼部员外郎，命与学士宋讷等同修《大明日历》。洪武八年（1375），吴伯宗因不畏权势，得罪权相胡惟庸，谪居凤阳。期间，伯宗上书论时政，因言惟庸专恣不法，不宜独任以事，恐滋久为国大蠹，辞甚剀切。朱元璋早已经察觉到胡惟庸的不法行为，在得到吴伯宗的奏折后，即将其召还，命出使安南。有诗《奉使安南赴召还京》（见《荣进集》卷三，文渊阁《四库全书》本）：

驿使传宣诏逐臣，轻舟夜发五河滨。
当年早际风云会，此日重沾雨露新。
岂有文章裨制作，只将忠直答皇仁。
明朝咫尺天颜近，莫怪灯花报喜频。

“当年早际风云会”，是回想明代首开科举，自己高中状元的辉煌经历。“岂有文章裨制作，只将忠直答皇仁”，一方面谦虚地表示自己的文学不足以润色鸿业，另一方面又表白了对皇帝的一片忠心。上书纵论时政，大胆弹劾权相胡惟庸，即是这片忠心的证明。可以看出，作为首科状元，吴伯宗对大明王朝确实是怀着一片忠心。

洪武十三年（1380），吴伯宗进入翰林院，任典籍。朱元璋曾御制十题命赋之，伯宗援笔立就，词语峻洁，受到嘉赏。是年，胡惟庸以谋反罪名被处死。洪武十五年（1382），吴伯宗因忤旨，被贬为陕西金县教谕。途中召还，授翰林检讨，不久官拜武英殿大学士。次年冬，弟仲寔为三河知县，荐举不以实，伯宗为所累，复降为翰林检讨。后坐文字进不以时，谪云南，卒。著有《南宫集》、《使交集》、《成均集》，共二十卷，又《玉堂集》四卷，均已佚。现仅存《荣进集》四卷。

《荣进集》中的诗文，从内容看，多应制及歌功颂德之作，如《长江潦水诗十二韵应制》（见《荣进集》卷二，文渊阁《四库全书》本）：

巴蜀已消雪，长江潦水浑。
洪涛涵日月，巨浪浴乾坤。
回拥三山出，雄驱万马奔。
大声如拔木，远势泻倾盆。
浩荡川原混，微茫岛屿蹲。
漫漫连两岸，渺渺接千村。
毂转盘涡急，云蒸湿气屯。
浮游多浴鹭，变化有溟鲲。
已足沾畴陇，还应赴海门。
朝宗长不息，灌溉意常存。
惠泽流今古，阴阳顺晓昏。
滔滔南国纪，永护九重尊。

这首应制诗，气势宏大，文脉贯通，用词精当，刻画景物，历历如在眼前，不失为一首佳作。该诗从长江的发源地写起，依次写了峡谷、平原，直到入海口，最后归结于对大明王朝的歌颂。在诗人笔下，长江成为明朝国运的象征。

吴伯宗的诗文，带有明显的台阁文学色彩。《四库全书总目》对《荣进集》的评论，值得关注：“（吴伯宗《荣进集》）诗文皆雍容典雅，有开国之规模。明一代台阁之体，胚胎于此。”①

---

① 永瑢等：《四库全书总目》卷一百六十九《集部二十二·别集类二十二·荣进集四卷（江西巡抚采进本）》，中华书局1965年版，第1477页。

吴伯宗虽然不是明代台阁文学的首倡者，但与明初其他提倡台阁之风的文人相比，吴伯宗有其特殊性，这主要体现在以下方面：

首先，从政治身份看，吴伯宗是一位典型的馆阁文人，他曾在翰林院任典籍、检讨等职，并拜武英殿大学士。非但如此，他还是明初废除宰相制度的见证人。洪武八年（1375），吴伯宗因胡惟庸中伤，被谪居凤阳。谪居期间，他上书论时政，言惟庸专恣不法，不宜独任以事，恐滋久为国大蠹，辞甚剀切。朱元璋也已察觉到胡惟庸的不法行为，早在洪武九年（1376），即对各省权力机构进行改革，洪武十一年（1378）三月下旨，“令奏事毋关白中书省”，限制中书省的职权。洪武十三年（1380），胡惟庸以谋逆罪被处死。其后，朱元璋决定永久废除宰相之职。洪武年间废除宰相制度，是永乐时期建立内阁的重要契机。吴伯宗作为废除宰相制度的参与者和见证人，其创作与台阁体之间的关系自然会更加引人注意。

其次，从创作风格方面考虑，明代最典型的台阁体文风盛行于永乐到正统年间，以“三杨”为代表，以宗欧、平实、典雅为主要特征。吴伯宗的风格“雍容典雅”，与此非常接近，而且从地域角度考虑，吴伯宗是江西人，明代台阁体极盛时期的大部分成员也都是江西人。因此，吴伯宗与后来台阁体的渊源较其他明初文人更为深厚。从这个意义上，可以将吴伯宗视为明代台阁体的早期重要代表。

二、政治高压下的洪武状元文学

能够考中状元固然是一件幸事，但并不意味着从此就可以平步青云，仕途一帆风顺，相反，还有可能遭逢杀身之祸。洪武年间的七位状元，韩克忠是最幸运的，他本是已经落第的举子，因“南北榜”风波而意外地一步登天成为状元，但其在文学方面表现平平；吴伯宗、任亨泰在仕途上都经历过大起大落，最后落得被贬谪或免官的下场，但朱元璋对他们还算是比较优待的。其余四人命运则令人惋惜，丁显中状元不久即遭谪戍，一去十五年，死于谪所；黄观不幸卷入建文帝朱允炆与燕王朱棣皇权之争的政治漩涡，死于靖难之役，死后著作遭到禁毁；张信、陈郊皆因受“南北榜”事件的牵累，被处以极刑。

在朱元璋对明初士人心态的改造过程中，状元首当其冲，洪武状元文学也因此成为政治祭坛的牺牲品。除吴伯宗、任亨泰外，其余诸人皆无别集存世。丁显《建阳集》虽有文献著录，但久已不存于世。吴伯宗、任亨泰的别集也非全集，吴伯宗《荣进集》乃后人缀拾而成。任亨泰《使交集》只是一段时期的作品。这种情形固然与年代久远有关，但政治影响也是不可忽略的因素。虽然大部分洪武状元别集散佚，但从现存的零篇散章来看，有些状元还是颇具文学才能的，应予以适当关注。

（一）丁显：年轻受挫，寓志于诗

丁显（1358 ~ ?），字彦伟，福建建阳人。甲子举人，洪武十七年（1384）乙丑科状元。时年二十八，授修撰，以言事谪戍广西驯象卫，一去十五年，一时名流咸与为莫逆交。日与同辈讨论性理，商榷古今，一寓之于诗，更唱迭和。后卒于谪所。著有《建阳集》（已佚）。

明代于洪武三年首开科，洪武四年举行第一次殿试，录取状元吴伯宗，其后一度暂停科举，改行察举。暂停科举的原因，主要是朱元璋认为“今有司所取，多后生少年，观其文词，若可与有为，及试用之，能以所学措诸行事者甚寡”。他认为科举容易导致“虚文”，有违“责实求贤”之本意。实行察举，“以德行为本，而文艺次之”，有助于使“士习归于务本”。①朱元璋认识到科举制度的局限性，希望通过实行察举来纠偏。但察举也有其弊病，主要是选拔人才无一定标准，人为的干预太多，即俗云“走后门”是也。相对而言，科举还是比较公允的。相隔十余年之后，朱元璋于洪武十五年下诏恢复科举，三年一次，著为定例。朱元璋虽然下令恢复了科举，但他对科举制度的不满仍未完全消除。这在明代第二位状元丁显身上体现得比较明显。

丁显及第不久，因言事获谴，谪广西驯象卫，一去十五年，死于谪所。据说朱元璋闻知丁显死讯，怒曰：“显年少自喜，吾故裁之，武将何得不护持，令其赍志没耶？”② 将相关武将全部治罪。可见，朱元璋依然不喜“后生少年”，故意给他们多增加一些磨难，希望以此苦其心志，弥补其经验的不足。不过，这种方法显得有些残酷，直到永乐年间，明成祖朱棣制订出庶吉士馆选、进士观政制度，才较好地解决了科举所取之士“多后生少年”的不足。

关于丁显的文学才能，有两种说法。一种认为丁显文学才能平平，以王世贞《弇山堂别集》中的说法最具代表性：“见刻丁显策者，仅三百字，称‘上’为‘上位’，余多不成语。”③丁显中状元虽然具有一定的偶然性，但其文学才能尚不至于低

---

① 《明实录·明太祖实录》卷七九，台湾“中央研究院”历史语言研究所 1962 年版，第 1443 页。

② 《福建通志（乾隆）》卷四十七《人物五·建宁府》，文渊阁《四库全书》本。

③ 王世贞：《弇山堂别集》卷八十一《科试考一》，中华书局 1985 年版，第 1544、1545 页。

到如此程度。丁显的状元策久已失传，无法证实王世贞的说法是否属实。或者王世贞所见丁显对策传刻有误，也未可知。在现存丁显的各种传记中，多称其“德业文章无闻”，对此应作具体分析。所谓“德业文章”，包括道德、功业、文章三个方面。道德是一种比较抽象的标准，暂且不论。至于功业，丁显被谪戍广西驯象卫十五年，死于贬所，当然不可能有所建树。谈到文章，由于丁显的《建阳集》今已失传，也不好妄下断语。“无闻”只能说明流传不广，并不能以此断定丁显文学才能不高。相反，在有些文献记载中，存在着另外一种截然不同的说法，对丁显的文学才能做出了较高的评价。如《皇明三元考》称其“博通经史，下笔立成”①。在明人凌迪知《万姓统谱》卷五十五、过庭训《明分省人物考》卷七十二中，也有类似记载。另据清人汪森编《粤西文载》卷六十七记载，丁显在谪戍期间，与一同被谪的罗时周、易大年、周禹文、谭翼等人往来甚密，经常在一起讨论性理，商榷古今，一寓之于诗，更唱迭和。后来，此数人皆死于贬所。同谪诸人中，只有一名叫杜伯恭者，秦邮人，与丁显辈为莫逆交，后侥幸获荐得归。丁显的作品传世不多，明人黄瑜的笔记《双槐岁钞》中，收录了丁显的一首五言古诗《题兰窗》，可视为丁显本人在逆境中的写照：

公子善居室，猗兰蔚东窗。
素荣浥轻露，冷风振芬芳。
流玩引日夕，恍若临沅湘。
岂不艳桃李，懿兹王者香。

---

① 张弘道、张凝道：《皇明三元考》卷一，《明代传记丛刊》第19册，明文书局1991年版，第28页。

况逢同心友，结佩森翱翔。

嘉名既云锡，咏言列篇章。

持谢二三子，德馨尚无忘。①

从这首诗可以看出，丁显是具有一定文学造诣的。

（二）任亨泰：宠遇特隆，泽于道德

任亨泰（生卒年不详），字古雍，湖广襄阳（今湖北襄阳）人。自幼颖敏出群，13岁时，曾赋《朝天诗》一首，云：“杲日初升万木低，画船撑出小楼西。先生正熟朝天梦，门外山禽莫乱啼。”识者奇之。后由岁贡入国子监读书，经有司推荐，参加应天乡试中举。洪武二十一年（1388）参加殿试，大魁天下。由于任亨泰出身于太学，朱元璋非常高兴，特召国子监祭酒宋讷褒奖之，命撰《进士题名记》，立碑于监门，此后相沿成例。同时，还命有司在任亨泰家乡立“状元坊”以示表彰。在任修撰期间，任亨泰经常被朱元璋召见，而且召见时必赐手诏，呼“襄阳任”而不呼其名，以示尊重。后擢少詹事，历升至礼部尚书。洪武二十九年，任亨泰奉命出使安南，圆满完成任务，以名德为交人所重，与吴伯宗并称“吴、任”。因在安南私自购买蛮人为仆，被降为监察御史。不久，又因边境土官与安南发生边界纠纷，牵连获罪，被免官。有《使交集》，又名《任状元遗稿》（两卷）。

任亨泰是最得朱元璋宠遇的一位状元。据史籍记载，任亨泰“仪观甚伟，端重自持，进止皆有容度，人以此称之”②，

---

① 黄瑜：《双槐岁钞》卷二《国子试魁》，中华书局1999年版，第25、26页。

② 张英、王士禛等撰：《御定渊鉴类函》卷二百八十《人部三十九·修整二》，文渊阁《四库全书》本。

以学行为上所重。任亨泰不是简单的追求功名利禄之辈，他凭借自身坚持不懈的修养，在洪武时期的高压政治下，赢得了帝王的尊重，保持了士人的尊严。

任亨泰论文主张孟子的“知言养气”说。他曾为解缙《文毅集》作序，开篇云：“古今人论文，曰理为主，曰以载道，曰昌其气，大要不出孟子知言养气而已。古之人动静语默无非文者，岂操觚翰而后为文也哉！后世之文愈趋而愈下，非文之下也，文与行岐而二之也。”① 他自己非常注重个人修养，并在他的文学创作中有所体现。明人顾英曾经从事搜集整理任亨泰遗文的工作，书成，跋于其后曰：“隆德望于深严之地，完名节于开创之初。”明人廖道南评论任亨泰的诗歌“其词偲，其气和，其律庄以严”②，并总结道：“要其所学，卒泽于道德，旷如也。”③认为任亨泰在文学等方面所取得的成就，主要得益于他出众的道德修养。下面两首诗歌，均为任亨泰出使安南时所作：

《浔州道中》

江水湾回野色肥，南来风味日凄其。
官船尽日行鳌背，客梦无时绕凤池。
芦荻花飞秋老大，桄榔翠满雨淋漓。
使旌此去安南日，天语重宣靖远夷。

《摩天岭》

当空隐隐翠相磨，十万连山未足多。
鹰隼抟秋迷树杪，星河向夜挂岩阿。

① 见解缙：《文毅集》卷首，文渊阁《四库全书》本。

②③ 陈鎏《皇明历科状元录》卷一，书目文献出版社 1998 年版，第655 页。

可怜雾黛云鬟好，奈此蛮烟瘴气何？

今日风前交址路，几回目送马蹄过。

这两首诗淡而有味，庄重典雅，描写沿途见闻，历历如画，而时时不忘使命，依然带有较浓的政治色彩。《使交集》中的作品大多类此。与吴伯宗相比，任亨泰的风格更加含蓄、沉稳。可以看出，在明初科举考试重典实、反虚文的政策引导下，经过十多年的改造，士人的心态已经有了很大的转变。这一时期的状元诗歌，已不再有洪武初年那种爽健明朗的格调，而转向内敛，与后来以“三杨”为代表的台阁体又靠近了一步。

（三）“南北榜”事件涉及的三位状元：张信、陈䢿、韩克忠

“南北榜”，又称“春夏榜”，是明初的一桩科场大案。洪武三十年（1397）丁丑科，二月会试，以翰林学士刘三吾、王府纪善白信蹈为考试官，取录宋琮等52人，三月廷试，取陈䢿为状元，是为春榜。因所录52名士子全系南方人，故又称南榜。明代，南方的经济文化较北方发达，故所录多南方士子也不足为怪，但所录全是南方人也为史所罕见。会试落第的北方举子联名上疏，告考官刘三吾、白信蹈偏私南方人。明太祖朱元璋为此命侍读张信等官员以及新科首甲进士陈䢿等3人，于落第试卷中每人再各阅十卷，增录北方人入仕。经复阅后上呈的试卷文理不佳，并有犯禁忌之语。有人上告说刘三吾、白信蹈暗嘱张信等人故意以陋卷进呈。朱元璋大怒，五月，考官刘三吾以老戍边；白信蹈、张信等被凌迟处死；陈䢿被遣戍。六月，重新录取任伯安等北方举子61人，廷试以韩克忠为第一名，是为夏榜。又称北榜。此事件开明朝分南北取

士之先例，至洪熙以后，南北各有定额，遂成定制。考官刘三吾、白信蹈、复试阅卷官张信等人对科举考试的政治意义认识不足，仅从文字角度选拔士人，受到适度的惩罚也是应该的，但朱元璋的惩治手段未免过于残酷，使科举考试中的一次偶然事件，演变为一场大案。这次科场案彻底改变了三名状元的命运，他们分别是前科状元、当时已任翰林院侍读的张信以及两名新榜状元陈䢓、韩克忠。

张信（？~1397），字彦实，号诚甫，浙江定海（今浙江宁波）人。洪武二十七年（1394）甲戌科状元。张信中状元之后，太祖闻其家乡为定海，非常高兴，称“海定则波宁”，遂将定海改名宁波。这与其说是加之于新状元的荣耀，不如说是对太平盛世的点缀。从某种意义上说，状元与文学，这两者在朱元璋看来都是太平盛世的一种点缀。偏偏张信不理解这一点，坚持自己的儒家理想。1396年，张信升为侍讲，太祖命其训导诸王子。张信喜欢杜诗，一次教韩王写诗，以杜甫诗“舍下笋穿壁，庭中藤刺檐。地晴丝冉冉，江草白芊芊”四句为式。太祖怒曰：“堂堂天朝，何讥诮如此？”① 在南北榜事件中，张信只知实事求是，不理解朱元璋的政治用心，激怒了朱元璋，被施以磔杀酷刑。可见，状元要顾及国体，即使忧国忧民的杜诗，不合统治者之意，也会招致杀身之祸。这从反面说明了后来台阁体盛行的原因。

陈䢓（？~1397），字安仲，号叔恭。福建闽县（今福建福州）人。洪武三十年（1397）丁丑科“春榜”状元，授修撰。因是榜所取进士皆南士，诏命复查下第北方士子试卷。侍

---

① 皇甫录：《皇明纪略》，中华书局1985年版，第14页。

读张信等儒臣及陈郊等首甲三人，受命人各阅十卷。有言阅卷官故意以陋卷进呈者，太祖益怒，阅卷者皆获罪。陈郊所进卷，被控以不行明白用笔批直，有惑圣览，吏部奏发威虏安置。四月初二日恩宥取回，降鸿胪寺司宾署丞，已而科场案余波又起，陈郊受到牵连，被磔杀。据文献记载，陈郊“博学多艺能，尤精于象纬之术，一时名流多与之游”①。相传陈郊精通占卜，就试之日已知是科状元当刑，但命运偏偏和他开了一个玩笑，让他身就其戮。我们更关注的是陈郊的交游情况。洪、永之世，闽中诗风大盛，最著名者当推“闽中十子”，包括林鸿、陈亮、高棅、王恭、唐泰、郑定、王偁、王褒、周玄、黄玄十人。此外，还有“闽南十才子”之说，或曰陈郊亦在其列，此外还包括林鸿、陈仲完、唐泰、高棅、唐震、王恭、郑定、王偁、王褒。②“闽南十才子”与“闽中十子”大同小异，或为“闽中十子”的另一种说法。陈郊未能侧身于“闽中十子”之列，大概与他的早逝有关。不论陈郊是否在“十才子”之列，他与闽中著名诗人有交游是可以肯定的。王褒的儿子王肇便曾经受业于陈郊，亦有文名。③《明诗纪事》

① 张凝道、张弘道：《皇明三元考》，《明代传记丛刊》第19册，明文书局1991年版，第50页。

② 参见王鸿鹏等编：《中国历代文状元》，解放军出版社2004年版，第259页。原始出处未详。按，“闽南十才子”之说，最早见于弘治《八闽通志》，但语焉未详。明王世懋《艺圃撷余》曰：“国初林鸿、高廷礼、唐泰辈皆称能诗，号闽南十才子。”只举了林鸿、高棅、唐泰三人，余亦不详。

③ 李清馥：《闽中理学渊源考》卷四十四·王开若先生肇：“王肇，字开若，侯官人，父褒。少业于陈郊，学诗林鸿，学书王偁，学画高棅。永乐、宣德间，以文学屡征不起所，著有《蒙斋集》。”据文渊阁《四库全书》本。

收录了陈郊的一首诗，名为《题渔隐》："投竿非取鱼，孤榜一乘兴。清风松际来，落日鸟边暝。坐对忘机时，波空钓丝冷。"① 这首诗不假雕饰，而韵味悠长，可惜与政治环境不合拍。在朱元璋看来，这种诗大概亦属"虚文"之列吧。

韩克忠（？~1425），字守信，山东武城人。洪武三十年（1397）丁丑科"夏榜"状元。与张信、陈郊相比，韩克忠是非常幸运的。他本来在春榜中是下第举子，却摇身一变，成了状元。朱元璋"爱其学行淳实"②，十分器重他，仅过了三个月便任命他为国子监司业。他与祭酒张显宗一起"兴废补坏，编立监规"，"学政自此振举"。③洪武三十三年升河南佥事，永乐元年调云南，卒。④ 应当说，朱元璋对韩克忠的选拔和任命都带有一定的政治象征色彩。韩克忠最终没有能够留在翰林院中担任文学侍从，而是被外调，名义上是升迁，但也侧面反映出他的文学功底与南方士子相比，还是比较薄弱的。

以上三名状元，皆无别集传世。

（四）黄观：皇族权力之争的牺牲品

黄观（1364~1402），又名许观。字伯澜，一字尚宾，直隶贵池（今安徽贵池）人。因父入赘许家，自幼随母姓许。据说，黄观曾经拜元朝翰林院待制、以忠义死节著称的黄殷士

---

① 陈田：《明诗纪事》甲签卷二十九，《明代传记丛刊》第12册，明文书局1991年版，第969页。

②③ 过庭训：《分省人物考》卷九十五《山东二·韩克忠》，《明代传记丛刊》第138册，明文书局1991年版，第491页。

④ 雷礼：《国朝列卿纪》卷一百六十一，《明代传记丛刊》第40册，明文书局1991年版，第856页。

为师。是说颇为可疑①。后筑翠微精舍以读书。洪武二十三年

---

① 由于黄观被明成祖列为罪臣，其著作、事迹多遭湮没。明人尹直作《名臣言行录》，听说黄观友人柯暹曾为之作传，载其事甚详，于是向柯暹之子索要其文，但却没有得到该文，于是推断："岂柯欲为之传而未果，抑已为之而柯之子终以忌讳匿而不肯出耶?"尹直后来写成《侍中黄公言行录》，亦语焉不详。因为黄观的气节为后人所景仰，故在野史笔记中有不少关于他的传说。这些传说有时亦被正史所采纳。明代有《建文皇帝遗迹》（作者不详）一书，称黄观"自幼颖异，长受业于元待制黄殷士。天兵入大都，殷士死之，观亦砥砺以忠义自许。尝筑翠微精舍，读书其间"。明人黄佐《革除遗事》卷二、明代泰昌元年官修《礼部志稿》卷五十三、清张廷玉等《明史》卷一百四十三等书中的黄观传记大都采信了这一说法。但是如果细加考究的话，这一说法是十分可疑的。明朝将领徐达率兵于1368年9月攻破元大都，黄哻即死于是年。而据有关文献记载，黄观于洪武二十四年（1391）中状元时年方28岁（陈鎏《皇明历科状元录》卷一，洪武二十四年辛未状元许观），则黄观当生于1364年左右，现代的许多资料当中，也都将1364年视为黄观的生年。据此推算，元翰林待制黄哻死节时，黄观年方5岁。则黄观最初受业于黄哻时，顶多只有三四岁，而《建文皇帝遗迹》称黄观"长受业于元待制黄殷士"，这显然是矛盾的。又，一个5岁的孩子，便"益砥砺，以忠义自许"，这是颇值得怀疑的。一种可能性是，如果关于"受业黄哻"的说法是真实的话，黄观中状元时当不止28岁，其生年起码应当再提前十年左右。另一种可能性是，黄观与黄哻并无师承关系，仅仅是由于他们殉节的经历相似，而被人为地牵扯到一起。《元史》曾经为黄哻其人立传："黄哻，字殷士，抚州金溪人。博学明经，善属文，尤长于诗。至正十七年，用左丞相太平奏，授淮南行省照磨，未行，除国子助教，迁太常博士，转国子博士，升监丞，擢翰林待制，兼国史院编修官。二十八年，京城既破，哻叹曰：'我以儒致身，累蒙国恩，为胄子师，代言禁林。今纵无我戮，何面目见天下士乎！'遂赴井而死，年六十一。有诗文传于世。"（《元史·列传第八十三·忠义四》）可知，黄哻是江西人，黄观是安徽人，两人同姓，但不同乡。黄哻长期在京城为官，虽然曾经被授予"淮南行省照磨"之职，但并未赴任，他又怎么可能成为黄观的老师呢？因此，"受业黄哻"极有可能是小说家言，不足征信。

(1390) 乡试中举，次年会试、殿试皆第一，授翰林院修撰之职。洪武年间累官至尚宝寺卿、礼部右侍郎，奏复姓黄。黄观是洪武朝状元，但是他最为人熟知的事迹主要集中于建文末年。他是皇室权力之争的牺牲品。

朱元璋于洪武三十一年（1398 年）去世，在此之前，皇太子朱标已经早逝，由皇太孙朱允炆即位，是为建文帝。建文帝继位之后，实行了一系列改革措施，洪武年间紧张的政治气氛至此有所缓和。建文年间实行官制改革，增设“侍中”之职，职位次于尚书，黄观即担当这一职务，仍兼尚宝卿，掌管国玺。他与方孝孺等人一起受到建文帝信任和重用。不过，最受建文帝宠信的是齐泰和黄子澄，他们建议建文帝采取“削藩”政策。朱元璋的四子燕王朱棣发动“靖难之役”，打着“清君侧”的旗号，一举夺取了皇位。朱棣刚起兵时，黄观奉建文帝之命草诏加以斥责。京城初陷时，黄观正奉命在外征兵。朱棣开列文臣罪状，黄观名列罪臣榜第六。黄观之妻翁氏及两个女儿在京城不甘受辱，投水而死，黄观闻讯后，亦投水殉节。据《明史》记载：“初，观妻投水时，呕血石上，成小影，阴雨则见，相传为大士像。僧舁至庵中，翁氏见梦曰：‘我黄状元妻也。’比明，沃以水，影愈明，有愁惨状。后移至观祠，名翁夫人血影石，今尚存。”① 这显然是荒诞的传说，得以附入《明史》，表明了世人对黄观的景仰。

永乐年间，明成祖朱棣曾对建文朝死节诸臣文集加以禁

① 张廷玉：《明史》卷一百四十三《列传第三十一·黄观》，中华书局 1974 年版，第 4051 页。

毁，黄观著作也在禁毁之列。黄佐《革除遗事》卷二记载："或传故尚书泰州储巏家藏有观所著文稿尚存。"① 焦竑《国史经籍志》卷五"集类·别集"著录有"黄观《显忠录》四卷"，今不存。黄观诗文流传下来的不多，为数不多的几首诗散见于各类文献中。

明人严从简《殊域周咨录》卷一记载了黄观赠朝鲜使者的一首诗："成桂于是代王氏，更名旦，徙居汉城，遣使请改国号。诏更号曰朝鲜，遣仪制郎熙光宣赐之。修撰黄观赠光诗曰：'东服来王荷宠褒，遥宣圣泽属仪曹。九重锡予皇恩渥，万里驰驱使节劳。入仰中天红日近，星环北极紫微高。来迎父老应相语，风不鸣条海不涛。'"② 这首诗作于洪武年间，黄观时任翰林院修撰。诗的末句"风不鸣条海不涛"，表达了对两国友好邦交的祝愿。

又，程通《贞白遗稿》中，收有黄观的一首《题寅宾堂诗》：

晖晖初日上扶桑，正照先生新构堂。
高卷帘栊迎曙色，洞开窗户纳晴光。
山头雨过琴书润，海面风来枕席凉。
乐此升平何以报，愿陈忠孝辅贤王。③

这是一首友朋赠答之作，末句也不忘归结到歌颂太平。诗中所写的"升平"时代，当指洪武朝。黄观对自己的政治

---

① 黄佐：《革除遗事》卷二，浙江范懋柱家天一阁藏本。

② 严从简：《殊域周咨录》卷一《朝鲜》，中华书局 1993 年版，第 29、30 页。

③ 程通：《贞白遗稿》卷九《附录赠言》，文渊阁《四库全书》本。

角色有清醒的认识，诗风接近台阁体，难怪他在洪武朝一帆风顺。

又，《明诗综》卷十八收录两首黄观诗，其一为《题江贯道长江图》：

离离众树深，霭霭孤云碧。
山色望难穷，江流浩无极。
渔歌远渚昏，鸟下平芜夕。
惆怅涉风波，扁舟何处客。

这首诗，从其风格看，当作于建文年间，字里行间流露出无限忧思。

又，黄瑜《双槐岁钞》卷二《两魁天下》条也记载了黄观的一首诗《酬张隐君》：

漫批华什咀余甘，欲报琼瑶愧不堪。
一自返舟畴邑后，几回飞梦石湖南。
莺花敢续春吟句，灯火空陪入夜酣。
茶气拂帘清昼午，想应宾主正高谈。

黄瑜认为此诗“气概不类其为人，盖赝本也”①。这是一首赠隐士的诗，故风格较为恬淡。以此判断此诗为伪作，未免失之武断。对于殉节的状元，世人往往因为景仰而过于理想化地将其想象为完人，忽略了他们现实的一面。在“靖难之役”的政治风波中，方孝孺、黄观都献出了宝贵的生命。同样视死如归，如果细究起来，也有不同的出发点。方孝孺是为信念而死。所谓信念，即儒家的政治理想。为信念而死，

① 黄瑜：《双槐岁钞》卷二《两魁天下》，中华书局 1999 年版，第 27 页。

是一种文化姿态。黄观除了为信念捐躯外，还含有一种无奈。他是建文朝的重臣，一直旗帜鲜明地反对朱棣，拥护朱允炆，现实没有给他留下更多选择的余地。他已注定成为这场皇室内部政治斗争的牺牲品。黄观之死，带有更多悲情的意味。

第二节　台阁体的主流：以文为主的“宗欧”派

在经历了洪武时期的烈日骤雨、靖难之役的腥风血雨之后，明代政治气候逐渐进入了一段风和日丽的时期。这为台阁体的流行创造了条件。明成祖即位后，首创内阁制度，为台阁体的生长提供了土壤。从永乐到正统前期，台阁体盛行，这段时期的状元文学，也大多带有鲜明的台阁体色彩。

一、江西状元与台阁体

提及明代台阁体作家，人们首先会想到“三杨”，即杨士奇（1365～1444）、杨荣（1371～1440）、杨溥（1372～1446）。其中，又以杨士奇文学成就最高。《四库全书总目》称：“明初‘三杨’并称，而士奇文章特优。”①“三杨”入仕时间较早，俱在建文年间。三人中，杨士奇未参加科举考试。建文元年（1399），朝廷准备修撰《明太祖实录》，杨士奇因

① 永瑢等：《四库全书总目》卷一百七十《集部二十三·别集类二十三·东里全集九十七卷别集四卷（江苏巡抚采进本）》，中华书局1965年版，第1484页。

学行出众被荐，以布衣身份进入翰林院，充编纂官。杨荣、杨溥则是建文二年胡广榜进士。靖难之役后，解缙、黄淮、胡广、“三杨”、金幼孜、胡俨等文人俱迎降朱棣。朱棣即位，创立内阁制度，上述诸人多获重用，同时也成为台阁体早期的主要成员。不过，永乐时期，阁臣虽预机务，并受到极大的优待，但权力还不是很大。他们的主要角色仍然是“文学侍从”和“顾问”。同时，“三杨”在这批文人中的地位也并不突出。这一时期的文坛领袖首推解缙。解缙重视诗歌创作，尤喜效仿李白，杨士奇评解缙之诗“豪宕丰赡，似李、杜”①。曾棨称解缙“为文兴至落笔数千言，倚马可待，未尝创稿。人以太白拟之”②。胡广、曾棨皆受其影响。永乐八年（1410），解缙因太子废立之事拂逆圣意，被逮入狱，于永乐十三年（1415）瘐死狱中。继解缙之后，胡广成为台阁文人的实际领袖，馆阁文人的倡和，大多以他为首。永乐十六年（1418），胡广亦去世。“三杨”在政治舞台上的地位日益突出，台阁文学也开始呈现出新的面貌。上述台阁文人的领袖中，解缙、胡广、曾棨、金幼孜、胡俨、杨士奇等皆是江西人，黄淮是浙江人，杨荣是福建人，杨溥是湖北人。其中，胡广是建文朝唯一的状元，曾棨是永乐朝的第一位状元。

永乐时期的台阁文学，主要有两个分支，一是以诗歌点缀太平，代表人物有解缙、胡广、曾棨等；另外一个分支，既以杨士奇为代表、以文章见长的台阁文学。永乐之后，以

---

① 杨士奇：《东里文集》卷十七《前朝列大夫交阯布政司右参议解公墓碣铭》，中华书局1998年版，第257页。

② 见解缙：《文毅集》附录，文渊阁《四库全书》本。

杨士奇为代表的这一分支逐渐发展成为台阁体的主流，永乐状元陈循、曾鹤龄，宣德状元马愉等，皆为杨士奇的重要羽翼。

永乐二十二年（1424），成祖崩，仁宗朱高炽继位。在永乐朝的大部分时间内，杨士奇一直担任东宫辅导。其间，朱棣一度想废掉长子朱高炽的太子之位，另立他喜爱的次皇子为太子。杨士奇在朱棣面前表彰朱高炽宽厚仁爱的个性，巧妙地维护了太子的地位。朱高炽上台后，对杨士奇十分尊重，杨士奇遂走向政治舞台的中心。但仁宗在位仅一年，"三杨"主要活跃于其后的宣德、正统两朝。

随着政治地位的提高，杨士奇的文学主张亦发挥了越来越重要的影响。关于杨士奇的文学理念，不妨先看看他在辅导东宫时的一件事：

永乐七年，赞善王汝玉每日于文华后殿说赋诗之法。一日，殿下顾臣士奇曰："古人主为诗者，其高下优劣何如？"对曰："诗以言志，明良喜起之歌、南熏之诗是唐虞之君之志，最为尚矣。后来如汉高《大风歌》、唐太宗'雪耻酬百王，除凶报千古'之作，则所尚者霸力，皆非王道。汉武帝《秋风辞》气志已衰，如隋炀帝、陈后主所为，则万世之鉴戒也。如殿下于明道玩经之余，欲娱意于文事，则两汉诏令亦可观，非独文词高简近古，其间亦有可裨益治道。如诗人无益之词，不足为也。"殿下曰："太祖高皇帝有诗集甚多，何谓诗不足为？"对曰："帝王之学所重者，不在作诗。太祖皇帝圣学之大者，在尚书注诸书，作诗特其余事。于今殿下之学，当致力于重且大者，其余事可姑缓。"殿下又曰："世之儒者亦作诗否？"

对曰："儒者鲜不作诗。然儒之品有高下，高者，道德之儒；若记诵词章，前辈君子谓之俗儒。为人主尤当致辨于此。"①

杨士奇认为"诗不足为"，不仅"帝王之学所重者，不在作诗"，一般士人也不应该把精力耗费在文学上面，而应该在道德上下工夫，否则就会成为"俗儒"。太子喜欢诗，与永乐时期的馆阁诗风大概有一定的关系。杨士奇反对太子醉心于诗，一方面是因为在永乐七年（1409）前后，太子朱高炽的地位还不稳，成祖一直想废太子，另立次子朱高煦为太子。永乐八年（1410），解缙便因卷入太子之争而入狱。在这样险恶的政治环境中，杨士奇身为太子的辅导老师，当然不能不多加谨慎。另一方面，这也反映了杨士奇一贯的文学主张。杨士奇的家乡，是宋代文学家欧阳修的故里，故其文学爱好倾向于散文。黄佐《翰林记》卷十九《文体三变》云："永乐中，杨士奇独宗欧阳修，而气焰或不及，一时翕然从之。"在杨士奇的影响下，太子朱高炽也对欧阳修的散文渐渐产生了兴趣，曾经命杨士奇等校刻欧阳修的文集，廷臣之知文者，各赐一部。可见，在永乐时，杨士奇的文学观点已经产生了较大的影响。

杨士奇还在科举考试中推行自己的文学主张。永乐十九年（1421），杨士奇任会试考官，"务先典实之作，以洗浮腐之弊，喜曾鹤龄诸作，多梓行之"②。曾鹤龄（1383～1441），字

---

① 杨士奇《圣谕录·中》，见《东里集·别集》卷二，文渊阁《四库全书》本。

② 黄佐：《翰林记》卷十四《试录程式文字》，见傅璇琮、施纯德编《翰学三书（一）》，辽宁教育出版社2003年版，第172页。

延年，一字延生，号松臞，一号松叟，江西泰和人，与杨士奇是同乡。他于是年成为状元，后官至侍讲学士。由于杨士奇的褒奖，该科的程文影响很大，“至今评程文者，以是科为最”①。不过，曾鹤龄的文学成就并不高。曾鹤龄死后，刘球撰《故翰林侍讲学士奉训大夫曾公行状》云：“其文有诗歌词赋颂赞累千篇，传记序说半之；行状墓铭碑诔杂文三百，皆出新意，得古法。无所袭于外，而有益于道德仁义之说为多。”② 其中“皆出新意，得古法”云云，当视为溢美之词。“无所袭于外”，实际上是说曾鹤龄的文章在形式上乏善可陈，不过是在思想上符合程朱理学的要求而已。曾鹤龄的《松臞集》，清代编《四库全书》时未收，而是作了存目处理。查今人整理的《四库全书存目丛书》，亦未收此书，疑已佚。《四库全书总目》提要称其“诗多牵率之作，命意不深，而措词结局往往为韵所窘，殆非所擅长。文则说理明畅，次序有法，大抵规橅欧阳，颇近王直《抑庵集》，而沉着则不及也。直为作墓志，于其文章亦无所称誉云”③。王直为曾鹤龄作墓志，对其文学成就的评价不高。而杨士奇撰《故翰林侍讲学士奉训大夫曾君墓碑铭》，首称其学问，然后才称其为文：“形诸著作，和平简洁，明理为务，不事工巧。”杨士奇对曾鹤龄的提携，一方面是为了推行自己的文学主张，另一方面大概

① 黄佐：《翰林记》卷十四《试录程式文字》，见傅璇琮、施纯德编《翰学三书（一）》，辽宁教育出版社 2003 年版，第 172 页。

② 吴志达主编：《中华大典·文学典·明清文学分典》（第一册），凤凰出版社 2005 年版，第 880 页。

③ 永瑢等：《四库全书总目》卷一百七十五《集部二十八·别集类存目二·松臞集》，中华书局 1965 年版，第 1554 页。

也是出于同乡的关系。

永乐至正统年间，曾多次出现状元、榜眼、探花全是江西人的情况，其次则以福建籍的状元居多，有人认为这是杨士奇、杨荣互相植党。黄佐在《翰林记》中，举杨士奇提到的一件事为例，对此予以否定：“士奇尝曰：‘宣德五年春，翰林进两朝实录，赐宴赉，既敕吏部进纂修以下官，侍讲余学夔不俟吏部覆奏，不谋于相知，即入疏自陈老疾致仕，上可之，竟不加官而去。’士奇交学夔逾三十年，同在京二十五、六年，其为人明经博古，负直气，侃侃遇事径发，不肯苟有阿徇。是时江西士风如此，不特文运之盛而已，目以植党，盖私言也。”① 黄佐举杨士奇本人赞美同乡的话为例，似乎没有什么说服力。杨士奇对乡谊的重视确实是存在的。除了曾鹤龄外，永乐年间另一位状元陈循也是江西泰和人。

二、状元陈循：杨士奇的重要羽翼

陈循（1385~1463），字德遵，号芳洲。十七游邑庠，同里杨士奇一见，以远大期之。乡试中第一。会试时，主考官得一卷，三场俱优，取定为会元。拆卷，乃陈循。主考官以乡故为嫌，改为第二名。否则，他很可能成为继商辂之后的又一位“三元”。授翰林修撰。成祖巡幸北京，命陈循取秘阁书诣京，遂留侍帝侧。洪熙元年，进侍讲。宣德初，受命直南宫，日承顾问。赐第玉河桥西，巡幸未尝不从。进侍讲学士。正统元年

① 黄佐：《翰林记》卷十九《文运》，见傅璇琮、施纯德编《翰学三书（一）》，辽宁教育出版社2003年版，第276页。

兼经筵官。久之，进翰林院学士。时“三杨”已老，遂荐陈循等入阁。九年入文渊阁，典机务。景泰二年十二月进少保兼文渊阁大学士。陈循在内阁期间，并无特别建树，还曾因其子参加科举考试落榜而构陷考官，为士论所轻，落得晚节不保。英宗复位后，陈循戍铁岭卫。后释为民，一年卒。有《芳洲文集》、《芳洲诗集》、《东行百咏集句》。

在杨士奇一手提携的后进中，无论仕途还是文学，陈循都是最出色的。他以才思敏捷著称。据明人尹直《謇斋琐缀录》卷二的记载，宣宗喜爱文学，曾经选杨溥和陈循日直南宫应制，杨溥的文思远不如陈循。一日，帝命二人制《寿星赞》，陈循提笔便写：“渺南极兮一星，灿祥光兮八纮。兆皇家兮永龄，我怀思兮治平。赖忠贞兮弼成，宜寿域兮同升。”杨溥觉得“寿域”二字不妥，想更易却一时找不到合适的词汇。太监催促甚急，遂罢。后皇帝将此文赐与内阁，太监问杨士奇和杨荣“寿域”二字如何，杨士奇应道：“八荒开寿域。”太监反问杨溥：“八荒开寿域，此句诗如何？”杨溥称：“好诗。”太监说：“先指‘寿域’为未好，何也？”杨溥无言以对。后陈循与杨士奇相遇，杨士奇说：“适赐《寿星》一赞甚佳，必大手笔也。”正统间，杨溥和陈循俱入阁，一日，皇帝命内阁制《祠钟文》。杨溥找不到可供借鉴的文章，迟迟不能动笔，太监等得不耐烦，便催促陈循代作，陈循于是对杨溥说：“以往没有这类文章，请先生口授，由我来书写。”杨溥于是起了一句，下面全部由陈循续成。

有人曾对杨士奇和陈循的文章作过比较：“东里若清庙九室，宝瓒珠垒，陈列就次，元酒黄流迭裸，而可以为古；芳洲若泰山乔岳，一翠千里，长冈作郡，短垄作邑，而可以为杰。"① 陈循的文章虽有其自身特点，但依然在杨士奇的笼罩之下，是杨士奇的重要羽翼。

明代废除丞相制度，皇帝须日理万机。这对太祖、成祖而言不是难事。仁宗、宣宗虽然也十分勤政，但毕竟精力有限，无法与太祖、成祖同日而语，这要求他们更加倚重于阁臣。于是，内阁的权力日益扩大，阁臣的地位也越来越显赫。至仁、宣时，"阁权日重，实行丞相事"②。台阁体作家的政治地位发生了变化，台阁体文学也表现出新的特点，杨士奇"宗欧"一派遂成为主流。宣德以后，实行南北取士，状元由江西、福建两地垄断的现象被打破了。一些北方士子也在科举中拔得头筹，如宣德二年（1427）丁未科状元马愉（1395～1447），字性和，号澹轩，山东临朐人。正统五年（1440），以侍讲学士入阁，官至礼部右侍郎兼侍讲学士。正统十二年（1447）卒于任，享年53岁，赠礼部尚书兼学士，谥襄敏。《明史》卷一四八有传。著有《马学士文集》。杜宁为马愉撰《行状》，称其"为文章敏赡有法，不务雕斫，而深厚雅驯，自不可及"③。马愉的这种文风，与"三杨"倡导的台阁体文风十分接近。这种台阁文风，对包括状元文学在内的明代馆阁文学的影响十分深远，直到晚明，依然余绪未绝。

---

① 董士宏《竹岩集序》，见柯潜《竹岩集》卷首，文渊阁《四库全书》本。

② 张廷玉等：《明史》卷一四七，中华书局1974年版，第4129页。

③ 杜宁：《赠翰林学士资善大夫礼部尚书马公行状》，见马愉《马学士文集》，《四库全书存目丛书》集部第32册，齐鲁书社1997版，第437页。

第三节　台阁体的支脉：以诗为主的“法唐”派

明人王世贞《艺苑卮言》卷五言：“杨（士奇）尚法，源出欧阳氏，以简淡和易为主，而令（当作‘无’）充拓之功，至令贵之曰‘台阁体’。……胡光大（广）、杨勉仁（荣）、金幼孜、黄宗豫（淮）、曾子棨（棨）、王行俭（直）诸公，皆庐陵之羽翼也。”① 以“简淡和易”四字概括杨士奇的文风尚可，若用来概括所有台阁体作家的创作风格，似嫌未尽。仅以王世贞提到的几名台阁体羽翼文人而言，其中有两名状元，分别是建文二年状元胡广和永乐二年状元曾棨，两人的文学创作面貌均与杨士奇有所差别，这主要体现在文体方面。胡广、曾棨的创作均以诗为主，杨士奇则以文章见长。胡广《胡文穆集》二十卷，其中诗占一半以上，应制诗文又占据了相当大的比重。曾棨《西墅集》十卷，除了首卷为廷试策，末卷为文外，其余皆为诗赋。而杨士奇《东里集》分正、续两编，正编中文集二十五卷，诗集仅三卷。两相对照，胡广、曾棨与杨士奇在文体上的侧重明显不同。前人对杨士奇创作的评论也大多集中于文章，较少涉及诗歌。上述差异并非偶然，它显示了明代台阁体在不同发展阶段的特点，同时也是不同文学理念的体现。

归根结底，永乐时期台阁体文学的特点还是受到皇权的影响。明成祖朱棣的雄才大略堪与乃父朱元璋媲美。他用数次北

① 王世贞著、罗仲鼎校注：《艺苑卮言校注》卷五，齐鲁书社1992年版，第234、235页。

征大捷、不断开疆拓土的丰功伟绩，向世人证明由他取代建文帝继承大统乃是明智之举，这自然少不得有一班文人来润色鸿业。同时，由于朱棣是一个精力充沛、事必躬亲的皇帝，阁臣在政治上所起的作用有限。《明史》曰："明初罢丞相，分事权于六部。成祖始命儒臣直文渊阁，预机务。沿及仁、宣，而阁权日重，实行丞相事。解缙以下五人，则词林之最初入阁者也。夫处禁密之地，必以公正自持，而尤贵于厚重不泄。缙少年高才，自负匡济大略，太祖俾十年进学，爱之深矣。彼其动辄得谤，不克令终，夫岂尽嫉贤害能者力固使之然欤。黄淮功在辅导，胡广、金幼孜劳著扈从，胡俨久于国学。观诸臣从容密勿，随事纳忠，固非仅以文字翰墨为勋绩已也。"① 最初入阁的解缙等五人，虽然不"仅以文字翰墨为勋绩"，但亦仅止于"从容密勿，随事纳忠"而已，其主要身份仍是皇帝的高级顾问。

总之，永乐时期，台阁文人的政治角色尚未发生根本性转变，加上解缙、胡广等翰苑领袖对文学特别是诗歌创作的重视，这一时期的台阁文学，理学气息还不是十分浓厚，而是以创作大量应制诗文、点缀太平为主要特色。

一、状元胡广：乡愿哲学的典型

胡广（1370～1418），字光大，号晃庵，江西吉水人。建文二年（1400）庚辰科状元。建文帝赐名为胡靖。后归附太宗，复名胡广，深受朱棣宠信，官拜翰林学士，兼左春坊大学

---

① 张廷玉等：《明史》卷一百四十七，中华书局 1974 年版，第 4129 页。

士，从此平步青云。永乐十二年（1414）诏修《五经四书大全》、《性理大全》，胡广任总裁。曾数度扈驾北征。累官文渊阁大学士。永乐十六年五月卒，年仅四十九。累赠少师，谥文穆。明朝文臣得谥，始自胡广。有《胡文穆公文集》存世。

胡广是建文朝的唯一状元。他和台阁体的重要代表人物杨荣、杨溥、金幼孜等皆为同榜进士。在靖难之役中，胡广和当时的许多士人一样，面临着人生的抉择。与黄观不同，此时的胡广，作为一个刚踏上仕途不久的年轻人，还没有被推上政治的风头浪尖，不一定非要为建文殉节。《謇斋琐缀录》卷六记载了这样一件事情："太宗渡江时，解（缙）、胡（广）、金（幼孜）三先生与杨文贞、周是修相约自尽于应天府学。既而解先生使人觇胡动静，因得胡先生庸如厕，回问家人曾饲猪否。解先生笑曰：'一猪尚不肯舍，岂肯舍性命？'盖皆初无意于死也。"① 文中对解缙、胡广等人不无讥讽之意。但也可以看出，胡广等人并无必死的理由，所以没有什么思想负担。不过，作为建文朝产生的唯一状元，胡广也要比别人承受更多的压力。这种压力主要来自于士论。沈德符《万历野获编》补遗卷二对胡广这一榜进士作了专门评论："建文帝在位，止开南宫一次。是科为庚辰……榜中诸公皆以降附登进，独王艮一人能徇节。……初胡广对策，极谈藩王之横，有晁家令之谋，故建文帝喜而首拔之。此后宣力永乐间，备极勤瘁，以结主知，颜亦孔厚矣。"② 清代查

① 尹直：《謇斋琐缀录》卷六，见《四库全书存目丛书》子部第239册，齐鲁书社1995年版，第395页。

② 沈德符：《万历野获编》补遗卷二《科场·建文庚辰榜》，中华书局1959年版，第864页。

慎行《人海记》有“胡广有愧科名”条亦云：“建文二年廷试，擢王艮状元，嫌其貌寝，抑置第二，而以胡广易之。及靖难师至金陵，广与翰林周公是修，刻其约同死。周既自经，胡负约，与金幼孜、解缙等迎降。艮后竟死节。若广，所谓有愧科名者也。”① 王艮的死节，与胡广等人的偷生形成了鲜明的对比。王艮其实也无必死的理由，他的死有两种解释：一是出于信念，二是出于愚忠。如果是想用自己的生命激发更多人自觉维护社会秩序，推广儒家的政治理想，即是死于信念。如果仅仅是出于对皇帝的忠心，或者迫于舆论的压力，即是死于愚忠。王艮才学堪作状元，有着较高的儒学修养，死于信念的可能性更大一些。解缙、胡广等人选择了接受现实，既非愚忠，亦表明他们的立场不如方孝孺、王艮那样坚定，体现了在当时士人阶层中广泛流行的乡愿哲学。这种乡愿哲学的流行，究其原因，与洪武年间的高压政治是分不开的。胡广在靖难之役中的人生选择，是一种时代精神的折射，而不仅仅是一种个别现象。

胡广在重大历史关头的人生选择，是经过一番内心的矛盾挣扎之后才做出的。这在他的别集中有所体现。他有许多文章，都是在为自己辩护。四库馆臣在为《胡文穆集》撰写提要时，注意到了这一点：“集中论汉高祖初入关，秦王子婴献传国玺。王莽篡汉，亦从孺子婴取传国玺。其受传相似，所谓天时，非人力所致。又论李若水乃宋之贼，岂可以列之忠义，宋史失讨贼之公云云。”批评胡广

① 查慎行：《人海记》卷下《胡广有愧科名》，北京古籍出版社1989年版，第83页。

“持论殊为倒置”①。文集卷首有米嘉积的一篇序，对靖难之役大加评论，指责死节诸臣，认为胡广迎降是正确的选择。其观点亦不被四库馆臣所接受。胡广喜谈忠义之事，这在他的诗文中时时有所体现。他自称南宋忠臣胡铨②之后，还曾经编纂过《文文山先生全集》，集文天祥事迹为传记，序之以传。所有这一切，都可视为他的自我辩护。胡广有《杨白花》一诗云：“杨白花，渡江竟不还。非汝故来急，恐落泥涂间。春光憔悴如花颜，相思不见空长叹，浮云流水何漫漫。安得随风返高树，仍结柔条莫飞去。”朱彝尊《静志居诗话》认为这首诗有“故主之思”，并列举了胡广集中“过颜平原、文信国、余青阳祠辄有吊古之作”，及《题宋思陵所书洛神赋》等诗，认为从这些诗看，胡广不像是胸无大志、只图安逸的“牧猪奴”。③ 胡广既不是“殉道士”，也不是“牧猪奴”，他不过是一个乡愿哲学的典型，在复杂的政治漩涡中，首先考虑如何保全性命，在此基础上，再为民请命，辅佐君主建功立业。这种乡愿哲学在那个时代普遍流行，解缙、杨士奇等都是如此。

胡广等人的幸运之处，在于他们所迎附的朱棣还称得上是一个明君。朱棣比朱元璋更加重视修文，对文人优渥

---

① 永瑢等：《四库全书总目》卷一百七十五《集部二十八·别集类存目二·胡文穆集二十卷（江西巡抚采进本）》，中华书局 1965 年，第 1554 页。

② 胡铨（1102～1180），字邦衡，号澹庵，吉州庐陵（今江西吉安）人。南宋名臣，坚持抗金。能文工词，有《澹庵集》。

③ 见朱彝尊：《明诗综》卷十九《胡广》，文渊阁《四库全书》本。

有加。他登位不久，便召解缙、胡广、黄淮、胡俨、杨荣、杨士奇、金幼孜等七人，组建内阁，“谕以委任腹心之意”。这些御用文人也个个感恩戴德，在这种政治气候下，台阁体应运而生。永乐时期，馆阁文人最初以解缙为首。解缙对胡广及杨士奇均十分器重。杨士奇《三朝圣谕录》记载：“永乐五年冬，一日，胡广独于武英门进呈文字，上览之，称善再三。既，从容问曰：‘杨士奇文学于今难得，而黄淮数不容之，何也？’对曰：‘淮有政事才，士奇文学胜，且简静无势利心。盖因解缙重士奇及臣而轻淮，故淮有憾。’”① 可见解缙与胡广、杨士奇三人关系非同一般。除了在文学方面惺惺相惜外，更主要的原因恐怕还与他们都是江西人有关。后解缙入狱，胡广任翰林院学士，理所当然地成为馆阁文人的领袖。这一时期的馆阁文人经常围绕在皇帝周围，以诗歌点缀太平。如，永乐四年八月，朱棣集翰林儒臣及修书秀才十数人，于丹墀内同赋《白象诗》，擢胡广为第一。成祖数次北征、北巡，胡广都扈驾。“永乐中学士解缙、胡广等七人从上幸北京，每令节燕间，扈驾登万岁山，侍宴广寒殿，泛太液池以为常，广等多为歌诗以纪之。”② 永乐七年中秋，胡广召集翰林同仁会于北京城南公宇之后，酒酣分韵赋诗成卷，学士王景为之序，此后，节会倡和成为翰林院的传统。永乐十二年，由左春坊左中允吉水邹缉首倡，作《燕山八景》诗，翰林学士胡广，国子祭酒胡俨，右庶子杨荣，右谕德金幼孜，

① 杨士奇：《三朝圣谕录·上》，见杨士奇《东里集》别集卷二，文渊阁《四库全书》本。

② 黄佐：《翰林记》卷六《侍游禁苑》，见傅璇琮、施纯德编《翰学三书（一）》，辽宁教育出版社 2003 年版，第 69 页。

侍讲曾棨，林环，修撰梁潜、王洪、王英、王直，中书舍人王绂、许翰等十二人和之，胡广再和，共得诗一百二十首，集为一卷，传为佳话。

胡广的诗，虽多歌功颂德之作，但能直抒胸臆，带有太白之风。如《感兴二首》（《胡文穆公文集》卷二）：

（一）

去者已不返，来者行尚新。
万汇皆本寓，飘若随车尘。
舜花不度夕，蘼草仅荣春。
金石有销泐，天地亦混沦。
达士洞至微，中怀浩无垠。
衰荣固有定，岂用拘常身。
篯铿与巫咸，孰能识彼真。
造化委至和，且复啜其醇。
对酒会须饮，胡劳役心神？
彭泽归去来，谁谓千载人？

（二）

仰观浮云驰，飘飘随长风。
倏经华岳西，忽过沧海东。
海水不归川，华岳终难移。
云飞无定踪，聚散焉可期？
君看垂杨柳，结花在条上。
一朝相辞去，无情东西荡。
涂泥溅车辙，依托能万里。
偶然尚胶固，永叹弗如彼。
人生百年中，往者今不存。

所贵任所适，行止何须论。

上面两诗，风格上效法李白，但其精神实质依然是乡愿哲学。第一首，首先宣扬了世易时移、随遇而安的哲学，结尾处对世人心目中的高士陶渊明提出质疑，“彭泽归去来，谁谓千载人”，认为陶渊明与现实格格不入，算不得真正的高士。第二首诗，先以浮云为喻，说明世事无常，有时非人力所能为，实乃暗喻建文帝被朱棣篡位一事。后面以柳絮为喻，比喻自己没有为建文殉节，却意外地得到了朱棣的赏识，君臣相得，更胜于前。

从台阁文人的哲学立场和政治立场出发，胡广还对“竹林七贤”提出过批评。胡广《书竹林七贤图后》云：“古称贤者，以其道德可以模范于当时而垂训于后世……尝观晋竹林七子，放形骸于物外，舍仁义而不由，于圣贤治心修身之道茫乎其莫之究。”① 胡广忽略了“竹林七贤”所处时代政治黑暗的事实，批评他们不懂治心修身之道。胡广本人性格非常谨慎，与“竹林七贤”截然相反。

胡广与后来的台阁体核心成员杨士奇是同乡，两人始终保持着良好的交情。永乐间，两人俱在内阁，胡广曾经与杨士奇相约：“吾二人将老，得退，即各具小舟可二僮操者，舟中贮书册、楮笔、壶觞、棋局。如广访君，舣舟君门外一里所，遣童子招君，君迳入舟，溯流至五云驿，望夫容峰则返棹，至君入舟处，君独归。君访广亦然，但溯流至玉峡而返，岁必五六过，用此共适余年。”胡广去世后半年，一天夜里，杨士奇梦

① 胡广：《书竹林七贤图后》，见《胡文穆公文集》卷十七，《四库全书存目丛书》集部第29册，齐鲁书社1997年，第131页。

见与胡广泛舟联诗，相续成一律，诗曰："金螺潇洒对夫容，鹭渚渔洲窈窕通。远树白云秋色净，故人清兴酒尊同。河山梦冷讴吟后，生死交深感慨中。犹想胜缘如夙昔，并骑黄鹤过江东。"①

胡广虽然为内阁成员，但官不过五品。这是因为永乐时期，内阁初建，还没有完全脱离翰林院，仍属文化机构，政治色彩还不是很强烈。而杨士奇后来官至一品。政治地位的差别，也决定了台阁体文风的前后变化。胡广死后获谥文穆。永乐时期，文臣得谥者只有两人，另一个是跟随成祖起兵的军师姚广孝，可见胡广还是很受成祖器重的。

二、状元曾棨：不减昆体，绝似唐人

曾棨（1372～1432），字子棨，号西墅，江西永丰人。人称"江西才子"②。永乐二年（1404）甲申科状元。该科为永乐"龙飞初科"，取士倍于前。在所拔取的进士中，明成祖又命解缙选庶吉士28人进学文渊阁，曾棨为之首。成祖视学，曾棨应对如流。预修《永乐大典》，充副总裁官。永乐五年（1407），升侍讲。秩满，进侍读学士。洪熙元年（1425），迁右春坊大学士，仍兼侍读，阶奉议大夫。宣德改元，预修《两朝实录》成，擢少詹事，仍兼侍讲学士。卒赠礼部侍郎，谥襄敏。有《巢睫集》、《西墅集》传世。

曾棨的性格与胡广不同，不像胡广那样谨慎，而是超旷豪

① 焦竑：《玉堂丛语》卷之六《师友》，中华书局1981年版，第193页。

② 蒋一葵：《尧山堂外纪》卷八十一《曾棨》，《四库全书存目丛书》子部第148册，齐鲁书社1995年版，第325页。

迈。他善于饮酒，明人蒋一葵《尧山堂外纪》记载了一件轶事。有一次，有外国使节至京，号称善饮，有司选能够与之相匹者，最后选出一个武官，犹恐不胜。成祖令廷臣自荐，曾棨请往。三人默饮终日，外国使节醉得不省人事，武官也东倒西歪，曾棨爽然复命。成祖笑道："无论文学，此酒量岂不当作大明状元邪！"赏赐甚厚。①

曹安《谰言长语》称曾棨的诗"绝似唐人"②，可谓知音。曾棨豪迈的个性，在古风中展现得最为淋漓尽致。如《题王孟端墨竹送人南归》③：

十年官舍长安陌，欲种篔筜愁地窄。
轩前有此八九竿，苍然一片潇湘色。
九龙山人思不群，胸襟洒落如此君。
笔端飒飒起风雨，纸上漠漠生烟云。
几回看竹称奇绝，为写琅玕照冰雪。
纵横屈铁金错刀，满堂便觉秋萧骚。
周郎爱竹癖于我，兴至时寻竹边坐。
我生疏懒无所为，但与江海同襟期。
喜君爱竹有如此，便以此图持赠之。
丹枫白水江南路，归帆直向湖中度。
慎莫提携过葛陂，恐化群龙上天去。

这首诗写竹的洒脱，同时也是曾棨的自我写照。

---

① 蒋一葵：《尧山堂外纪》卷八十一《曾棨》，《四库全书存目丛书》子部第148册，齐鲁书社1995年版，第327页。

② 曹安：《谰言长语》，中华书局1991年版，第37页。

③ 曾棨：《刻曾西墅先生集》卷五，《四库全书存目丛书》集部第30册，齐鲁书社1997年版，第157页。

曾棨七古颇有李贺之风，如《寒夜曲》①：

铜山泣雾宫虬咽，鱼钥金寒炯微月。
十二楼台凝冷光，青娥踏天作飞雪。
鲛人凿冰出海底，海阔冰坚愁堕指。
风刀剪断朔云飞，万户沉沉一泓水。
貂裘无暖红烛灭，八尺青绫已如铁。
兰麝香销冷画屏，梦破秦楼肌玉裂。
龙鳞差差沟水绕，银床无声金井峭。
睥睨鸦啼曙色分，起听琼签报天晓。

诗中表现了丰富的想像力和高超的语言技巧，可惜内涵单薄，通篇只是形容寒夜，没有李贺诗那种深度。王世贞评曾棨的诗歌："词锋艳发，如青萍倚天，韵语清华，若红蕖秀水。《天马》之歌，援毫面试，宝带之锡，同袍莫比。又如封节度东征，旌甲曳札，衣装鲜烂，然多市人，堪战者寡也。"②"然多市人"这一批评，大概也包括了思想的缺席在内。

曾棨是有名的才子，学识渊博，思维敏捷。写诗往往信笔所为，不复检点。曾棨集中有《应制百咏诗》，以梅为题，一题百咏，其中虽有佳作，但"往往才气用事，而按切肌理，不耐推敲，是亦速成之过也"③。不过，应制之作受到时间、

① 曾棨：《刻曾西墅先生集》卷六，《四库全书存目丛书》集部第30册，齐鲁书社1997年版，第169、170页。

② 王世贞：《明诗评》，见《明代传记丛刊》第8册，明文书局1991年版，第57、58页。

③ 永瑢等：《四库全书总目》卷一百七十五《集部二十八·别集类存目二·西墅集十卷》，中华书局1965年版，第1553页。

场合的限制，自然来不及认真构思、推敲，因此，不能以应制诗来评判曾棨的文学才能。那么，哪些作品最能体现其文学才能呢？笔者认为，那些发自内心的、具有真情实感的诗，才足以代表曾棨的文学才能。例如下面两首诗：

《经故妻娄氏墓》①

宿草寒烟一径微，孤坟三尺对斜晖。
多情已逐行云断，薄命先随落叶飞。
燕寝香消人未老，龙门选罢客初归。
冢头多是无花树，纵有春魂何处依？

《过殇男伟孙坟》②

壬午年中哭汝时，至今回首转堪悲。
探环往事谁能问，埋玉重泉恨永遗。
涧里云寒松寂寂，墙阴露白草离离。
伤心千里南归客，泣向西风泪雨垂。

这两首诗，字字沉痛。我们很容易体会到诗中饱含的真挚感情。这些诗和那些应制、酬唱诗有明显的不同。郑瑗《井观琐言》曰："曾子棨诗佳处不减昆体。"当是就这一类诗而言。而《四库全书总目》认为郑瑗此言"殆未确焉"③，就是因为只看到充斥在集中的应制、酬唱诗文，没有注意到这些真正代表曾棨文学才能的作品。

但这类发自内心的诗歌，在曾棨集中毕竟是少数，曾棨的身份，决定了他作品的内容，仍是以应制、酬唱为主。即使是

---

①② 曾棨：《曾西墅先生集》卷四，《四库全书存目丛书》集部第30册，齐鲁书社1997年版，第141页。

③ 永瑢等：《四库全书总目》卷一百七十五《集部二十八·别集类存目二·〈西墅集〉提要》，中华书局1965年版，第1553页。

这类作品，也不乏佳篇、佳句。《静志居诗话》卷六云：

> 子棨下笔不休，不事推敲，偶合绳墨。五言如“断云京口树，残月广陵钟”、“暝色迎官舫，春寒到客衣”、“雨从江北少，山到宿州多”、“残烛明官舫，疏钟出郡楼”、“寒潮瓜步月，残雨秣陵舟”、七言如“云中鸾凤扶雕辇，水底鱼龙识翠华”、“草绿野塘多是水，雨晴沙路不成泥”、“平铺碧甃连驰道，倒泻银河入苑墙”，均不失唐人风格。①

曾棨确实是一位很有才华的作者，但是却称不上一流的作家。他才思敏捷如李白，但是没有李白的人生追求。七古如李贺，但只是词句相似，没有李贺的痛苦的人生感受。他曾经自比相如、宋玉。确实，他的才华，他的御用文人的身份，都与司马相如、宋玉很相似。不过司马相如和宋玉在赋体的发展史上毕竟有很大贡献，而曾棨在文体的创造方面也没有多少成就。台阁文人的身份，限定了曾棨的文学成就。如同八股文在科举考试中的作用一样，诗对曾棨而言，只是一种手段，而非目的。

曾棨的文学思想，在《〈王舍人诗集〉原序》一文中有所体现：“嗟夫！诗之道大矣，以其时之高下、世之治乱，而音调见焉，是岂细故也哉！古之人常因此以观世道，尚矣。君之生也，幸际国家无事泰平之时，以得有官于朝，假之以年，则其愓厉奋发于和平之音，以鸣当世之盛者，宜何如其至耶？惜

① 朱彝尊：《静志居诗话》卷六，见《明代传记丛刊》第8册，明文书局1991版，第562页。

其仅止于此也。"① 曾棨也承认"诗之道大矣"，但是他所说的诗之道，不是就诗的本身而言，而是就诗的用途而言。《王舍人诗集》作者为王绂，字孟端，无锡人，别号友石生，又曰九龙山人。《四库提要》称王绂的诗"虽结体稍弱，而清雅有余，盖其神思本清，故虽长篇短什，随意濡染，不尽计其工拙，而摆落尘氛，自然合度"。周亮工《书影》高度称赞王绂的诗："王绂诗画双美。近见其诗集百余篇，声律不在高、杨、张、徐之亚。"可见王绂的诗艺术价值还是很高的。而曾棨则对其表示惋惜，不是因为艺术，而是因为王绂没有用"和平之音，以鸣当世之盛"。曾棨台阁体文人的立场，显露无遗。

在永乐时期的文坛上，以诗歌创作见长的状元，除了胡广、曾棨外，还有林环。林环字崇璧，号絅斋，福建莆田人。永乐三年（1405）福建乡试解元，永乐四年（1406）丙戌科状元，授翰林修撰。次年升侍讲，预修《永乐大典》。曾两度为会试考官。永乐九年（1411），成祖北征鞑靼，取得大捷，林环上《平胡诗》，长达一千二百言。永乐十三年（1415），扈驾北巡，受命充经筵讲官，以音语洪亮清晰，大被宠眷。后病卒于北京，年仅四十，时人惜之。林环工于诗文，作品颇丰，有《絅斋集》二十二卷。他曾经参与永乐十二年（1414）翰林文人《燕山八景》诗倡和活动，其《金台夕照》诗曰：

> 高台曾此置黄金，人去台空碧草深。
>
> 落日未穷千里望，青山遥映半城阴。

---

① 见王绂：《王舍人诗集》卷首，文渊阁《四库全书》本。

雁将秋色来平野，鸦带寒光过远林。
昭代贤才登用尽，不须怀古动长吟。①

这首诗中间两联写景，在不动声色间，透出了浓厚的历史沧桑感。末句转为对现实的歌颂，但并不令读者感到生硬，可见其高超的艺术技巧。可惜林环去世较早，才学未得到充分施展。

① 曹学佺：《石仓历代诗选》卷三百二十五《明诗初集四十五·林环·金台夕照》，文渊阁《四库全书》本。

第五章 审美的追寻：明中期状元文学（上）

第一节 从状元文学看台阁体向茶陵派的过渡

明代中期，台阁体对状元文学依然存在较大影响，不过，台阁体自身也在发生转变。新兴的茶陵派代替了台阁体。茶陵派较台阁体更重视审美，但依然属于馆阁文学的范畴。这一时期的状元文学，政治色彩逐渐淡化，在思想内容上表现为对日常生活的关注，追求心灵的自适，较少宏大叙事；在艺术上更加关注文学的审美属性。本节以正统十年（1445）乙丑科状元商辂、景泰二年（1451）辛未科状元柯潜、成化八年（1472）壬辰科状元吴宽三人为重点考察对象，从他们的文学创作中，不难把握从台阁体到茶陵派的演变轨迹。

一、台阁体的转向：以“三元”商辂为考察中心

正统年间，台阁体的领袖人物“三杨”达到了权力的顶峰，同时台阁体的性质也在悄悄地发生变化。杨士奇曾经反对无关政治的文学活动，虽然他也爱好文学，但至少在口头上，他从来不把文学的审美价值看得过重。但是正统年间，他对文学的态度显然有所转变。正统五年，杨士奇已 74 岁，乞致仕未允，于是与馆阁诸老臣倡真率会，其叙略曰：“世以文学仕，而得入馆阁者鲜，馆阁而得其僚之德同志合又相与，壮老不相违离，尤鲜也。今学士七人，在馆阁或二三十年，或四十年，皆历事四朝，德同志合而以自幸，于是皆老矣。……遂仿唐、宋洛中诸老真率之会，约十日一就阁中小集，酒各随量，肴止一二味，蔬品不拘取，为具简而为欢数也。……顾在坐者，文雅风流，道义相发，如群玉交映，可谓盛矣。而士奇最老，犹厕于列，能无愧乎？因赋近体四韵，且属和章，以备他日馆阁故事云。”① 这种聚会，已不带有任何政治色彩。台阁体的转变，与政治气候的改变是密不可分的。正统年间，王振专权，开明代太监乱政之先河。土木堡之败，英宗被俘，这对明初几代皇帝建立起来的强大皇权而言，是一个沉重的打击。台阁体赖以生存的政治环境逐渐趋于恶化。景泰、天顺年间，景帝与英宗的权力斗争，成为士人阶层的一场政治赌博。状元们身陷政治漩涡，身不由己，只好到文学中求得暂时的放松。皇帝已无意倾听馆阁文人的赞美，文人们也无意发自内心地为

① 焦竑：《玉堂丛语》卷七《恬适》，中华书局 1981 年版，第 232 页。

大明王朝歌功颂德，于是，馆阁文学与政治的关系逐渐疏远，文学因此获得了独立的发展空间。

当“三杨”离开政治舞台的时候，明代科举考试中迎来了第一个同时也是唯一的“三元”。商辂（1414～1486），字弘载，号素庵，浙江淳安人。宣德十年（1435）中浙江乡试解元，正统十年（1445）会试、殿试又接连夺得第一，后官至吏部尚书、太子少保兼谨身殿大学士，卒赠太傅，谥文毅。著有《商文毅疏稿略》、《商文毅公集》、《蔗山笔麈》等。

商辂中状元后，英宗命其进学东阁，以备大用。土木堡之败，英宗被俘，景帝即位。商辂被擢入内阁，升侍读。景泰元年，瓦剌放还英宗，商辂奉命迎英宗于居庸关，升学士。后英宗复辟，商辂被斥为民。英宗去世后，成化三年（1467），商辂始官复原职。成化年间，太监汪直开西厂，屡兴大狱，商辂疏奏汪直十一条罪状，最终使宪宗决定罢西厂。《明史》称商辂“平粹简重，宽厚有容，至临大事，决大议，毅然莫能夺”①。从正统到成化这段时期，政治风云变幻莫测。商辂作为这一时期内阁的重要成员，能坚持自己的政治立场，诚属难能可贵。但是从他的文学创作中，也可以感受到几分忧思。明人尹直《少保商文毅公墓志铭》评价商辂曰：“于书无所不读，为文浑厚雅赡，诗主平淡，不雕刻。”② 金学曾《商文毅公文集序》云：“公于他诗文冲然于中而不甚为藻，泊然于思而不甚为典刿，典雅有则，若清庙之瑟，朱

---

① 张廷玉等：《明史》卷一百七十六，中华书局 1974 年版，第 4689 页。

② 尹直：《少保商文毅公墓志铭》，引自徐纮《明名臣琬琰续录》卷十四，文渊阁《四库全书》本。

弦疏越，一唱而三叹有余音，足以鸣国家之盛矣。”① 这些评价，都仅着眼于商辂诗文所具有的台阁体特征。朱彝尊《明诗综》卷二十四引述李德恢对商辂诗的评价为“太傅诗写性情，雍容雅淡，有陶、韦风”②，则准确地概括出了商辂诗对台阁体的发展。“雍容雅淡”，这既符合商辂本人的性格，也与台阁体的风格相符。而“诗写性情”、“有陶、韦风”，则代表了台阁体新的转向，意味着山水田园诗派的风格开始融入馆阁文学。或许因为商辂是浙江人，越中山水的灵秀，赋予商辂诗文以不同于以往台阁体的内涵，但更主要的原因，还是由于变幻不定的政治风云在商辂内心深处投下了阴影，使他对政治有一种疲倦感，因而更向往到自然山水中去放松心灵。这与之前的台阁体诗人对政治的热情礼赞明显不同。

与真正的山水田园诗人陶渊明、韦应物等不同，商辂的山水诗，有许多是题画诗。山水是商辂诗中最喜欢讴咏的题材，但他身为朝廷重臣，公务繁忙，不可能整天游山玩水，只能靠山水图画来怡情。如五律《题春景山水》：

爱此佳山水，春来景更妍。
四郊青嶂合，孤岫白云连。
地回轮蹄绝，峰危石磴悬。
小桥临曲涧，达浦接平田。
郁郁林间寺，潺潺竹下泉。

① 金学曾：《商文毅公文集序》，见商辂《商文毅公文集》，《四库全书存目丛书》集部第35册，齐鲁书社1997年版，第3页。

② 朱彝尊：《明诗综》卷二十四，文渊阁《四库全书》本。

桑麻凝暮蔼，榆柳绕晴川。
宝殿凌千尺，茅堂敞数椽。
僧归西岭月，渔钓北溪烟。
倒浸沈波塔，闲横古渡船。
楼高平见日，松老不知年。
鸟度浮岚外，鸥飞落照边。
吟筇芳草径，酒旗杏花天。
隔岸闻莺语，开轩待鹤旋。
砌苔深染黛，林籁细鸣弦。
有路通仙境，无尘远市廛。
家山在图画，触目思飘然。①

这首诗一气流转，情文相生。虽然是题画诗，但诗中的景致生动逼真，使人感觉真的置身于山水怀抱中。末句“家山在图画，触目思飘然”，与首句“爱此佳山水”遥相呼应，表达出诗人对山水的深切眷恋。

又如七律《山水二首》(其二)：

云山迭迭树高低，景色苍茫望欲迷。
江上有舟人荡桨，林间无路石成蹊。
柴门昼掩车尘杳，茅屋春来野鸟啼。
昭代征贤勤束帛，高才未许学幽栖。②

此诗感受深细，通篇几乎全是在写景，但写景的同时，情思自然流露。我们不妨将其与前文曾提到的永乐四年（1406）丙

① 商辂：《商文毅公集》卷十，《四库全书存目丛书》集部第35册，齐鲁书社1997年版，第118页。

② 商辂：《商文毅公集》卷十，《四库全书存目丛书》集部第35册，齐鲁书社1997年版，第126页。

戌科状元林环《金台夕照》诗对读，林诗也是融情入景，尾联“昭代贤才登用尽，不须怀古动长吟”在对历史沧桑的感喟中，表达出对现实的由衷赞美。而本诗尾联“昭代征贤勤束帛，高才未许学幽栖”看似对“太平盛世”的赞美，其实却包含着几许无奈。

在商辂笔下，上述这类山水题画诗还有很多。如七律《题山水图》：

山间景物四时同，松柏森森紫翠中。
案上书编闲白日，帘前花影动清风。
小桥静看行人过，野寺遥从曲径通。
辟谷他年如有分，肩舆还拟觅仙踪。①

诗中呈现的那种静谧的氛围，流露出对山林隐居生活的向往，令读者也不禁油然而生出世之思。这从反面折射出当时政治风波的险恶。

商辂对山水是如此向往，甚至连做梦也会梦到山水风景，且看《山水（其二）》：

苍崖万仞高插天，银河直与南溟连。
画工绎思写缣素，天涯地角来笔端。
晴峦晓嶂空翠湿，水色湖光渺无极。
依稀远树含紫烟，隐隐平林带秋色。
梦中忽向君山游，君山一发青如蚪。
觉来披图赋新句，潇湘云梦清气浮。②

---

① 商辂：《商文毅公集》卷十，《四库全书存目丛书》集部第35册，齐鲁书社1997年版，第127页。

② 商辂：《商文毅公集》卷十，《四库全书存目丛书》集部第35册，齐鲁书社1997年版，第119页。

此诗为古体，气魄较为雄豪，表现出商辂性格中刚毅的一面。

商辂还有一些题画兼咏物诗，也非泛泛而作，而是有着深厚的寄托。如《兰蕙图》①：

兰蕙比君子，其德为不孤。
人物虽云异，气味乃匪殊。
托根深林下，不与桃李俱。
妖艳任纷纷，贞姿恒自如。
共言王者香，宜为禁苑居。
一朝移植后，雨露恣沾濡。
芬芳异凡卉，馥郁盈天衢。
采撷足纫佩，把玩堪怡娱。
发舒似迟晚，蠲洁无终初。
谁将幽静意，写此兰蕙图？
对之逐清赏，尘虑焉能纡。
呼童出门巷，止回俗士车。

此诗以兰蕙自拟，颇得陶诗神髓。

商辂的词，亦能体现其审美情趣。如《满庭芳·花朝》②：

鹤径寒烟，燕巢华露，小窗夜雨新晴。竹栏苔砌，寂寂点芳春。屈指春光已半，徒翘首，千里关城云横处，蛮笙戍角，隐隐杂啼莺。　　放衙人乍散，琴抛案牍，酒载郊坰。身世风前絮，更欲何凭。十载邯郸古道，枕中事，暗里魂惊。车茵软尽容酩酊，杜宇任多情。

① 曹学佺编：《石仓历代诗选》卷三百七十九，文渊阁《四库全书》本。

② 《御选历代诗余》卷六十一，文渊阁《四库全书》本。

上阕写春景，同时也表达了对时事的关心。“徒翘首，千里关城云横处，蛮笙戍角，隐隐杂啼莺”，指英宗北征被俘之事。下阕写身世，流露出对官场的疲倦与无奈。

商辂的诗，感情真挚，清新可喜，为台阁体注入了新的生机。只是他没有明确提出自己的文学主张，同时缺乏流派意识，没有利用自己的地位来影响更多的馆阁文人，树立起自己文坛盟主的地位，因此不被后人关注。更主要的原因，恐怕还是与时代有关。复杂的政治环境，没有为馆阁文学创造一个宽松的发展空间，注定商辂的文学创作只是一种私人化写作，不能为明代馆阁文学创造出新局面。

二、茶陵派的先导：以状元柯潜为考察中心

在明代馆阁文人当中，柯潜之所以知名，不仅仅因为他是状元，有着较高的文学成就，曾经担任过李东阳的老师，还因为他在翰林院留下的“柯亭”和“学士柏”，在此后数百年间，成为翰苑风流的象征，折射出那个时代馆阁文人的审美心态。

柯潜（1423～1473），字孟时，号竹岩，福建莆田人。柯潜似乎生来便与诗书有缘，周岁时，家人让他“抓周”，他“一无所顾，惟取书展玩久之，若有所悟者”。他的祖父说：“是儿必以文章大吾门。”① 柯潜童子时就能做诗，15岁时，已经可以写举子程文。当时，知县林廷芳、行人方澥以善于做诗闻名郡中，柯潜经常和他们在一起，尽得其诗中奥妙。正统

① 吴希贤：《中顺大夫詹事府少詹事兼翰林院学士竹岩柯公行状》，见柯潜《竹岩集》附录，文渊阁《四库全书》本。

九年（1444），柯潜乡试中举，因不忍离开父母，未赴会试，携书入莲峰僧舍，继续用功读书。正统十三年（1448），柯潜参加会试，仅中乙榜①，应授教谕之职，柯潜不肯就职，入国子监继续苦读，终于在景泰二年（1451）大魁天下。在翰林院任职期间，柯潜"所与游必斯文，雅谊至倾倒无间，非其类虽达官要人、气焰薰灼，遇之不交一语"②。当时的翰林前辈们都对他赞不绝口。天顺六年，翰林院学士吕原卒，英宗驾御文华殿，与内阁大臣李贤等商议继任人选，李贤首荐柯潜，称其"清德粹文，于今罕俪"③。英宗亦然之，但最终柯潜却未获任命。天顺八年（1464），宪宗继位，柯潜始以侍从恩升翰林院学士。是年三月，有旨选李东阳、吴希贤等18名进士入翰林为庶吉士，命柯潜教以古文。此后，柯潜便一直掌管翰林院，担任教习庶吉士的职务，诚心训迪，造就了不少人才。期间，柯潜曾先后被推荐入阁，任礼部左侍郎等，可惜都没有结果。后柯潜父母相继去世，柯潜居家守制。期间，朝廷有诏起复，欲任命他为国子监祭酒，柯潜疏辞乞终制。孝期未满，便因病去世。有《竹岩集》传世。

柯潜在翰林院以古文教庶吉士，李东阳等人皆出其门下，古文号一时之盛。柯潜的文章峻整有法，无浮词艳藻、佶屈聱牙之习，而风神气格迥出凡近。明人董士宏《竹岩集序》云："昔者刘文安公评论东里、芳洲之文，东里若清庙九室，宝瓒珠罍，陈列就次，元酒黄流迭祼，而可以为古；芳洲若泰山乔

---

① 指会试副榜。陈继儒《见闻录》卷三："往会试各房所取卷，拘于会额，不能尽收者，登之乙榜。"明代中乙榜者，多授教谕之职。

②③ 吴希贤：《中顺大夫詹事府少詹事兼翰林院学士竹岩柯公行状》，见柯潜《竹岩集》附录，文渊阁《四库全书》本。

岳，一翠千里，长冈作郡，短垄作邑，而可以为杰。然则公文其古欤？愚不敢僭评，则反复展玩，而觉其古也，而非迂也；杰也，而非奇也。盖砥躬炳业，体物贲藻，吐之裕如，略无模拟之劳，纤弱之态。倬乎，巨儒之伟撰，宗匠之良规也。”①董士宏将柯潜之文与前期台阁体重要代表杨士奇、陈循的文章加以比较，认为柯潜兼有二人之长，而能避其短。柯潜文章的成就，主要得益于他长期揣摩文艺，学养深厚，故能运笔自如，没有模拟之劳、纤弱之态。当时，在京师有“柯家文章”之称。

柯潜性情高洁，胸次洒落，文如其人。他的《移竹记》②是一篇意味深长的小品文：

> 置小居，植花卉数十品，光翠可人，然犹以无竹为未快，乃就丁仙官与明处移数茎植于轩后，开北窗以临之。又就童内翰大章处移数茎植于轩前，前后相峙，皆当花卉之中。竹之清标雅韵，类大贤君子，他植物宜环拱承顺，无或抗也。移之日，适烟雨霏微，柯叶鲜润，翼日辄扬蕤布绿，欣欣然意若以为托根得所，而予因之涤去凡累，益增旷怀，盖人物两相得也。昔人谓移竹必用辰日，又以五月十三日为醉竹日，移之多蕃殖。以予观之，高山出云而雨泽降，此移竹时也。若必濡滞于日，而适遇旱魃为虐，水涸土焦，几何能蕃殖也？矧士者之居不可一日无竹，方意之所欲得而犹趑趄以待日时，犹欲用贤者旌帛已具而曰

① 董士宏：《竹岩集序》，见柯潜《竹岩集》卷首，文渊阁《四库全书》本。

② 柯潜：《竹岩集》卷下，文渊阁《四库全书》本。

时未可也，姑徐徐云尔，其可乎哉？若夫席珍待聘，进必以时，在贤者不可不自重也。作《移竹记》以自观省，亦欲以闻于操用贤之柄者云。

文中，“竹之清标雅韵”正是作者的自我写照。作者以移竹为喻，批评了“用贤必以时”的陈规旧套，希望当政者能不拘一格任用人才，同时也表达了“在贤者不可不自重”的决心。文章清新自然，不事雕琢，叙事说理，皆有法度。

公事之余，柯潜常偕门人览胜赋诗。他的诗冲淡清婉，近于陶、谢、王、孟。其门人吴希贤称：“先生为人，风度凝远，胸次洒落，故发之诗篇，率清新俊迈，如登千仞之岗，天风飒至，爽气袭人。”① 如《重游松隐岩》②：

海天空阔绝纤埃，此日登临气壮哉。
老树如龙当涧立，流云似马破山来。
闲随野鹤横苔径，又跨天风上石台。
佳境留人归未得，高烧银烛倒金罍。

柯潜曾作《竹岩》诗，诗前有《引》，曰：“余承召将赴阙，赋诗留竹岩中，以谢山灵，使知余进有君命，非酣豢乎富贵者。他日来归，不至却回俗驾尔。且录一卷付之行囊，将朝夕览观，以无忘乎初志也。”③《竹岩》（其二）云：

茅屋经年葺，柴扉镇日开。
竹蕃多迸笋，梅古半生苔。

---

① 吴希贤：《游文峰岩诗稿跋》，见柯潜《竹岩集》附录，文渊阁《四库全书》本。

②③ 柯潜：《竹岩集》卷上，文渊阁《四库全书》本。

窈窕行春径，高寒步站台。

风光有如此，便欲赋《归来》。

柯潜以“竹岩”为号，其别集名为《竹岩集》，在嘉靖间曾经刊行，但传本甚稀，主要以抄本形式流传。《四库全书提要》称：“殆更为后人妄有刊削，弥致散亡；抄录亦多舛误，弥失其真。”① 现存四库全书本《竹岩集》仅三卷，包括诗、文、附录各一卷。集中保存下来的诗歌数量有限，艺术成就也高下不一。不过，可以看出，柯潜在创作这些诗歌的时候，不是站在御用文人的立场上，而是真正把自己作为一名诗人，表现出一种个性化的审美追求，因此其创作大都发自内心，不落蹊径。

柯潜反对“诗必穷而后工”之说。他曾为瞿佑《归田诗话》作序，文中亦申明了这一观点。但柯潜也没有像明初馆阁文人那样，一味推崇台阁之文，贬斥山林之文。他赞赏寄情于山水的态度，称赞瞿佑“晚岁归休故里，自顾其才无复施用于世，乃益肆情于诗，以自娱逸于清湖秀岭烟云出没杳霭之间，浩然与古之达者同归”②。柯潜反对“穷而后工”，体现出馆阁文人的文学立场。但他赞许“肆情于诗”，赞许自娱于山水的生活态度，表明他承认文学的独立地位，主张文学不必依附于政治而存在。这与“三杨”为代表的台阁体作家明显不同。

柯潜对山水、园林发自内心的喜爱，不仅体现在他的文学创作中，也体现在日常生活中。他在担任翰林院学士期间，执

① 永瑢等：《四库全书总目》卷一百七十《集部二十三·别集类二十三·〈竹岩集〉提要》，中华书局1965年版，第1488页。

② 瞿佑：《归田诗话》卷首，中华书局1985年版，前言第3页。

掌院事，将公宇修饰一新，并在翰林院的后花园内构筑清风亭，挖池种荷花，决沟渠引来泉水，公余宴坐其中，“翛然若真登瀛洲者”①。“瀛洲”本是世人对翰林在仕途、政治地位方面的艳羡之词，是一个比喻，柯潜却将它变为生活的真实。清风亭后来被世人称作“柯亭”，与另一位掌院学士刘定之所凿的“刘井”并称，成为翰林院中的著名古迹。柯潜还于翰林院中手植了两株柏树，人称“学士柏”。“学士柏”因李东阳的一首诗而出名。黄佐《翰林记》中载有此事：

> 公署后堂有二柏，亦柯潜所种。潜教庶吉士时，李东阳承诏受业，及东阳复教庶吉士，出《学士柏》为题，汪俊有“一日百匝行树底”之句，怅然感之，因衍为一篇曰：“我行树阴日千匝，雨叶风枝自萧飒。惟有诸生识我情，旁人不解空嘲狎。我见先生种树年，我身尚短树及肩。枝蟠江山地可缩，手斡造化天无权。琼台翠阁何森爽，院柳庭花敢争长。芘荫长留六月阴，盘回直与孤云上。材堪五凤难为用，根到九泉终不枉。零落青袍几故人，琤琮玉佩空遗响。当时院长文安公，柯亭刘井相西东。百年遗爱岂独此，此树欲比人中龙。柏犹如此我何似，已愧斑白非儿童。名收榱桷有先后，寿比金石无终穷。下堂再拜想颜色，仰面正拂长髯风。”于是倡和成卷，以遗潜之子使藏焉。盖潜能汲引后进，令人不忘如此。②

① 吴希贤：《中顺大夫詹事府少詹事兼翰林院学士竹岩柯公行状》，见柯潜《竹岩集》附录，文渊阁《四库全书》本。

② 黄佐：《翰林记》卷二十《学士柏》，见傅璇琮、施纯德编《翰学三书（一）》，辽宁教育出版社2003年版，第283、284页。

李东阳对柯潜的怀念，恐怕不仅仅如黄佐所言，是因为柯潜能“汲引后进”，更主要的原因，还是由于柯潜身上体现的翰苑风流，能够得到李东阳的认同。

柯潜审美的生活态度，是明中期馆阁文人风流自赏的一个缩影。柯潜与前文提到的商辂，诗风都近于古代的山水田园诗派，但二者亦有不同。商辂对山水的向往，主要是出于对政治的疲惫。从正统到天顺年间，围绕皇权展开的政治斗争，令士人颇有无所适从之感。商辂置身于政治漩涡的中心，难免时时会有一种危机感。柯潜是景泰二年状元，虽然也经历了英宗复辟，但柯潜当时政治地位较低，政局的动荡对他影响不大。成化年间，柯潜长期担任翰林院学士。虽然成化年间的政治亦比较黑暗，但至少皇权是稳定的，不至于令士人产生无所依附之感。柯潜对山水、田园的喜爱，体现出一种审美的生活态度。这种审美的态度与政治并无直接关联，但它亦可作为翰苑风流的点缀，进而成为“太平盛世”的象征。至弘治年间，明朝政治进入一段难得的清平时期，史称“弘治中兴”。在柯潜身上体现出来的翰苑风流，遂在李东阳这一辈馆阁文人之中发扬光大，明代馆阁文学由此进入了一个新的高峰，一个以馆阁文人风流自赏、追求艺术化的生活方式为特点的高峰，其标志便是茶陵派的诞生。

继柯潜之后，在茶陵派兴起之前，与李东阳关系密切的状元，还有黎淳、彭教等。

黎淳（1423～1492），字太朴，号朴庵，湖广华容（今湖南华容）人。天顺元年（1457）丁丑科状元，官至南京礼部尚书，卒谥文僖，有《黎文僖公集》。黎淳与李东阳同是湖南籍，有同乡之谊。李东阳年少时曾追随黎淳习举子业。

黎淳重视道德修养，为文提倡孟子的“知言养气”说。黎淳的教导，对李东阳步入仕途有很大帮助，但与茶陵派的形成关系不大。

彭教（1438～1480），字敷五，号东泷，江西吉水人。天顺八年（1464）甲申科状元，官至侍讲学士，有《东泷遗稿》存世。彭教与李东阳为同榜进士。该科同年进士、同在翰林者，曾结成“翰林同年会”，每逢节庆，轮流作东，定期聚会，且每会必有诗。这为后来茶陵派的形成起了铺垫作用。彭教诗风豪宕，但多率意之作，与李东阳的诗风不尽相同。他去世较早，政治影响和文学影响都不大。

三、茶陵派的中坚：以状元吴宽为考察中心

弘治、正德年间，李东阳主盟文坛，茶陵派兴盛一时。这一时期与茶陵派领袖李东阳关系密切的状元，主要有吴宽、谢迁、钱福等。其中，对茶陵派贡献最突出者，首推吴宽。

吴宽（1435～1504），字原博，号匏庵，直隶长洲（今江苏苏州）人。成化八年（1472）壬辰科会元、状元。官至礼部尚书，卒赠太子太保，谥文定。有《匏庵集》。

吴宽与馆阁前辈柯潜有相似之处。两人都行履高洁，以文学见长，身负天下重望，却未获柄用。同时，他们都始终保持着一种审美的生活态度。焦竑《玉堂丛语》记载，吴宽“在翰林时，于所居之东，治园亭，莳花木，退朝执一卷，日哦其中。每良辰佳节，为具召客，分题联句为乐，若不知有官者”①。朱彝尊《静志居诗话》卷八记载：“匏庵与沈启南、

① 焦竑：《玉堂丛语》卷七《恬适》，中华书局1981年版，第233页。

史明古衿契最深，车马簦笠，往还无倦。其诗亦足相敌。在都门关东园筑玉延亭，留客园中，草木莫不有诗。吏部后园亦为扫除，栏药槛花，暇必酬和，极友朋文字之乐。余尝见公家遗书。偶有流传者，悉公手录，以私印记之。”朱彝尊并且感叹：“前辈风流，不可及也。”①

吴宽从小便有文学天赋，当同辈汲汲于举业的时候，吴宽却博览群书，在古文方面取得了较高的造诣。吴宽参加应天乡试屡次不中，三十多岁后，入太学为贡生，从此决意仕进，专攻诗文，不肯复应举。当时的许多名流都对吴宽十分器重。如武功伯徐有贞高迈少许可，折节与交，认定吴宽为“馆阁器也”。御史陈选时督学南畿，苦劝吴宽应试，吴宽不得已从之，结果乡试名列第三。成化八年（1472）春，吴宽进京参加会试。他听说李东阳将要回故乡湖南扫墓，于是托人将一首诗转赠李东阳，诗曰：

京华旅食变风霜，天上空瞻白玉堂。
短刺未曾通姓字，大篇时复见文章。
神游汗漫瀛洲远，春梦依稀玉树长。
忽报先生有行色，诗成独立到斜阳。②

这首诗或许含有请求李东阳引荐之意，但更多的是文字之交。吴宽在诗中写自己久仰李东阳之名，却无缘相会，因而感到不胜怅惘。吴宽比李东阳年长12岁，但入仕要晚得多。李东阳19岁便考中进士，这一年，李东阳年方26岁，

① 朱彝尊：《静志居诗话》卷八，见《明代传记丛刊》第8册，明文书局1991版，第702页。

②② 李东阳：《麓堂诗话》，中华书局1985年版，第23页。

任职于翰林院，官阶为从六品。李东阳对吴宽此诗大为叹赏，并在离京之前，将其朗诵给同年好友、天顺八年（1464）甲申科状元彭教听。彭教是这一年的会试考官，李东阳以开玩笑的语气对他说：“场屋中有此人不可不收。”彭教也久闻吴宽的诗名。果然，吴宽这一年在会试、殿试中连拔头筹。

李东阳对吴宽的诗评价颇高，称其“浓郁深厚，自成一家，与亨父、鼎仪①皆脱去吴中习尚，天下重之”②。关于吴宽诗的风格，李东阳概括为“浓郁深厚”，主要是针对“吴中习尚”而言。只有脱去“吴中习尚”，才能接近馆阁文风。与吴宽齐名的馆阁文人王鏊，亦称吴宽“为诗用事，浑然天成，不见痕迹，沉着高壮，一洗近世纤新之习”，与李东阳的观点相近。这一观点，也得到后世不少人的认可。如明人朱承爵在其《存余堂诗话》中称：“吴文定诗歌尚浑厚，琢句沉着，用事贴切，无漫然嘲风弄月之语。”③并举《雪后入朝》一诗为例：

天门晴雪映朝冠，步涩频扶白玉栏。
为语后人须把滑，正忧高处不胜寒。

---

① “亨父、鼎仪”，指张泰、陆釴，两人均与李东阳为同年进士，《明史·列传第一百七十四·文苑二》有传：“张泰，字亨父，太仓人。陆釴，字鼎仪，昆山人。陆容，字文量，亦太仓人。三人少齐名，号‘娄东三凤’。泰举天顺八年进士，选庶吉士，授检讨，迁修撰。为人恬淡自守，诗名亚李东阳。弘治间，艺苑皆称李怀麓、张沧洲，东阳有《怀麓堂集》，泰有《沧洲集》也。釴与泰同年进士，殿试第二。授编修，历修撰、谕德。孝宗立，以东宫讲读劳，进太常少卿兼侍读，得疾归。泰、釴皆早卒。”

②③ 朱承爵：《存余堂诗话》，中华书局1985年版，第12页。

饥鸟隔竹餐应尽，驯象当庭蹈又残。

莫向都人夸瑞兆，近郊或恐有袁安。

朱承爵称赞此诗“爱君忧国、感时念物之情，蔼然可掬”①。应该说，上述观点，确实能概括吴宽一部分诗的风格。不过，吴宽终究未能摆脱馆阁习气，其《匏庵集》中也有不少思想内容较为单薄的应酬之作。他的大部分诗，仍以闲雅为特色。王世贞站在复古派的立场上，曾经对吴宽的诗表示了不满，他在《艺苑卮言》中说：“吴匏庵诗如学究出身人，虽复闲雅，不脱酸习。”② 在《明诗评》卷三中也评论道：“文定（指吴宽）力扫浮靡，一归雅淡，诗如杨柳受风，煦然不冽；又如学究论天下事，亹亹竟日，本色自露。”③ 王世贞的说法也并非毫无道理。在馆阁文人看来，吴宽的诗或许可以称得上“浓郁深厚”、“沉着高壮”，但是在以“前七子”、“后七子”为代表的复古派看来，吴宽的诗风与他们追求的那种盛唐气象还是有一定差距的。

我们更关注的是吴宽与茶陵派的关系。李东阳称吴宽的诗“自成一家”，也主要是针对“吴中习尚”而言，并非否认吴宽与茶陵派的关系。要弄清这一点，首先必须对茶陵派有所了解。

关于茶陵派是否是一个真正存在的文学流派，学界曾存在争议。为此，首先必须弄清流派的定义：“流派分为两种：一

---

①　朱承爵：《存余堂诗话》，中华书局1985年版，第12页。

②　王世贞著、罗仲鼎校注：《艺苑卮言校注》，齐鲁书社1992年版，第258页。

③　王世贞：《明诗评》卷三《吴文定宽》，见《明代传记丛刊》第8册，明文书局1991年版，第62页。

种是由文学社团发展而成的流派；一种则是在一个或几个代表作家的吸引下，形成了一个具有共同创作风格的作家群，研究者据以归纳出的文学流派。无论是由文学社团发展而成，还是由研究者归纳而成，其成立标准其实是大体一致的，即必须具备三个要素：流派统系、流派盟主（代表作家）和流派风格。”① 在两种流派中，茶陵派显然属于后者。

茶陵派是一个客观存在的文学流派，但它不是以地域命名的流派，而是以代表作家命名的流派。茶陵在此处主要是代指李东阳。李东阳为湖广茶陵人，但他在京城长大，很少回茶陵老家。他的师长当中虽然有湖广籍状元黎淳，但只是在举业方面对他有所帮助，对他后期文学观念的形成并无太大影响。因此，所谓茶陵派，是指团结在李东阳周围的一批馆阁文人。一般将李东阳的《麓堂诗话》视为茶陵派的文学理论纲领。茶陵派作为一个流派，有两个主要的参照系：一个是在它之前的以“三杨”为代表的台阁体，另一个是在它之后的复古派。茶陵派与之前的台阁体的主要共同点，在于它们都属于馆阁文学；主要区别在于，茶陵派有更大的包容性，如台阁体是排斥山林气的，而茶陵派对山林气的态度，则是以友好平等的态度对待山林气。

茶陵派有一个形成的过程，在此过程中，它表现出了较大的兼容性，来自不同地域的作家甚至不同风格的作家，都可以加入这一群体，并自觉不自觉地受到李东阳的影响。从地域来看，茶陵派中，有不少来自吴中地区的文人，如张泰、陆钎、

---

① 陈文新：《中国文学流派意识的产生和发展》，武汉大学出版社2007年版，第9页。

吴宽、钱福等。他们有一个共同的特点，即都是鼎甲或庶吉士，得以进入翰林苑，从而具有馆阁作家的身份。张泰、陆钛、吴宽等人都很好地融入了馆阁作家群，因而都可以视为茶陵派的成员。钱福虽然一度进入了这个圈子，因为不改吴中文人的习气，最终被摒斥在外。

焦竑《玉堂丛语》称："吴文定公忠信弘厚，全德不可胜纪。……吴公为人静重醇实，自少至老，人不见其过举。不为慷慨激烈之行，而能以正自持。遇有不可，卒未尝碌碌苟随。言词雅淳，文翰清妙，无愧士人。成、弘间，以文章德行负天下之望者三十年。然位虽通显，而迄不得柄用，天下惜之。"①虽然不得柄用，但吴宽"无愧士人"，得到馆阁文人的认可和推崇，这是无可置疑的。

陈子龙《明诗选》卷二云："文正（指李东阳）网罗群彦，导扬风流，如帝释天人，虽无宗派，实为法门所贵。"②陈子龙这句话的意思，表面上似乎不承认茶陵派的存在，但"帝释天人"、"法门"等语已暗示李东阳为教主，承认这个流派是客观存在的。同时，也可以从这句话看出茶陵派的兼容性。回过头来，再看李东阳称吴宽之诗"自成一家"，也就不难理解了。

吴宽虽然不能算是李东阳的门人，但他步入仕途，李东阳也有引荐之功。李东阳虽然比吴宽年轻十余岁，但入仕却早了九年，他对吴宽而言，是亦师亦友的关系。后世也多承认吴宽

① 焦竑：《玉堂丛语》卷一《行谊》，中华书局 1981 年版，第 11、12 页。

② 陈子龙辑：《皇明诗选》卷二，明刻本。

是茶陵派的重要羽翼。如《四库全书总目》称吴宽“以之羽翼茶陵，实如骖之有靳”①。陈田《明诗纪事》称“匏翁诗，体擅台阁之华，气含山川之秀，冲情逸致，雅制清裁，是时西涯而外，当手屈一指”②。陈田指出吴宽的诗有自己的特点，但他依然将其与李东阳并论，可见还是承认吴宽属于“西涯一派”。

与诗相比，吴宽的文章似乎更受好评。王鏊序其文集曰：

独念公生颇好苏学，其于长公每若数数然者。及其自著乃独异焉，纡余（徐）有欧之态，老成有韩之格，信其学力之至自得者，深乎其所养可知已。明兴作者代起，独杨文贞公为之最，为其醇且则也。公之文视文贞，吾未知所先后。位亦显矣，使获当路于时其功业岂少哉？议者至今惜焉，而公之所以自托于不朽者，固自有在，又何待于外者欤。③

王鏊将吴宽之文与杨士奇之文相提并论，可谓推崇备至。

上述评论，都把吴宽作为成化、弘治年间馆阁文章的重要代表。李东阳注重辨体，尤其重诗、文之辨。在诗、文之辨的过程中，更侧重对诗歌美学特征的把握。因此，李东阳的成就主要还是表现在诗的创作方面，而吴宽在文这一方面恰好可以弥补李东阳的某些不足。

---

① 永瑢等：《四库全书总目》卷一百七十一《集部二十四·别集类二十四·家藏集七十七卷（两淮盐政采进本）》，中华书局1965年版，第1493页。

② 陈田撰：《明诗纪事》丙签卷三，《明代传记丛刊》第13册，明文书局1991年版，第394页。

③ 见吴宽：《家藏集》原序，文渊阁《四库全书》本。

从商辂到柯潜再到吴宽，从这三位状元身上，不难把握正统至成化年间明代馆阁文学的发展脉络以及从台阁体到茶陵派的演变过程。概括起来，大体有以下几点：

首先，政治环境的影响。商辂所处的时代，政治环境最为复杂，导致了馆阁文学一度走向低迷，并在低迷中摆脱政治束缚，开始关注审美。柯潜所处的时代，政治稍稍稳定，翰苑风流渐成习尚。吴宽从政的大部分时期在弘治中兴时期，馆阁文学经过长期的酝酿，在李东阳的倡导下，迎来了继以“三杨”为代表的台阁体之后的第二个高潮。

其次，馆阁气与山林气的调和。正统之前，山林之文往往遭到馆阁文人的贬斥，而随着政治环境的改变，山林之文的地位也在逐渐提高。商辂的山水题画诗，已开始沟通馆阁文学与山林文学。柯潜则进一步转向自然山水，滋养心灵，润濡诗笔。成弘时期，山林气已得到馆阁作家的正式认可。如李东阳《倪文僖公集序》称：

> 馆阁之文，铺典章，裨道化，其体盖典则正大，明而不晦，达而不滞，而惟适于用。山林之文，尚志节，远声利，其体则清耸奇峻，涤陈[illegible]冗，以成一家之论。二者，固皆天下所不可无，而要其极，有不能合者。①

李东阳指出馆阁之文的优点是“适于用”，而“山林之文”则可以“成一家之论”，更能体现作家的创作个性。他虽然也指出馆阁之文与山林之文“有不能合者”，但认为那只是一种极致的情况。可见，在一般情形下，台阁之文与山林之文还是有

① 李东阳著、周寅宾点校：《李东阳集》第二卷《文前稿·卷之九·倪文僖公集序》，岳麓书社1984年版，第128页。

调和的余地的。其《麓堂诗话》亦云：

> 秀才作诗不脱俗，谓之“头巾气”；和尚作诗不脱俗，谓之“馂馅气”；咏闺阁过于华艳，谓之“脂粉气”。能脱此三气，则不俗矣。至于朝廷典则之诗，谓之“台阁气”；隐逸恬澹之诗，谓之“山林气”，此二气者，必有其一，却不可少。①

同时，李东阳承认台阁气也有不足之处：

> 作山林诗易，作台阁诗难。山林诗或失之野，台阁诗或失之俗。野可犯，俗不可犯也。盖惟李、杜能兼二者之妙。若贾浪仙之山林则野矣；白乐天之台阁则近乎俗矣。况其下者乎？②

陈田《明诗纪事》称吴宽的诗“体擅台阁之华，气含山川之秀，冲情逸致，雅制清裁”③。可见，吴宽作为茶陵派的中坚力量，其诗中亦吸收了山林诗的养分。要之，馆阁气的长处在于“雅”，山林气的长处在于“清”，而明中期的馆阁文人对“清”、“雅”的追求往往是同步进行的。这体现出馆阁文学从重视实用到重视审美的转向。

第二节　台阁体与茶陵派之外的状元文学

在明中期，有些状元虽然具有（或者曾经具有）馆阁文人的身份，但其创作有较为鲜明的个性，表现出不同于台阁体

---

① 李东阳：《麓堂诗话》，中华书局1985年版，第14页。

② 李东阳：《麓堂诗话》，中华书局1985年版，第17、18页。

③ 陈田撰：《明诗纪事》丙签卷三，《明代传记丛刊》第13册，明文书局1991年版，第394页。

或茶陵派的审美趣味，值得注意。如：成化五年（1469）状元张昇，用明白晓畅的文笔用心地记录日常生活，在一定程度上弥补了馆阁文学思想内容的单薄；弘治三年（1490）庚戌科状元钱福作为吴地文人，不改其本色，与馆阁文化发生了激烈碰撞；弘治十五年（1502）壬辰科状元康海，则高举复古主义的大旗，有意识地向馆阁文学发出挑战。在他们的创作中，体现出更为多样化的审美主张。

一、状元张昇：日常生活与馆阁文学的结合

明初流行的台阁体文风，之所以招致后人批评，除了艺术上的平庸外，思想内容的单薄也是重要原因之一。明代中后期，茶陵派从艺术上、复古派从思想和艺术两方面对台阁体加以纠正。但台阁体的内容依然没有大的改变。张昇作为馆阁文人中的一员，其作品在内容方面呈现出了与其他馆阁文人不同的面貌。

张昇（1442～1517），字启昭，号柏岩，江西南城人。从青年时代起，张昇就已经养成了细心记录生活的习惯。成化五年（1469），张昇28岁，进京参加会试。他以诗较为完整地记录了这段经历，如七言律诗《到京》、《腊月二十五日朝见》、《礼部》、《三场毕》、《谒城隍庙》、《观榜》、《听传胪》、《赐冠服》、《琼林宴》、《释菜》、《入翰林》、《玉堂燕会》等。诗的内容都是写他内心的感受，如《三场毕》，诗中洋溢着自信①：

---

① 张昇：《张文僖公诗集》卷一，见《四库全书存目丛书》集部第40册，齐鲁书社1997年版，第28页。

三月鱼龙变化多，文章鏖战意如何？
尘中兵甲三摩垒，天下英雄一倒戈。
他日策勋归庙算，今宵凯旋奏铙歌。
蟾宫坐待春消息，青鸟衔花特地过。

张昇为官刚正不阿。弘治年间，他曾上疏弹劾首辅刘吉十大罪状，被刘吉陷害，调往南京任工部员外郎。直到刘吉事败，张昇才官复原职，累迁至礼部尚书。正德年间，张昇得罪太监刘瑾，谢病辞官，武宗不准。后卒于任，赠太子太傅，谥文僖。有《张文僖公集》（又名《柏崖集》），包括文集十四卷，诗集二十二卷，作品数量相当可观。其中，也有不少应酬之作。邵宝《张文僖公集序》：

乌乎，文之难言久矣。君子操椠肆笔，孰不志于行远哉，往往仅得百一焉。抑有由也。是故有才而无学则陈而弗稽，有学而无识则择而弗鉴，有识而无气则发而弗充，有气而无法则御而弗范。才出于天，学成于人，识与气固如其才，然可养也。学则有法，参而稽之，会而通之，亦存乎人。具是数者，则文于是乎成。有不为，为则必传，传则必远。固然莫之遏也。然台阁山林，同词异体；学士政人，同体异致。兼之难，兼而各底其所尤难。乌乎，文之难言久矣。公少禀隽敏，壮登大廷，魁天下士。既入翰林，好学弗倦，自诸经至子史群籍罔不淹贯。识与年俱，气益昌衍，从容矩度，大肆厥辞，盖自讲筵敷对、史馆纂叙，以及礼官奏复，凡几大议论，几大述作。而铭功撰德，施之公卿，稽典陈义；施之僚佐，志事述情；施之朋友，发难折衷；施之门人弟子，以至题咏赓酬，闲情逸趣；施之江湖乡曲者亦在在有之。人之所谓难者，公弗有

> 焉。集是以若是富也。其传也，吾知其远也。①

邵宝一上来就对才学与文章的关系大发议论，文中也称赞了张昇“自诸经至子史群籍罔不淹贯”，似乎张昇文章也是以才学见长的。其实不然，《四库全书总目》便曾指出“昇立朝颇著风节，而其文多应酬之作。末附《瀛涯胜览》及《北行录》、《西行录》，皆缕述见闻，无所考证”②。《四库全书总目》对张昇创作的主要批评，就是“无所考证”，即缺少学问。我们则更加关注“缕述见闻”一语。饶有兴趣地关注生活中一切新鲜事物，在平凡中发现美，用饱满的热情真实地记录生活，这是张昇作品一大特点，也是他对台阁文体的一个重要突破。例如张昇的《瀛涯胜览》自序云：

> 永乐中有人随从太监郑和出使西洋，遍历诸国，随所至辄记其乡土风俗、冠服物产，日久成卷，题曰《瀛涯胜览》。余得之，翻阅数过，喜其详赡足以广异闻，第其词鄙朴不文，亦牵强难辨，读之数页，觉厌而思睡。暇日乃为易之词，亦肤浅，贵易晓也。③

《瀛涯胜览》，可以视为地理著作，也可以视为游记或“小说家言”。张昇觉得原作“其词鄙朴不文”，亲自操笔润色，但也是“亦肤浅，贵易晓”，表明他不是在卖弄才学，故作高

① 张昇：《张文僖公文集》卷首，《四库全书存目丛书》集部第39册，齐鲁书社1997年版，第503～505页。

② 永瑢等：《四库全书总目》卷一百七十五《集部二十八·别集类存目二·〈张文僖公文集、诗集〉提要》，中华书局1965年版，第1561页。

③ 张昇：《张文僖公文集》卷十二，《四库全书存目丛书》集部第39册，齐鲁书社1997年版，第680页。

深。“亦肤浅，贵易晓”，正与馆阁文学“不事雕刻”的特点相通。

再看张昇的《西行记》①，这是一部日记性质的作品，记录他奉使册封隰川王妃行礼的经历。其中虽然有不少流水账一般的记录，但也有优美的风景描写，有风土人情的记载。而在返京途中，他得到其子病危的消息后，那种归心似箭的心情，在文中更是表现得真切感人。

张昇主张为文要有真情实感。他在《大司空常熟程公挽诗序》中指出：

> 挽诗之作，其权舆于古《执绋》之歌欤？厥后又分为《薤露》、《蒿里》，而作者始盛。然亦未有盛于近时也。环天下自王公卿大夫至于庶人，死则辄有挽歌，虽妇人女子亦与焉。为子者诿以显亲为名，务求富其篇帙，以振耀人耳目。作者应酬之不暇，初不计其情谊之何如也。甚而殊乡异域声迹不相涉者亦应之。是何挽歌之盛耶？死者果德足以范世、才足以济时、学卒以律后、名足以动人，而挽之者果出于景仰之深、发于哀感之实、生于亲交之笃，若是者宜也其诗存于彰美而孚众，使天下后世因其名而传于远，诗不为无补。不然，则伪也，非信也……要之非绋歌之遗意也。②

在《拙叟方先生挽诗序》等其他序文中，他也一再申明上述观点。身处于那个时代，张昇也免不了要写一些应酬之作，但

① 张昇：《张文僖公文集》卷十四，《四库全书存目丛书》集部第39册，齐鲁书社1997年版，第696～702页。

② 张昇：《张文僖公文集》卷二，见《四库全书存目丛书》集部第39册，齐鲁书社1997年版，第524页。

他内心对此其实是有所不满的。

邵宝《张文僖公集序》中提到“台阁山林，同词异体；学士政人，同体异致”①，意思是台阁文人和山林文人的笔下会呈现出不同的风格，而学士和政要同属台阁文人，也有不同的情趣。邵宝认为张昇能够兼有台阁、山林、学士、政人之所长。这样说固然有其道理，不过，换一种说法或许更为恰当，即张昇在创作中淡化了台阁、山林、学士、政人的身份色彩，呈现出的是一个真实的自我。对“真”的追求，是张昇作品的价值所在。

二、状元钱福：吴地文化与馆阁文化的碰撞

钱福（1461～1504），字与谦，号鹤滩，直隶华亭（今上海松江）人，明弘治三年（1490）庚戌科会元、状元，在翰林院供职三年，后告假归乡，中遭父丧，居乡四年。弘治十年（1497），翰林院考核属官，钱福因言行不谨遭到罢免。这在翰林官员中是极为罕见的情形。此后，钱福愈加放浪形骸，又七年而亡。钱福生前以文思敏捷著称，为文多不属稿，故诗文多散佚，后人辑有《鹤滩稿》六卷。其人其文，与同时代而晚出的唐寅极为相似。就吴文化与馆阁文化的关系而言，钱福是一个颇具典型意义的人物。

钱福的家乡松江府华亭县，今属上海。“海派文化”从吴地文化中分离，取得独立地位，是晚清的事。在明代，松江府与苏州府同属南直隶管辖，两地相距不远。苏州府是吴文化区

① 张昇：《张文僖公文集》卷首，见《四库全书存目丛书》集部第39册，齐鲁书社1997年版，第504页。

的中心，松江府也是吴文化区的一部分。明清时期是吴地文化的鼎盛时期，在清代科举考试中，苏州素有“状元之乡”的美誉。明代吴地状元也很多，只是不如清代那样突出，且多集中在晚明时期。明代成化之前，科举考试主要是江西和福建两省的天下，吴地状元还不多。

上述情形并非偶然，而是明初统治者对吴文化的刻意打压、排斥的结果。元末明初，吴中文坛取得了引人注目的成就，涌现出杨维桢、吴中四杰、袁凯等一批优秀诗人。《明史》卷二八五《文苑传》云：“明初，文学之士承元季虞、柳、黄、吴之后，师友讲贯，学有本原。宋濂、王袆、方孝孺以文雄，高、杨、张、徐、刘基、袁凯以诗著。”① 所列举的诗人大部分是吴中文人。吴中地区在元末处于张士诚集团的统治之下，张士诚优待文人，颇受当地士人拥戴。明朝建国后，朱元璋便将吴地文人作为重点打击的对象。高启被腰斩，袁凯佯狂避祸，都是典型的例子。②

钱福是松江自唐宋以来的第一位状元，而明代整个吴文化区的状元，在钱福之前仅有两位，一位是正统四年（1439）己未科状元施槃，直隶吴县（今江苏吴县）人；另一位是成化八年（1472）壬辰科状元吴宽（1435～1504），直隶长洲（今江苏苏州）人。从馆阁文人的构成看，在成化之前，明代馆阁一直不乏吴地文人的身影，但很少占据主导地位。一般来说，吴中文人更注重文学的审美特性。明初，

① 张廷玉等：《明史》卷二八五《文苑传》，中华书局1974年版，第7307页。

② 参见廖可斌：《复古派与明代文学思潮》，台湾文津出版社1994年版，第63页。

吴地状元较少，与当时重理学、轻文学的风气有关。永乐七年，来自吴地的馆阁文人王璲①与太子切磋诗艺，曾招致台阁体代表人物杨士奇的批评，事见杨士奇《三朝圣谕录·永乐二》。杨士奇是江西人，受"文以载道"思想的影响较深，以他为代表的台阁文风对文学的审美价值有所忽视。正统四年(1439)，23岁的施槃在殿试中夺魁，这是吴地的第一位状元。施槃诗文逼古人，深受当时台阁领袖之一杨溥的器重。《续吴先贤赞》称其"少落拓，宽博衣冠游里中，人多谓之狂生。从博士弟子诵学，而亦好为诗，故时诗近俚，犹有闺门衽席意"②。施槃身上，吴中文人的习气比较明显，本来可能会造成吴中文学与馆阁文学的一次有力碰撞，但他中状元一年后便去世了。天顺元年（1457），吴县人徐有贞③因拥立英宗复辟有功而得以入阁，被封为武功伯，对促进吴中文学融入馆阁文学起了重要作用，许多吴中地区的后进文人都受到徐有贞的影响。天顺八年（1464）甲申科，昆山人陆釴夺得榜眼，太仓人张泰也取得高第，被选为庶吉士，他们与后来的馆阁文人领袖李东阳为同榜进士。成化八年（1472），长洲人吴宽在会试、殿试中均取得第一，成为来自吴中地区的第二名状元。李东阳对吴宽、张泰、陆釴的文学成就颇为推重，称吴宽的诗

---

① 王璲（？~1425），字汝玉，长洲人。永乐初以荐举任五经博士，永乐七年（1409）任赞善兼编修。

② 刘凤：《续吴先贤赞》卷一《施槃》，见《明代传记丛刊》第148册，明文书局1991年版，第356页。

③ 徐有贞（1407~1472），原名珵，字符玉，南直隶吴县人。宣德八年（1433）进士，选翰林院庶吉士，天顺元年（1457）入阁，晚遭屏废，归田里，放浪山水十余年而卒。

"浓郁深厚，自成一家，与亨父、鼎仪皆脱去吴中习尚，天下重之"①。成化十一年（1475），吴县人王鏊②又以会试第一、殿试第三的成绩进入翰林院任编修。王鏊以道德、文章为时所重。陆深《北潭稿序》称，有明一代之文莫盛于成化、弘治之间，"若李文正公宾之、吴文定公原博、王文恪公济之，并在翰林，把握文柄，淳庞敦厚之气尽还，而纤丽奇怪之作无有也"③。可见，在钱福入仕之前，吴中文人已经成为馆阁文人的一支重要力量。万历间袁宏道说："苏郡文物，甲于一时。至弘、正间，才艺代出，斌斌称极盛，词林当天下之五。"④"词林"主要指翰林院，这句话也说明了当时吴中文人在馆阁文化中占据的重要地位。不过，吴中文人得以融入馆阁文化，有一个前提，即"脱去吴中习尚"。晚明状元文震孟在《姑苏名贤小记·小序》中提到："当世言苏人，则薄之至用相排调，一切轻薄浮靡之习，咸笑指为'苏意'。"⑤ 所谓"吴中习尚"，大概就是指"轻薄浮靡之习"，同时也包括了文人狂放傲诞的个性在内。

钱福生活于成化、弘治年间，当时以李东阳为代表的茶陵派兴盛一时，形成继"三杨"之后馆阁文学的又一次高潮。

---

① 李东阳：《麓堂诗话》，中华书局1985年版，第23页。

② 王鏊（1450～1524），字济之，南直隶吴县（今江苏苏州）人。成化十一年廷试第三名，授编修。正德时官至户部尚书、文渊阁大学士。

③ 陆深：《俨山集》卷四十，文渊阁《四库全书》本。

④ 袁宏道：《叙姜陆二公同适稿》，见《袁中郎全集·袁中郎文钞传记》，世界书局1935年版，第7页。

⑤ 文震孟：《姑苏名贤小记》，见《明代传记丛刊》第148册，明文书局1991年版，第3页。

茶陵是湖南省的一个地名，但茶陵派并非一个地域性的文学流派，而是以李东阳籍贯命名的、以京师为活动中心的文学流派，其成员大都是李东阳的同僚好友或门人弟子，以翰林院和内阁成员为主。钱福曾先后师从杨一清（1454～1530）、李东阳（1447～1516）等，并以状元身份进入翰林院，是茶陵派的重要成员之一。杨一清与李东阳过从甚密，亦被视为是茶陵派成员之一。杨一清，字应宁，号邃庵，又号石淙，云南安宁人，后来官至首辅。杨一清少时曾经以神童的身份与李东阳一起在翰林院读书，于成化八年中进士，成化十一年起任中书舍人，公余招徒授学。成化十四年（1478），17 岁的钱福随父亲来到京城，师从杨一清。杨一清对钱福十分赏识，称“此子数年后当有文名”①。

成化二十二年（1486），钱福参加应天乡试中举，次年在会试中落榜。他没有作返乡的打算，而是留在京中，投入李东阳门下。李东阳当时任翰林院侍讲学士，丁父忧闲居在家。钱福初次谒见李东阳时，李东阳命他作一篇《司马温公赞》。钱福提笔立就，文中有“拔茅连茹，公之在朝；青苗变法，公之在野。公之再起，是为元祐；公之云亡，是为靖康”等语，李东阳大加称赏，认为这几句话精当地概括了北宋王朝的治乱，并向自己的好友谢迁等人极力推荐钱福，称其有抡魁之才，后来钱福果然高中状元。

钱福能夺取状元，与其为文工于法有关。万历二十九年

① 乔白岩：《翰林院修撰与谦钱君墓志铭》，钱福《钱太史鹤滩稿》卷末，北京图书馆藏明万历三十六年沈思梅居刻本，《四库全书存目丛书》集部第 46 册，齐鲁书社 1997 年版，第 271 页。

(1601) 辛丑科状元、钱福的同乡张以诚为钱福文集作序，曰："（钱福）初谒李西涯相公，试《司马温公赞》，见者以为西涯所作。西涯于是时老矣，先生以少年能乱其手笔，非工于法能之乎?"① 馆阁文人经常要写一些公文和应酬文字，为文简整有法，是馆阁文人必备的素质。在"文"的方面，吴文化与当时的馆阁文化并不矛盾。以李东阳为代表的茶陵派这一代馆阁文人，比他们的前辈——以"三杨"为代表的台阁体文人，更加注重"文"。在任翰林修撰期间，钱福也曾作为李东阳的门人，被后人视为茶陵派的成员之一。但是馆阁文人看重的不仅是"文"，还有"道"。吴地文人要想融入馆阁文化圈，光凭"文"还不行，还要"脱尽吴中习尚"，不可恃才傲物。吴中文人王鏊是与钱福齐名的明代时文大家，并称"钱王"。他在《震泽长语》中记载了这样一件轶事：

庚戌会试，公与汪伯谐学士为主考，余为同考。一夕余送卷至堂，汪对余谓："公日来不怡。"某问："何也?"汪曰："以不得好卷。"既而曰："公昨梦人馈一大钱，何也?"某曰："昔人谓'文如青钱，万选万中'。其有异卷乎?"汪曰："公又梦人馈黄牡丹三大本，何也?"余未有以应。时钱福有名场屋，某退而思之，大钱之兆，其在福乎? 独牡丹之说未得。杨介夫曰："此亦福之兆也。不闻'洛阳相君忠孝家，可怜亦进姚黄花'为钱惟演故事乎?

---

① 张以诚：《钱鹤滩先生文集序》，见钱福《钱太史鹤滩稿》，北京图书馆藏明万历三十六年沈思梅居刻本，《四库全书存目丛书》集部第46册，齐鲁书社1997年版，第52页。

斯人也，高科兆矣，而非端士。”是科会试、殿试，福皆第一，而不克终。①

王鏊把钱福比作宋代的钱惟演，认为他品行不端。其事类于小说家言，不尽可信。不过，也可以看出时人对钱福的评价，即文才出众，“而非端士”。钱福后来在翰林院中遭到排挤，并非偶然。

钱福的“不端”，主要表现在他不懂官场为是非之地，需谨言慎行。他性格坦荡豪爽，经常饮酒至醉，颓然自放，不可绳以法度。醉后放言无忌，得罪了不少人。《鹤滩先生纪事》记载：

与谦与杨碧川同为修撰，有言某人为文自叙家世宦学遭逢之盛者，与谦曰：“犹吾碧川之于镜川也。”碧川色变，而与谦不知。及考察，碧川方署院事，佥议已定，而以谂徐谦斋。谦斋曰：“此吏部事，何问我为？”实不然之词也，而遂成以决计。盖当是时，诸公多不乐与谦，谦斋虽惜之，而众论不可夺。与谦犯碧川事得之石熊峰。及命下，碧川于东阁扬言：“如此人不去不可，去之又损衙门。”江侍读文澜以下皆勃然不答，知事出此公非谬。②

钱福一句戏言，葬送了他的前程。文中提到的杨碧川（1436～1512），名守阯，字维之，号碧川，浙江鄞县人，成化十四年

① 王鏊：《震泽长语》卷下《梦兆》，商务印书馆1937年版，第48页。

② 见钱福：《钱太史鹤滩稿》卷首，北京图书馆藏明万历三十六年沈思梅居刻本，《四库全书存目丛书》集部第46册，齐鲁书社1997年版，第58、59页。

(1478) 戊戌科榜眼，官至翰林侍讲学士、南京吏部尚书。弘治十年考核京官之时，杨守阯掌翰林院事，钱福被罢免系由他一手造成。但是结合上文王鏊对钱福的评价来看，钱福在翰林院中得罪的不止杨守阯一人。归根结底，是钱福的个性与翰林文化之间存在格格不入的一面。

《翰林记》卷五“考满”条称：“百余年来，儒臣未尝玷清议。自考察之典行，修撰钱福、编修孙清，盖由兹退者。”① 可见，因考察不合格而被罢免者，在翰林官员中是十分罕见的。此事看似出于偶然，但也有其必然性。从钱福《听鹤亭叙别诗引》中，可以对他在翰林院供职期间的心态了解一二：

> 弘治癸丑四月既望，太史东莱毛惟之先生得赐归省其二亲，过别予于听鹤亭，遂循故事为设筵以祖招而至者，乔考功希大、沈贡士弘济。于时羲驭沦虞，太白导宿，尊俎陈台，辞亭露坐，盖有待月之意焉。而东按蔽亏，清辉迟疑，欲前且却，若有所俟。于是命烛继辉，下帘蔽风，辉射帘隙，自亭达台，若筛金碾珀，遥连纬芒，虽杂莳未郁，而敞阴扶疏，与人影错。小鹤睨蹄，引领未唳，鼓翼漫舞，若和而答。乃递起入帘，抽毫发思，得联句一首。先生和之，客继和之，复若干首。而景物离怀大约尽之矣。呜呼，良辰嘉会，有偶然之数哉。事不尽出于天，而人不知其然，乃委之于天，而不知天亦不自知其然而然矣。文章勋业，垂休命世，在我者惜阴悼时，不敢自后，

---

① 黄佐：《翰林记》卷五《考满》，见傅璇琮、施纯德编《翰学三书（一）》，辽宁教育出版社2003年版，第46页。

而究其所成，有幸不幸存焉。则亦何以异此？彼以有尽之年，而区区徇不朽之名者，殆不知偶然之数哉。且出处去就，离合反复相寻，而吾生以终，亦人所不免。或婴情戚怀以为大故然不知偶然者也。若先生抚景放歌，开口酌别，盖得之矣。①

此文作于弘治九年，为钱福被黜之前一年。文中前半部分写月下设宴为友人饯行的情景，意境十分优美。后面则流露出人生无常的感受。钱福在文中劝友人不要“区区徇不朽之名”，而应及时行乐，折射出当时吴地文人的心态。

钱福归乡以后，更加诗酒自放。关于他有许多传说，如宋禹成《万椿堂集》记载了一件趣闻，大意谓：钱福归乡后，听说扬州有一妓甚美，但已从良嫁给了一位盐商，钱福往谒盐商。商人设宴款待，席间出妓把酒，令妓出白绫手巾，请留新句，钱福遂书一绝：“淡罗衫子淡罗裙，淡扫蛾眉淡点唇，可惜一身都是淡，如何嫁了卖盐人。”（见《鹤滩先生纪事》）②

《静志居诗话》卷九云：

鹤滩吟情以捷敏胜，故自解春雨后，凡俚词俪句，动辄归之，此选家皆弃不录也。乔希大志其墓曰：“与谦卒，年才四十有四。予与与谦同游邃庵、西涯二先生之门，与谦尝言作文须昌其气，先使一篇机轴定于胸中，然

① 钱福：《钱太史鹤滩稿》卷六，北京图书馆藏明万历三十六年沈思梅居刻本，《四库全书存目丛书》集部第46册，齐鲁书社1997年版，第259、260页。

② 钱福：《钱太史鹤滩稿》卷首，北京图书馆藏明万历三十六年沈思梅居刻本，《四库全书存目丛书》集部第46册，齐鲁书社1997年版，第59、60页。

后下笔，当沛然莫御矣。又言辞必根据道理，虽恒言近事，亦不可略。”然则鹤滩亦不专以捷敏胜人，所传俚词俪句，亦未必皆出其手也。①

《四库全书总目》亦云，钱福“诗文以敏捷见长，故委巷鄙俚之词率以归之。今观是集实少俳谐之作，知小说多附会也”②。这似乎因为钱福曾经是状元，有“为贤者讳”的味道。其实，《静志居诗话》所引乔希大③《墓志》中，关于钱福“作文须昌其气”、“言辞必根据道理”的说法，系指钱福年轻时游学于杨一清、李东阳门下的一些作文体会。当时钱福尚未入仕，正在为融入馆阁文化而努力，其文风与他中年仕途碰壁之后不可同日而语。另外，“作文须昌其气”、“言辞必根据道理”与那些“以捷敏胜人”的“俚词俪句”之间，也并不存在根本的矛盾。

钱福《鹤滩稿》为后人整理刊行，嘉靖间，董宜阳《钱与谦太史遗稿题词》云：“太史鹤滩钱先生天才骏逸，学宏气畅，落笔翩翩有一泻千里之势，故当时以真状元目之。惜其在朝日浅，而复以强年早世（逝），稿多不传。先辈唐学宪龙江、陆文裕俨山与今张谏议白滩，俱尝收辑成帙，先后皆煨于回禄，岂亦有数存耶。谏议每属余访辑以备郡中文献，十余年来仅得此麟角凤毛，世复稀睹，徒

① 朱彝尊：《静志居诗话》卷九，见《明代传记丛刊》第8册，明文书局1991版，第751页。

② 永瑢等：《四库全书总目》卷一百七十六《集部二十九·别集类存目三·鹤滩集六卷（浙江巡抚采进本）》，中华书局1965年版，第1565页。

③ 乔希大：乔白岩，字希大，明成化二年进士。

惋叹耳。”① 由这段话可知，唐龙江、陆俨山、张白滩都曾搜集整理过钱福的文集，但后来都遇火灾被焚毁。如今存世的是董宜阳编的《遗稿》。《遗稿》中保存的大多是钱福入仕之前及在翰林院供职期间的诗文，遭罢免之后的作品收得不多。存稿在整理刊行时，还可能多有删削，并不能以此断定某些“俳谐之作”不是出于钱福之手。

《鹤滩稿》中有些诗，通俗易懂，近于白话，但颇有思想价值。如卷一中的《爱菜歌》、《明日歌》等。《爱菜歌》云：

> 我爱菜，我爱菜，傲珍羞（馐），欺鼎鼐。多食也无妨，少食也无害。古之圣贤都从这里过，所以造得熟境界。南山芝也在，北山薇也在。四皓与夷齐，有菜不屑买。寒酸不敢望膏腴，自有经天纬地大气概。士知此味学业成，农知此味仓廪盈，工知此味技艺精，商知此味货利增。但愿士夫知此味，莫教此色到苍生。假如我爱菜，人爱肉，肉多徒负将军腹。家常一碗黄虀粥，此生自享清闲福。②

此歌朗朗上口，颇能体现吴地文化“俗而通”的特色。

钱福与明代吴中文化的代表作家“吴中四子”生活的时代大体相同。钱福比唐寅（1470～1524）大九岁，比祝允明（1460～1526）小一岁。钱福罢官归乡的次年，唐寅乡试中

① 董宜阳：《钱与谦太史遗稿题词》，见钱福《钱太史鹤滩稿》卷首，北京图书馆藏明万历三十六年沈思梅居刻本，《四库全书存目丛书》集部第46册，齐鲁书社1997年版，第66页。

② 钱福：《钱太史鹤滩稿》卷一，北京图书馆藏明万历三十六年沈思梅居刻本，《四库全书存目丛书》集部第46册，齐鲁书社1997年版，第94页。

解元。弘治十二年（1499），唐寅进京会试，因涉嫌科场舞弊案被谪，归乡后纵酒不羁，走上了与钱福同样的生活道路。也许是因为钱福的家乡不在吴文化区的中心，也许是其恃酒傲放的形象不如唐寅那么鲜明，钱福在中国文化史上的名气远不如唐寅那么大，但是他们身上体现出来的吴文化特色是相同的。

严迪昌将吴文化的特色作了如下概括："吴人文化传承中之雅能不固僻、不迂滞；甚而不排斥俗趣，然俗而不放失、不媚世。雅中见俗，俗能近雅，雅而清，俗而通，骨力所在是守志不堕。"① 钱福虽然是松江府人，并非生长在吴文化的中心区域，但是在钱福的身上，体现出了鲜明的吴地文化特色。笔者以为，就诗歌发展而言，吴中文人"雅而清"的传统至少在元代就已形成，明代以茶陵派为代表的馆阁文化对吴文化的接纳，主要是对"雅而清"传统的接纳，而"俗而通"的传统形成于何时，尚有待考查。明代中期钱福、唐寅等人的部分诗歌，无疑是将"俗而通"这一传统发扬光大了。钱福是唐寅的前辈，虽然他在后世的名气比不上唐寅，但在当时的文坛上还是有一定影响的。唐寅落第后依然时时以解元自居，其独特诗风的形成，应当受过钱福这位状元才子的影响。

弘治时期是馆阁文学走向衰落的转折点。以"前七子"为代表的复古派兴起，对馆阁文学造成了沉重打击，馆阁文学从此不再是明代文学主流的代表。"前七子"大多是北方人，当他们向馆阁文学发起正面冲击的时候，在钱福、唐寅等南方

---

① 严迪昌：《吴文化雅而清，俗而通》，《人民论坛》2000 年第 4 期，第 34 页。

士人身上，也体现出吴地文化与馆阁文化的碰撞。当钱福、唐寅由翰苑、科场回归民间的时候，文学的重心也开始由馆阁逐渐下移到民间。钱福与唐寅命运的巧合，就他们自身而言，或许带有一定的偶然性，但对整个文学史的发展而言，或许意味着一种必然性。

三、状元康海：复古主义对台阁文学的反拨

康海（1475～1540），字德涵，号对山，又号浒西山人、沜东渔父，陕西武功人。弘治十五年（1502）壬辰科状元。为明代复古运动的代表人物“前七子”之一。正德五年（1510）被列为刘瑾党羽，削职为民。著有《对山集》、《沜东乐府》以及杂剧《中山狼》、《王兰卿》等。

康海与钱福的经历有些相似。两人都才华横溢，个性突出；钱福因同僚排挤而致仕，康海则受到刘瑾案的牵连被削职；此后两人都终身不复起用，过着诗酒自放的生活。不过两人也有明显的不同。钱福曾拜在李东阳门下，本意是想融入馆阁文人的圈子，只是难以消除吴地文人的习气，因而受到排斥；康海则有着鲜明的文学主张，主动向传统的馆阁文学发起挑战。

康海的家乡陕西是“关学”的发祥地。关学的代表人物宋代理学家张载①有句名言：“为天地立心，为生民立道，为

① 张载（1020～1077），北宋哲学家，理学支脉“关学”创始人之一，字子厚。凤翔郿县（属今陕西眉县）横渠镇人，世称横渠先生。嘉祐进士，历授崇文院校书、知太常礼院。提出“大虚即气”的学说，肯定“气”是充塞宇宙的实体，由于“气”的聚散变化，形成各种事物现象。著作有《正蒙》、《经学理窟》、《易说》，后被编入《张子全书》中。

去圣继绝学，为万世开太平。”① 这句话激励着无数关中后学奋发图强，康海亦是其中之一。康海年轻时，便胸怀大志。他在20岁时，曾作《梦游太白山赋》及《叹潦水赋》。其《梦游太白山赋》序云：

余历览载籍所志，古人之辞由屈原、宋玉以来不可胜计，而浮靡侈放之辞，盖托讽寓兴者之所共趋。《上林》之后益芜益漫，无能尔雅，志士之所贱也。余感风人之义，因梦游太白山，历见奇瑰骇异之状，孚于人言。退而作赋，凡若干言。虽极假借，要皆自喻其迹，少有虚谬谀驾凌绝之病。示诸同志，皆曰可录。②

康海借此文以示“风人之义”，反对虚夸不实的文风。其《叹潦水赋》序云：

甲寅秋九月，余南望绿野书院。时秋序已阑，微雨新霁，丹枫载涂，青岑弥望。同游诸生，各论往哲，务极铺叙，渺茫无实，不能近道。康子忧之，感时序之不回，即潦水之将逝，作《潦水赋》。③

序中提到的绿野书院，即“关学”创始人张载故居。《叹潦水赋》的正文极短，不足二百字，但寓意深刻。康海一方面以“潦水”比喻诸生“渺茫无实，不能近道”的言论，另一方面又借“潦水”表达了人生易逝、事业未成的忧思。从上面两篇序文中可以看出，康海年轻时已颇有识见，抱负远大，慨然

① 张载：《近思录拾遗》，《张载集》，中华书局1978年版，第376页。

② 康海：《康对山先生集》卷二，《续修四库全书》第1335册，上海古籍出版社1996年版，第102页。

③ 康海：《康对山先生集》卷二，《续修四库全书》第1335册，上海古籍出版社1996年版，第103页。

有兴起斯文之志，为他以后倡导复古主义文风奠定了思想基础。

弘治十五年（1502），康海赴京参加会试，一举夺魁，成为有明以来陕西省出的第一位状元。当时的内阁首辅刘健①得河东大儒薛瑄②之传，为学主践履。他见到康海的廷试策后，极为赞赏。孝宗皇帝见到康海的殿试对策，亦云："我明百五十年无此文体，是可以变今追古矣。"③ 此文被天下传诵仿效，文体为之一变。明代复古运动的兴起，有其政治背景。当时内阁首辅为刘健，次辅为李东阳，但李东阳以诗文广引后进，因而成为馆阁文人的实际领袖。刘健对李东阳为代表的馆阁文风也是有所不满的，茶陵派重要羽翼吴宽未能入阁，亦与刘健的态度有关。孝宗皇帝、刘健都有力追古人的心态，正是因为有了他们的潜在支持，"前七子"才敢于向馆阁大老李东阳发起挑战。

今人往往将李梦阳、何景明视为"前七子"的领袖，其实，在复古运动刚刚兴起的时候，康海是一位重要的倡导者。嘉靖间，李开先为康海作传，曾曰："诗靡于六朝，而陈子昂变其习；文蔽于八代，而韩退之振其衰。国初诗文，犹质直浑

---

① 刘健，字希贤，洛阳人，弘治年间与李东阳、谢迁同在内阁，刘健为首辅。当时李东阳以诗文引后进，海内士皆抵掌谈文学，健若不闻，独教人治经穷理。《明史》称其"学问深粹，正色敢言"。正德间，刘瑾弄权，刘健、谢迁乞致仕，李东阳独留。

② 薛瑄（1389～1464），明代思想家。字德温，号敬轩，谥文清。山西河津（今稷山县）人。河东学派的创始人，著有《读书录》、《薛文清集》。

③ 张治道：《翰林院修撰对山康先生状》，参见金宁芬《康海研究》附录，崇文书局2004年版，第354页。

厚，至成化、弘治间，而衰靡极矣。自李西涯为相，诗文取絜烂者，人才取软滑者，不惟诗文趋下，而人才亦随之矣。对山崛起而横制之，天下始知有秦、汉之古作，而不屑于后世之恒言。……一时兴起斯文者，同乡则有王渼陂、李空同、马溪田、吕泾野、张伎陵，异省更有徐昌谷、何大复、王浚川、边华泉，虽九子者皆让其雄也。”①“九子皆让其雄”，说明无论就理论还是实际创作而言，康海在复古运动中都扮演着极为重要的角色。

金宁芬《康海研究》一书对康海在复古运动早期的作用有所论述，但在分析康海与李梦阳的关系时，没有留意二者身份、地位的不同。如果注意到这一点，将有助于加深对明代复古运动的认识。

明代复古运动具体兴起于哪一年，相关文献往往语焉不详，只提到是在弘治年间。只要将各种资料稍加综合，便不难推断，复古大旗的举起，当是在康海入仕之后，即弘治十五年（1502）至弘治十八年（1505）之间。“前七子”并非全都是同年进士，其中，李梦阳入仕最早，他是弘治五年（1492）陕西乡试解元，弘治六年（1493）进士②。边贡与王九思是弘治九年（1496）进士，而康海和何景明、王廷相都是弘治十五年（1502）进士。徐祯卿最晚，是弘治十八年（1505）进

---

① 李开先：《李开先集》之《闲居集·对山康修撰传》，中华书局1959年版，第593页。

② 《明史》称李梦阳“弘治六年举陕西乡试第一，明年成进士”，这一记载显然有误。因为明代只有弘治六年癸丑科进士，并无弘治七年科。据嘉靖《陕西通志·乡贤·李梦阳传》，李梦阳为弘治（五年）壬子解元、（六年）癸丑进士。

士。“七子”当中，除康海是状元外，只有王九思以庶吉士身份进入翰林院，其余诸人都供职于郎署。从入仕时间的长短看，李梦阳的资历最老，而从科名和地位的高下看，康海最高。但这还不足以证明谁是“七子”真正的领袖，或者说，谁是复古运动最有力的推动者。不妨先来看一下当时人的说法。康海的好友、“七子”之一的王九思在《明翰林院修撰儒林郎康公神道之碑》中明确提到：

> 公（按：指康海）又尝为之言曰：“本朝诗文自成化以来，在馆阁者倡为浮靡流丽之作，海内翕然宗之，文气大坏，不知其不可也。夫文必先秦两汉，诗必汉魏盛唐，庶几其复古耳。”自公为此说，文章为之一变。①

王九思在《渼陂集自序》中说：“予始为翰林时，诗学靡丽，文体萎弱，其后德涵、献吉导予易其辞，献吉改正予诗稿今尚在也，而文由德涵改正者尤多。然亦非独予也，惟仲默诸君子亦二先生有以发之。”② 王九思入仕早于康海，是康海的翰林前辈，但却是康海和李梦阳引导他走上复古道路。他还指出何景明等人也受到康海和李梦阳的启发。王九思在《漫兴十首》中亦云：“成化以来谁擅场？豪杰争趋怀麓堂。不有李康持藻鉴，都令后进落门墙。”③ 张治道在《对山集序》

---

① 王九思：《明翰林院修撰儒林郎康公神道之碑》，引自金宁芬《康海研究》附录，崇文书局2004年版，第359页。

② 王九思：《渼陂集自序》，《渼陂集》卷首，《续修四库全书》集部1334册，上海古籍出版社1995年版，第2页。

③ 王九思：《渼陂集》卷六，《续修四库全书》集部1334册，上海古籍出版社1995年版，第58页。

中也称“李倡其诗，康振其文”①，似乎可以认为，复古运动中，对诗风改革贡献最大者是李梦阳，对文风改革贡献最大者是康海。其实，诗宗盛唐，已不是什么新鲜观点。早在明初，闽中诗人高棅编选《唐诗品汇》，便将唐诗划分为“初、盛、中、晚”四期。其后，盛唐诗一直是明人重点效法的对象，只不过李梦阳提出“诗必盛唐”的说法，更加绝对、更有煽动力罢了。相对而言，“康振其文”的现实意义，要大大超过“李倡其诗”。关于明代的文风，何良俊《四友斋丛说》指出：“国初之文，无不失于卑浅，故康李二公出，极力欲振之，二公天才既高，加以发西北雄峻之气，当时文体为之一变。”又说：“近时如偃师高苏门、关中乔三石、其文骨均宗康李。”② 弘、正间“十子”之一的朱应登亦有诗云：“文章康李传新体，驱逐唐儒驾马迁。”③ 我们注意到，他们在提到文风改革的时候，都是“康李”并称，康在李前。黄佐《翰林记》侧重于对馆阁文风的考察，指出明代前、中期，馆阁文风有三变：

> 国初刘基、宋濂在馆阁，文字以韩、柳、欧、苏为宗，与方希直皆称名家。永乐中杨士奇独宗欧阳修，而气焰或不及，一时翕然从之，至于李东阳、程敏政为盛。成化中，学士王鏊以《左传》体裁倡，弘治末年修撰康海

① 张治道：《对山集序》，参见金宁芬《康海研究》附录，崇文书局2004年版，第335页。

② 何良俊：《四友斋丛说》卷二十三，中华书局1959年版，第208页。

③ 朱彝尊：《静志居诗话》卷十，见《明代传记丛刊》第9册，明文书局1991版，第18页。

辈以先秦两汉倡，稍有和者，文体盖至是三变矣。①

关于弘治末年文体改革的倡导者，黄佐只提到康海，没有提及李梦阳，有两种可能：一种可能是因为李梦阳并非馆阁文人；另一种可能是“先秦两汉”文风确实由康海首倡。所谓“稍有和者”，盖指王九思辈而言。

李梦阳入仕九年间，没有掀起复古运动的浪潮，甚至很少有关于李梦阳复古主张的文献记载。而康海入仕不久，便迎来了复古运动的高潮。不论是与康海同时入仕的何景明等人，还是在康海之前入仕的王九思等人，在文学观念上都受到康海的影响，这足以说明康海在复古运动中的重要地位。

康海推动的文风改革，其矛头直指从杨士奇到李东阳为代表的馆阁文学。就馆阁文人而言，诗歌还是余事，文章的应用更广，其意义不仅仅限于审美价值，还有实用价值。因此，文风的改革，更具政治色彩。

康海自进入翰林院起，便不断向李东阳等台阁大老发出挑战。当时，李东阳以文坛盟主自居，他的每一篇诗文出来，门下士都纷纷仿效，以为前无古人，独有康海不屑一顾。康海不参与馆阁文人的集会，却与李梦阳、何景明等人结成文社，常常在一起“讨论文艺，诵说先王。西涯闻之，益大衔之”②。正德三年（1508），康海为会试同考官，拟以陕西高陵人吕柟为第一，而主考官置之第六。会试发榜后，康海扬言：“吕仲木天下士也。场中文卷无可与并者。今乃以南北之私，忘天下

① 黄佐：《翰林记》卷十九《文体三变》，见傅璇琮、施纯德编《翰学三书（一）》，辽宁教育出版社2003年版，第276、277页。

② 张治道：《翰林院修撰对山康先生状》，参见金宁芬《康海研究》附录，崇文书局2004年版，第354页。

之公。蔽贤之罪，谁则当之？会试若能屈吕矣，能屈其廷试乎？”① 当时内阁大学士王鏊为主考官，闻言甚为恼怒。廷试时，吕柟果然高中状元，王鏊又不得不佩服康海的眼光。不久，康海的母亲去世，要返乡守丧。以往，在京官员每逢亲人去世，都要以厚礼请内阁要员为之撰写墓志铭，以此为荣。唯独康海不请内阁撰文，而是亲自撰写行状，请王九思撰写墓志铭，李梦阳撰写墓表。随后将这些文字刻成一集，题曰《康长公世行叙述》，遍送馆阁诸公，“诸公见之无弗怪且怒者”②。李东阳讥诮康海等人为“子字股”，因为他们的文章力追秦汉，文中多以“子”字相称。康海的上述一系列行为，在一般人看来可能有些傲诞，但这些行为客观上确实有效地扩大了复古运动的影响。

总之，不论主张、创作还是行为，康海都鲜明地打出复古的旗号，向日趋流靡的台阁文风发起攻击，并取得了一定成就。但是，后世提起复古运动，提起“前七子”，往往是李、何并称，而将康海放到了相对次要的位置，这是为什么呢？究其原由，有以下几点：

首先，康海受刘瑾案牵连，退出政治舞台，同时也主动从复古运动中隐退。

正德初，太监刘瑾等深受武宗宠信，祸国乱政。刘瑾与康海是同乡，想拉拢康海，但康海一直不理睬。李梦阳为吏部尚书韩文代写奏章弹劾刘瑾，刘瑾大怒，将其捉拿下狱，欲问死

① 张治道：《翰林院修撰对山康先生状》，参见金宁芬《康海研究》附录，崇文书局2004年版，第354页。

② 王九思：《明翰林院修撰儒林郎康公神道之碑》，参见金宁芬《康海研究》附录，崇文书局2004年版，第359页。

罪。李梦阳在狱中向康海求救，康海不得已谒见刘瑾，挽救了李梦阳的性命。正德五年（1510），刘瑾事败，康海被列为刘瑾党羽，削职为民。马理《对山先生墓志铭》记载：

> 公之锢也，以文为身累，遂倦于修辞，曰："辞章小技尔，壮夫不为。吾咏歌舞蹈于泉石间已矣，何以小技为哉！"①

所谓倦于修辞，其实是康海有意退出复古运动的信号。当然，他的文学观念并没有改变。康海《渼陂先生集序》云："明文章之盛，莫极于弘治时，所以反古俗而变流靡者，惟时有六人焉。北郡李献吉、信阳何景明、鄠杜王敬夫、仪封王子衡、吴兴徐昌谷、济南边廷实，金辉玉映，光照宇内，而予亦幸窃附于诸公之间。"② 在此，他肯定了弘治时期复古运动"反（返）古俗而变流靡"的成绩，同时谦逊地不以领袖自居，而大力推重李梦阳、何景明。复古运动表面看来是文体的革新，其实也包含了理想道德主义的成分。康海身上的"污点"，使他不适合再做复古运动的领袖。康海大概也意识到这一点。此后，他把兴趣转向散曲和杂剧，虽然创作出了《中山狼》等杰作，但俚俗的散曲，似乎与复古运动的精神背道而驰。李梦阳因为有与刘瑾斗争的经历，更加受到世人尊崇，理所当然地成为复古运动的一面旗帜。

其次，李梦阳更重视文学，康海更重视政治。因此，李梦阳有着强烈的盟主意识，文学主张更加激进；康海则以文学为

① 见康海：《对山文集》，《明代论著丛刊》，伟文图书出版社有限公司1976年版，第40页。

② 见康海：《对山文集》，《明代论著丛刊》，伟文图书出版社有限公司1976年版，第123页。

手段，以实现政治理想为目的，无意在文学方面与李梦阳争胜。

李梦阳和康海的不同身份，决定了他们的不同追求。李梦阳虽然曾经是乡试解元，但在会试和殿试中没有取得高第，亦未选中庶吉士，因此只是一名普通的进士。他重视气节，但在仕途方面没有竞争优势，只能在文学领域体现自己的人生价值。正德年间，复古运动在李梦阳与何景明的领导下，影响继续扩大。李何之间还爆发了一场著名的“筏喻之争”。何景明《与李空同论诗书》中，批评李梦阳“刻意古范，铸形宿镆，而独守尺寸”①。李梦阳的做法固然不利于文学创作，但有利于文学流派的形成。在这场争论中，康海没有发表太多意见，但他早年便提出：“古人言以见志，其性情状貌求而可得，此孔子所以于师襄而得文王也。要之自成一家，若傍人篱落，拾人唾咳，效颦学步，性情状貌，洒然无矣，无乃类诸译人矣乎？君子不作凤鸣，而学言如鹦鹉，何其陋也？”② 康海反对“拾人唾咳”，主张“自成一家”，其观点近于何景明。对康海这样的才华横溢之士而言，实现“自成一家”是可能的，但对于一般人而言，要求“不傍人篱落”，开口便作“凤鸣”，似乎有些强人所难了。这对于流派的形成是不利的。康海的理想也不在此。康海受“关学”影响，重视实践，夺取状元之后，他更有了实现自己政治抱负的可能。即使在落职家居时期，他也注重实学，反对虚文。张治道《翰林院修撰对山康先生状》记载：

---

① 何景明：《大复集》卷三二《与李空同论诗书》，文渊阁《四库全书》本。

② 李开先：《李开先集》之《闲居集·对山康修撰传》，中华书局1959年版，第593页。

> （康海）家居二十余年，探圣贤之学，别王霸之道，以至物理、性命、篆隶、巫卜，无不克讲洞晓。常与予论曰：“道以无定为真，学以适用为是，文以达质为良。三代尧舜罔有不同。至有宋以来，执一以为道，训诂以为学，庸冗以为文，论其学则有，适于用则无，讲一身之行为似是，救国家之急难则非也。”①

“文以达质为良”，体现了对文章思想内容的重视，这与李梦阳的形式主义倾向是有所区别的。

第三，康海不受重视，亦与复古派内部对李梦阳的认同感有关。

王世贞对这位复古运动的先驱、“后七子”领袖之一的康海评价也不高，这颇值得回味。王世贞《明诗评》中对康海有如下评论：“太史制策声名传溢海内，竟以阉人之败，削籍归耕，没齿□锢，颇效扬恽南山之田，赵瑟秦声，倚歌击筑诗，如河朔丈夫，须髯戟张，借躯报仇，人疑大侠，与之周旋，乃是酒肉伧父。”② 我们注意到，王世贞提到了康海制策的影响，却没有提及其古文成就，对康海之诗的评价也不是很高。可见，王世贞在建立复古派的统系时，有意降低康海的地位。无论从郎署文人的身份看，还是从文学主张看，王世贞都更倾向于将李梦阳树立为自己的榜样。王世贞的观点对后世有很大影响。晚明文人张燮《书李献吉集后》云：“明兴，操瓠之士久奉宋为正朔，几不识汉唐以前为何物，献吉起弘治，力

---

① 张治道：《翰林院修撰对山康先生状》，参见金宁芬《康海研究》附录，崇文书局2004年版，第357页。

② 王世贞：《明诗评》卷二《康修撰海》，见《明代传记丛刊》第8册，明文书局1991年版，第53页。

为正之，世间才知有修古二字。”① 将复古运动的开创之功完全归于李梦阳一身，而绝口不提康海了。

综上，康海大力提倡复古，是对浮靡流丽的台阁诗文的反拨，体现了一种新的审美倾向。同时，康海提倡复古，不仅仅侧重于文学形式，更侧重于“风人之义”，这正是复古运动的精神与价值核心所在。而李梦阳对形式过分强调，“后七子”继承其主张，最终导致了新的肤庸浮泛之病。康海后半生大部分时间以乐府消磨时光，在散曲和杂剧创作方面取得了较高的成就，但他的诗文创作同样值得重视。

康海的文学倾向还表明，明中期状元文学在经历了长期的审美追寻后，已对“浮靡流丽”的诗风和文风产生厌倦，进而发出对作品思想价值的召唤。

① 张燮：《书李献吉集后》，见黄宗羲《明文海》，中华书局1987年版，第2659页。

第六章　思想的召唤：明中期状元文学（下）

明代前期，状元文学或是受台阁体影响，或是受茶陵派左右，作品思想性不是很强。弘治之后，明代思想界进入活跃期，出现了不少以学问、思想见长的状元，如吕柟、舒芬、杨慎、罗洪先、张元忭等。他们有的恪守程朱理学，有的向往阳明心学，有的则在两者之间采取折中的态度，但他们不论持哪一种学术观点，大都能坚持独立思考，有自己的见解，这是难能可贵的。思想的活跃，给状元的文学创作注入了新的活力，有助于改变以往馆阁文学思想与内容的单一。状元杨慎、罗洪先两人，文学与思想结合得较好，值得关注。

第一节　“大礼议”前后的状元文学

明中期，王学的诞生在思想界掀起了一场风暴，但这场风暴绝非空穴来风，而是经过了一个较长时期的酝酿过程。弘治、正德时期，是王学的酝酿期，也是理学的反思期。王学的诞生，亦源于对理学的反思。

一、倡明绝学，注重践履

从正统中期到成化末年这数十年内，政治的黑暗，令士人倍感寒心。成化二十三年（1487），宪宗去世，太子朱祐樘继位，次年改年号为“弘治”，是为明孝宗。孝宗是一个勤政的皇帝，在他统治期间，吏治清明，经济繁荣，人民安居乐业，史家称为“弘治中兴”。孝宗的登极给士人阶层打了一针“强心剂”。仅仅记诵《四书五经大全》、《性理大全》的教条，寻章摘句，学做几篇八股文以应付科举考试，已无法令有识之士感到满足。他们当中，有的以“倡明圣学”为己任，授徒讲学，如王守仁、湛甘泉等；有的则注重将所学付诸实践，希望有所作为，状元康海、吕柟等都是抱着这种信念步入仕途的。可惜，“弘治中兴”只是昙花一现。孝宗崩，太子朱厚照继位，改年号为正德，是为武宗。他先后宠信太监刘瑾、江彬等，行事荒唐，嬉游无度。在武宗身上，集中体现了“天理”与“人欲”的矛盾。士人们对武宗行为的不满是一致的，只是为时代开出的药方不同。王守仁在这一时期提出“致良知”的学说，完成了其心学体系的建构。大部分士人则恪守“程朱”，更加强调礼法。在正德朝，受儒家理想信念的激励，许多状元都直言敢谏，表现出可贵的气节。在屡谏不纳的情况下，他们选择了归田隐居的生活道路，文学成为他们重要的精神寄托。

谢迁（1449～1531），字于乔，号木斋，浙江余姚人。成化十一年（1475）乙未科状元，正德初与刘健、李东阳同在内阁辅政，秉节直谅，见事明敏，天下称为贤相。武宗荒政，谢迁多次进谏，并上疏请诛刘瑾等“八虎”。刘瑾等人环泣于武宗之前，保全了性命，谢迁愤而致仕。正德四年（1509）遭刘瑾、焦芳诬陷，追夺诰命及所得赏赐，同时受害者多达六百余人。人皆为谢迁担忧，谢迁镇定自若，每日与客人下棋赋诗。家居十八年，与友人唱和，著有《归田稿》八卷。《四库全书总目提要》称：“迁当归里以后，正刘瑾、焦芳等挟怨修隙，日在危疑震撼之中。而所作诗文，大抵词旨和平，惟惓惓寄江湖魏阙之思。老臣忧国，退不忘君，读此一编，已足以知其忠悃矣。”①

王华（1446～1522），字德辉，号实庵，晚号海日翁，浙江余姚人。成化十七年（1481）辛丑科状元。他是思想家王守仁的父亲。成化间，王华曾与浙江同乡李旻②、谢迁等结成“后七元会”，定期集会，诗酒唱和。正德时期，刘瑾专权，派人对王华说，只要王华去见他一面，可立登相位。王华不肯趋附，被调任南京吏部尚书，不久被勒令致仕。归田后，以读书自娱，于嘉靖元年（1522）去世。著有《龙山稿》、《垣南草堂稿》等。

费宏（1468～1535），字子充，号健斋，又号鹅湖，江西铅山人。成化二十三年（1487）丁未科状元。正德年间，累

---

① 永瑢等：《四库全书总目》卷一百七十一《集部二十四·别集类二十四·归田稿八卷（浙江巡抚采进本）》，中华书局1965年版，第1493页。

② 李旻（1445～1509），字子阳，号东崖，浙江钱塘（今浙江杭州）人。成化十六年（1480）浙江乡试解元，成化二十年（1484）甲辰科状元。官至南京吏部右侍郎，正德四年（1509）卒于任。

官至礼部尚书兼文渊阁大学士，入阁预机务。曾上疏力请武宗“勤政、务学、纳谏”，武宗置之不理。宁王宸濠勾结太监钱宁图谋不轨，费宏不与交结，遭到他们的迫害，致仕还乡。归乡时，年龄尚未满五十。筑小楼一座，名为“至乐”，日吟哦其间，教诸子读书。正德十四年（1519），宁王宸濠起兵叛乱，已被王守仁平定，武宗依旧挥师南下。费宏作《有感次韵》①：

妖孽才消一战收，犹烦禁旅扈宸游。
皇人纵有瑶池乐，野老翻深杞国忧。
极北五云瞻帝座，淮南千里候龙舟。
秋风忽漫悲摇落，鸿雁嗸嗸在荻洲。

诗中表现出对时局的关心。嘉靖时，费宏复入阁。

毛澄（1460～1523），字宪清（一云显清），号白斋，晚年更号三江，直隶昆山（今江苏昆山）人。弘治六年（1493）癸丑科状元。正德十二年（1517）官拜礼部尚书。正德十三年武宗自称威武大将军朱寿，率师北巡，毛澄屡屡上疏驰谏，不听。《明史》称毛澄“端亮有学行，论事侃侃不挠”②。嘉靖二年（1523）病卒，有《三江遗稿》。罗钦顺《〈三江文集〉旧序》云：“先生之文，雍容典则，事理曲尽，而意味常若有余。诗雅尚清新，然必归于所止。盖尝窃窥先生之学术，大抵博而不杂，故其文粹然一出于正。”③

① 朱彝尊：《明诗综》卷二十九，文渊阁《四库全书》本。

② 张廷玉等：《明史》卷一九一《列传第七九·毛澄列传》，中华书局1974年版，第5057页。

③ 罗钦顺：《〈三江文集〉旧序》，见毛澄《三江遗稿》卷首，《四库全书存目丛书》集部第46册，齐鲁书社1997年版，第328页。

朱希周（1473～1557），字懋忠，昆山人，徙吴县。弘治九年（1496）丙辰科状元。在正德朝，因为不依附刘瑾，六品官当了二十年。

吕柟（1479～1542），字仲木，别号泾野，陕西高陵人。吕柟少时与康海、马理齐名。杨一清曾任陕西学政，见到康海、马理与吕柟之文，大奇之，称："康生之文章，马生、吕生之经学，皆天下士也。"① 正德三年（1508）戊辰科状元。时刘瑾因吕柟为同乡，欲罗致之，吕柟谢绝，并上疏请武宗亲政事，潜消祸本。刘瑾欲杀之，吕柟遂辞官归乡。当时康海亦丁母忧还乡。正德七年（1512）二月，吕柟访康海于浒西别业，盘桓数日，彼此酬唱。期间，二人曾同谒张载祠堂，留下了不少酬唱之作。吕柟之作编为《游浒西集》。康海之作别为一卷，自命为《浒西集》。刘瑾伏诛后，吕柟官复原职。康海卒后，吕柟为其撰《墓志》，认为康海"制行异俗、出语惊人，若天马骏足，步骤不凡"，并非仅仅是因为有着过人的天赋，而是因为康海能"本之一诚，究之六经"，故"是非不能乱其真，宠辱不能挫其节"，堪称康海知己。② 不过，吕柟并不因为与康海的交情而护其短。他曾经当面规劝康海，指其器量偏小，康海答道："海放浪形骸之外，游情酒妓之间，犹以为小，何也？"吕柟说："先生修撰而不酒妓，致仕而后酒妓，何耶？"康海笑而从之，录其言于《益友》卷中。③有人曾经请吕柟品评当时的名士，吕柟认为："（何景明）其诗有汉魏

① 张廷玉等：《明史》卷二八二《列传第一七〇·儒林列传一·马理列传》，中华书局1974年版，第7249页。

②③ 吕柟：《大明前翰林院修撰对山先生康公墓志》，参见金宁芬《康海研究》附录，崇文书局2004年版，第365页。

之风，可取也，其文沿六朝之体，不可取也。然而其人则美矣。”“（李梦阳）为曹、刘、鲍、谢之业，而欲兼程、张之学，可谓‘系小子失丈夫矣’。”“（康海）汉马迁之材也，而学则未逮。”① 明人唐枢《国琛集》称吕柟：“学以躬行为务，大意宗朱而时小异之。开诚与物，和气袭人，无远近，贤愚无敢慢，至义理所执，则铿然竞烈，置死生利害弗顾也。”②《明史》称：“柟受业渭南薛敬之，接河东薛瑄之传，学以穷理实践为主。官南都，与湛若水、邹守益共主讲席。仕三十余年，家无长物，终身未尝有惰容。时天下言学者，不归王守仁，则归湛若水，独守程、朱不变者，惟柟与罗钦顺云。”③ 吕柟著述颇丰，除《泾野集》外，多为学术著作。今存《泾野先生文集》三十八卷。《四库全书总目》称：“柟之学，出薛敬之，敬之之学，出于薛瑄，授受有源，故大旨不失醇正。然颇刻意于字句，好以诘屈奥涩为高古，往往离奇不常，掩抑不尽，貌似周、秦间子书，其亦渐渍于空同之说者欤。”④ 可见，吕柟诗文亦受康海、李梦阳等人领导的复古运动影响。

杨慎（1488～1559），字用修，号升庵，祖籍庐陵，徙居四川新都。正德六年（1511）辛未科状元。及第后不久服母丧，期满复职。正德十二年（1517）八月，武宗微服浪游，

① 吕柟：《泾野子内篇》，中华书局1992年版，第6页。

② 唐枢：《国琛集》下卷，中华书局1985年版，第141页。

③ 张廷玉等：《明史》卷二八二《列传第一七〇·儒林列传一·吕柟列传》，中华书局1974年版，第7244页。

④ 永瑢等：《四库全书总目》卷一百七十六《集部二十九·别集类存目三·泾野集三十六卷（浙江汪汝瑮家藏本）》，中华书局1965年版，第1751页。

才出居庸关，杨慎抗疏极谏。武宗不听，杨慎愤然写下《西江月》一词，有句云："紫塞朝朝烽火，青楼夜夜弦歌。"遂引疾归乡。

舒芬（1484～1527），字国裳，号梓溪，江西进贤人。正德十二年（1517）丁丑科状元。正德十四年（1519），武宗又欲微服出行，群臣极谏。以舒芬为首的"江西四君子"上疏，言辞激烈。武宗震怒，命舒芬等107人于阙下连跪五日，期满复廷杖三十，舒芬伤势严重，几乎致死，被贬为福建舶司副提举。任上作诗云：

> 御笔新题墨未干，寸心耿耿向长安。
> 九重宫阙浮云锁，万里江山赤子寒。
> 午夜人争摇狗尾，一封谁肯犯龙颜。
> 凤凰台上归宜早，不作盲聋喑哑官。①

表现出坚定的理想信念。关于舒芬，王守仁的弟子钱德洪曾经记载了这样一件事：

> 舒国裳曾持一张纸，请先生（指王守仁）写"拱把之桐梓"一章。先生悬笔为书，到"至于身而不知所以养之者"，顾而笑曰："国裳读书中过状元来，岂诚不知身之所以当养？还须诵此以求警？"一时在侍诸友皆惕然。②

我们可以将王守仁的话视为对科举的批评，同时也是对程朱理学的批评。明代科举考试以程朱理学为指导思想，士人为了应

① 蒋一葵：《尧山堂外纪》卷九十五，《四库全书存目丛书》子部第148册，齐鲁书社1995年版，第451页。

② 王守仁：《传习录》卷下，见《王阳明全集》卷三，上海古籍出版社1992年版，第125、126页。

付科举考试读了许多书，却依然不懂得修身。王守仁的话暗示了王学与程朱理学的不同。王学注重养性，理学注重修身（而非养身）。修身的目的，是齐家、治国。理学更注重士人的社会责任感，故提出“天理”大于“人欲”，有时需要见义而忘身。明代科举考试将程朱理学教条化，以天理压抑与束缚人性，虽然令人生厌，但不能因此彻底否定理学中有其闪光的一面。以舒芬为例，他并非不懂得养身。他丰神玉立，负气峻厉，以倡明绝学为己任，常常连日处理事务而无倦容，入夜还要计过自省。正是因为懂得“身之所当养”，他才会请王守仁写“拱把之桐梓”一章以自警。但是在儒家理想信念的支撑下，他会毫不犹豫地选择见义而忘身。正德年间，舒芬为谏阻武宗嬉游受廷杖几至丧命；嘉靖时，他又在“大礼议”中不屈不挠，遭廷杖下狱，旋奔母丧回乡，哀伤过度而卒。学者尊称其为梓溪先生。

明人王世贞在论及弘、正时期士风时指出：“国家鸿昌茂庞之气，莫盛于弘治。……盖至于正德而所谓气者，日益开露而无余。其所称一时学士大夫，不胜其少者之断，则果于掊击以见操；不胜其壮者之思，则精于刻刿以见名；乃若所谓诗，必极其变以尽风，其所谓文必穷其法以诣古。天下固翕然而好称说之，以为成一家言。而识者固已忧其时之动于机而不易挽矣。”① 王世贞笔下的所谓“气”、“机”，正是当时士人阶层思想活力的反映。我们不妨将“气”理解为理学的反思和体认，“机”则预示着一个心学的高潮即将到来。

---

① 王世贞：《弇州四部稿》卷六十六《孙清简公集序》，文渊阁《四库全书》本。

武宗没有子嗣，他去世后，其堂弟朱厚熜以外藩的身份继位，改年号为嘉靖，是为世宗。世宗继位后，许多正德时期辞官归里或被贬谪流放的状元都被召回，如吕柟、费宏、杨慎、舒芬等。朱厚熜任藩王期间，给人以深明大体的印象，因此被选中作为皇位的继承人，士人普遍对其寄予厚望。但是不久后发生的"大礼议"风波，使士人与皇帝的矛盾再度尖锐化。世宗即位后的第六天，即下令礼官集议其父兴献王的封号。以首辅杨廷和、礼部尚书毛澄为首的朝臣为维持大宗不绝，援引汉定陶王和宋濮王故事，认为世宗应过继给武宗之父、弘治帝朱祐樘，称皇考，而以生父祐杬为皇叔父。杨廷和的理论依据来自程朱理学，他在"大礼议"一开始就表明："惟宋儒程颐《濮议》最得义理之正，可为万世法。"世宗对此表示不满，要求另议。七月，观政进士张璁①上《正典礼疏》，反驳杨廷和之说，指出礼法最初是由圣人根据人情制订出来的，世宗应尊崇所生。世宗得疏，即召见廷和等，下令尊己父为兴献皇帝，母为兴献皇后，但被杨廷和等拒绝。双方相持不下，逐渐发展为一场激烈的政治斗争。在这场斗争中，以首辅杨廷和为首的一方称为"护礼派"，包括状元们在内的绝大多数廷臣都属于"护礼派"。张璁一方称为"议礼派"，后有桂萼、席书、方献夫等人陆续加入。毛澄时任礼部尚书，"议礼派"虽然人数少，但有皇帝的支持，逐渐占据了上风。嘉靖三年（1523），世宗将张璁、桂萼召进京，擢升为翰林学士。杨廷

---

① 张璁（1475～1539），字秉用，号罗峰，后因和明世宗嘉靖朱厚熜同音，世宗为改名孚敬，赐字茂恭，永嘉永强（今温州市瓯海区）人。正德十六年（1521）进士，因议礼深得世宗宠信，六年间官至首辅。

和辞职，其子杨慎率舒芬等36名翰林官员上疏乞罢，称羞与张璁等同列，遭到斥责停俸。七月十五日朝退后，群臣二百余人跪伏左顺门外恸哭，其中有状元杨慎、朱希周、杨维聪、姚涞等。世宗大怒，命将四品以上者夺俸，五品以下廷杖。舒芬在“大礼议”中遭廷杖下狱，旋奔母丧回乡，哀伤过度而卒。是年九月，朝廷宣布“大礼议”定，张璁等人的意见被最终采纳。此后虽然还有不少余波，但基本无关大局。

杨维聪（1500～?），字达甫，号方城，顺天固安（今河北固安）人。正德十四年（1519）乡试中解元，次年会试名列第十。因武宗南巡未归，廷试未能如期举行。正德十六年（1521）武宗回京不久即病逝，世宗即位，始召集殿试，杨维聪一举夺魁，张璁为同榜进士。嘉靖三年（1524），张璁、桂萼等因议礼骤贵，升为翰林学士，杨惟聪与杨慎、舒芬等36人羞与同列，上疏乞罢，遭斥责停俸。七月，跪伏左顺门争大礼，受廷杖，被贬为地方官。

姚涞（？～1537），字维东，号明山，浙江慈溪人。嘉靖二年（1523）癸未科状元。嘉靖三年（1524年）亦因争大礼，受廷杖，削职。后复职。

杨维聪、姚涞虽为世宗钦点的状元，但当时世宗初登位，权力有限，实权仍然掌握在内阁首辅杨廷和手中。故杨、姚的思想依然恪守程朱理学，在“大礼议”中，都站在“护礼派”的一方。

“大礼议”中，费宏虽然站在“护礼派”的一方，但态度相对缓和，赢得了世宗的好感。嘉靖四年（1525年）任首辅，以文学为世宗所重。他有意压制张璁、桂萼等因议礼而贵者，凡会试主考、修史等活动，均不让张璁、桂萼参与，引起张璁、桂萼不满。张璁等推荐起用王守仁，亦受到费宏的阻挠。但张璁等人的势力日增，已非费宏所能压制。最终，费宏在张璁等人攻击下被迫辞职。张璁于嘉靖六年（1527）进《大礼要略》，命开馆纂修《明伦大典》，敕掌都察院事。冬，拜礼部尚书兼文渊阁大学士，入参机务。七年正月，加少保兼太子太保。七月《明伦大典》成，进少傅兼太子太傅、吏部尚书、谨身殿大学士。八年九月，升任首辅。位居首辅六年，备极宠荣。

王守仁没有直接参与“大礼议”，但他的立场更倾向于“议礼派”。他曾经说过：“天下古今之人，其情一而已矣。先王制礼，皆因人情而为之节文，是以行之万世而皆准，其或反之吾心而有所未安者，非其传记之讹缺，则必古今风气习俗之异宜者矣。”①“议礼派”中的重要人物如方献夫、黄宗明、黄绾等，都是王门弟子，席书、张璁、霍韬亦与王守仁交好，独桂萼与王守仁不善。王守仁曾作书给霍韬云：“往岁曾辱《大礼议》见示，时方在哀疚（因父丧在家守制），心善其说而不敢奉复，既而元山（席书）亦有示，使者必求复书，草草作答，意以所论良是，而典礼已成，当事者未必能改，言之徒益纷争，不若姑相与讲明于下，俟信从者众，然后图之。其后议论既兴，身居有言不信之地，不敢公言于朝。然士夫之问及者，亦时时为之辨析。”② 可见王守仁对“大礼议”的态度。近人欧阳琛指出：“考赞礼诸臣之思想渊源，多为姚江王门高

① 黄宗羲：《明儒学案》卷十《姚江学案》，见《明代传记丛刊》第1册，明文书局1991年版，第225页。

② 王守仁：《王阳明全集》卷二十一《外集三·与霍兀崖（韬）宫端》，上海古籍出版社1992年版，第834页。

弟，则此一新旧士大夫集团之政争，实与当时新兴王学及正统朱学之对立有关，此又欲明大礼议之思想背景者不可不知也。"① 所论良是。

"大礼议"对于明代中期状元的思想和文学而言，是一个重要的转折点。"大礼议"之前，状元们大多笃信程朱理学，新兴的王学，对状元的思想与文学创作的影响并不大。"大礼议"中，状元们的思想虽然显得相对保守，但表现出来的气节还是很可贵的。如吕柟在"大礼议"中大胆上疏言事，激怒世宗，被削职下狱，后谪解州判官，居官期间，政绩卓著，后累迁至礼部右侍郎，辞官，还归故里著书讲学。"大礼议"改变了不少状元的生活道路，同时也改变了他们的思想和文学。如弘治九年（1496）丙辰科状元朱希周，在"大礼议"期间任礼部右侍郎。他站在"护礼派"一方，嘉靖三年（1523 年）群臣跪伏左顺门，朱希周号召内阁成员一起参与。嘉靖六年（1527 年）与桂萼不和，称疾引退。后林居三十年，屡荐不起。曾作《张良归山图》诗："袖却朝簪别汉家，赤松相侯在烟霞，而今悟得全身计，不似从前博浪沙。"

"大礼议"改变了状元们的人生命运，也对世道人心产生了重要影响。朱国祯《仿洪小品》云："当时议大礼者既得逞志，云涌蜂起，为所欲为者何所不至。真世道一大更革之会也！"② 虽然对"议礼派"抱有偏见，但称"大礼议"为"世道一大更革之会"是不错的。此后，程朱理学的权威受到挑

---

① 欧阳琛：《王守仁与大礼议》，《新中华》1949 年第 12 卷第 7 期，第 24 页。

② 朱国祯：《仿洪小品》卷二《两渊》，燕山出版社 1995 年版，第 66 页。

战，王学逐渐成为士人们竞相谈论的热门话题。而明代的士风，也在经历了此次打击之后，从此不振。

二、状元杨慎：才与学的结合

在“大礼议”中，最引人注目的状元是杨慎。这不仅仅因为他是大学士杨廷和之子，是“护礼派”重要的中坚力量，更因为他的才情和学问为世人所重。与学问和才情相比，杨慎的思想相对不受重视，但将杨慎学问与才情结合在一起的纽带，恰恰是他的思想。由于他坚持独立思考，不肯随波逐流，因此才能在当时满目“黄茅白苇”的文坛上挺然杰出。

1. 治学务博，深究本原

《明史·杨慎传》记载：“明世记诵之博，著作之富，推慎为第一。”① 杨慎的著作数量是十分可观的。明人简绍芳作《升庵先生年谱》（载《杨慎丛书》附录），末云：“至其平生著述，四百余种，散逸颇多，学者恨未能睹其全。”其著作现存约二百种左右。光绪年间郑宝琛编成《总纂升庵全集》二百卷。李调元《函海》辑刻杨慎著作四十五种一百八十六卷，并且编《升庵著述总目》二百卷。民国时期，李之鼎《增订丛书举要》收录杨慎著作共一百六十种。去其重复者十五种，共一百四十五种。《丛书集成初编》收录杨慎著作八十余种。建国后，四川省图书馆所编《杨升庵著述目录》达二百九十八种。林庆彰《明代考据学研究》（台湾学生书局1987年版）汇集各书目所收录及各书所述及者，共得二百五十余种。王文

① 张廷玉等：《明史》卷一九二《列传第八〇·杨慎列传》，中华书局1974年版，第5083页。

才的《杨慎学谱》按传统的经、史、子、集分类，共收录杨慎著作三百余种。陈廷乐《简辑杨升庵著述评选书目》（载《昆明师范学院院报》1982 年第 1 期）整理出杨慎著述、评注、选辑书目四百零三种。

杨慎的主要作品收入《升庵全集》（八十一卷）。此集为万历间四川巡抚张士佩所编订，取杨慎《丹铅录》等书，删除重复，分类编次，附于诗文之后。包括赋及杂文十一卷，诗二十九卷，杂著四十一卷。另外，还有杨金吾编《升庵遗集》二十六卷，焦竑编《升庵外集》一百卷。词、散曲、弹词另辑有《升庵长短句》三卷，《陶情乐府》四卷，《二十一史弹词》十二卷等。

杨慎著作之所以如此之富，与他的天资聪颖、博闻强记有关。他作为大学士杨廷和之子，又在 24 岁时高中状元，在翰林院供职，得以广读中秘藏书。优越的环境与过人的天分，使他的眼界较常人更为开阔。他治学务博，“凡宇宙名物之广，经史百家之奥，下至稗官小说之微，医卜技能、草木虫鱼之细，靡不究心多识，阐其理，博其趣，而订其讹谬焉”①。谪居云南时，杨慎依然好学穷理，发愤著书。他曾经对人说：“资性不足恃，日新德业，当自心力中来。”②他的大部分著作都是在云南完成，虽然由于边陲之地，资料短缺，著作中难免有所舛误，给后人留下了不少口实，但其著作依然有着宝贵的学术价值。

杨慎著作的学术价值，不仅体现于著作本身，更在于他开

①② 见雷磊：《杨慎诗学研究》附录一《杨慎生平资料》，中国社会科学出版社 2006 年版，第 191 页。

了一代考证之新学风。嵇文甫便指出："当明朝中叶，固然是'心学'盛行的时代，可是就在这时候，为后来清儒所大大发展的考证新学风逐渐萌芽了。这里首先打开风气的要数杨升庵。"①

杨慎治学务博，并非为了炫才耀学，而是用自己的创作实绩给世人做一个榜样，有意纠正时代弊病。他深刻指出：

> 今之学者黄茅白苇甚矣！予尝言宋世儒者失之专，今世学者失之陋。失之专者，一骋意见，扫灭前贤。失之陋者，惟从宋人，不知有汉唐前说也。宋人曰是，今人亦曰是；宋人曰非，今人亦曰非。高者谈性命，祖宋人之语录；卑者习举业，抄宋人之策论。其间学为古文歌诗，虽知效韩文杜诗，而未始真知韩文杜诗也，不过见宋人尝称此二人而已。文之古者左氏国语，宋人以为衰世之文，今之科举以为禁约。诗之高者汉魏六朝，而宋人谓诗至《选》为一厄，而学诗者但知李杜而已。高棅不知诗者，及谓由汉魏而入盛唐是由周孔而入颜孟也。如此皆宋人之说，误之也。吁异哉！②

又：

> 汉人说经，虽天亲父子不苟同也。今之学者吾惑之，摭拾宋人之绪言，不究古昔之妙论，尽扫百家而归之宋人，又尽扫宋人而归之朱子。③

---

① 嵇文甫：《王船山学术论丛》，中华书局1962年版，第42页。

② 杨慎：《升庵全集》卷五十二《文字之衰》，商务印书馆1937年版，第600页。

③ 杨慎：《升庵全集》卷七十一《先郑后郑》，商务印书馆1937年版，第927页。

又：

> 大抵宋人之学失之主张太过，而欲尽废古人。近日宋学王相，古学休囚，程文之士，习语录谓之本领，一经之徒，尊宋儒比于圣人。以旁搜远绍为玩物丧志，束书不观为用心于内。一闻有言，议及宋人，弱者掩耳，强者攘臂。①

杨慎认为，当时学术视野太过狭窄，人云亦云，故每况愈下。为此，他提出了由博返约的主张：

> 博我以文，约我以礼。无文则何以为礼，无博则何以为约。今之语学者吾惑焉，厌博而径约，屏文而径礼，曰："六经吾注脚也，诸子皆糟粕也。"是犹问天曰："何不径为雨，奚为云之扰扰也？"问地曰："何不径为实，奚为花之纷纷也？"是在天地不能舍博而径约，况于人乎？云，天之文也。花，地之文也。六经诸子，人之文也。见天人而合之，斯可以会博约而一之，此学之极也。②

杨慎提倡由博返约，但前提是先要做到博，不能"厌博而径约"。杨慎认为，他所处的时代，学术之病不是失之于"约"，而是失之于"陋"，故必须先救之以"博"。同时，他又指出，务博不能哗众取宠，而应深究本原。他以科举为例，指出"本朝以经学取人，士子自一经之外，罕所通贯。近日稍知务博，以哗名苟进，而不究本原"③。所谓"稍知务博"，是指受复古

---

① 杨慎：《与李元阳论转注书》，转引自张舜徽《爱晚庐随笔》，华中师范大学出版社 2005 年版，第 176、177 页。

② 杨慎：《升庵全集》卷四《云局记》，商务印书馆 1937 年版，第 62 页。

③ 杨慎：《升庵全集》卷五十二《举业之陋》，商务印书馆 1937 年版，第 601 页。

运动及王学的影响，学术视野日渐开放，但这还远远不够，如果一味地赶时髦，而不明白由博返约的道理，没有开放的心胸，则“固守一经”也罢，“文必秦汉、诗必盛唐”也罢，其危害都是一样的。

2. 才华绝世，风流蕴藉

杨慎务博的思想，在文学方面也有所体现。他广泛涉猎不同的文学体裁，学习不同的创作风格，同时注意辨体。在此基础上，将才华与学问相结合，形成了自己鲜明的创作特色。

杨慎的文学才能在少年时代便展现出来。他 12 岁时拟作《古战场文》，有“青楼断红粉之魂”、“白日照翠苔之骨”数语。又拟《过秦论》，深得家中叔伯辈赞赏。14 岁随父入京，赋《黄叶诗》，深得李东阳赏识，成为李东阳的门下弟子。

杨慎的诗歌，早期以学习六朝体为主。胡应麟《诗薮》云：

> 杨用修格不能高，而清新绮缛，独掇六朝之秀，合作者殊自斐然。如题柳七言律云：“垂杨垂柳挽芳年，飞絮飞花媚远天。金距斗鸡寒食后，玉蛾翻雪暖风前。别离江上还河上，抛掷桥边与路边。游子魂销青塞月，美人肠断翠楼烟。”风流蕴藉，字字天成，如初发芙蓉，鲜华莫比。第此等殊不多得，大概错采缕金，雕缋满眼耳。滇中作如《春兴》八首，语亦多工。①

---

① 胡应麟：《诗薮》续编卷一《国朝上》，中华书局 1958 年版，第 347、348 页。

胡应麟提到了杨慎的滇中之作如《春兴》八首，但没有指出滇中之作与早期作品风格的不同。这大概由于胡应麟的诗学思想更接近于“七子”，故而对杨慎学习盛唐诗的成就避而不谈。陈田《明诗纪事》指出了杨慎诗前后期的风格变化，并且指出杨慎比同时代其他作家的高明之处，在于他能够自成一家：

> 升庵诗，早岁醉心六朝，艳情丽曲，可谓绝世才华。晚乃渐入老苍，有少陵、谪仙格调，亦间入东坡、涪翁一派。前后七子执盟骚坛，海内附和，翕翕成风。余采升庵、苏门、君采、稚钦、鸿山、梦山、子安、少玄数君子诗，次于李、何之后，王、李之前，别为一集，以见豪杰能自树立者，类不随风会为转移也。①

伴随着人生阅历的丰富以及艺术经验的积累，杨慎晚年的诗艺或许更加炉火纯青，但他早期的诗作给人们留下的印象却更加深刻，究其原因，就在于他能够另辟一境。杜诗虽好，但明代诗坛，学习杜诗者不计其数，而六朝体则不多见，能够把六朝体写得好的更少。因此，奠定杨慎在明代诗坛地位的，并不是晚期那些近于杜诗的作品，而是早期的六朝体诗。王士禛《香祖笔记》云：

> 明诗至杨升庵，另辟一境，真以六朝之才，而兼有六朝之学者。其诗如《咏柳》“垂杨垂柳结芳年”一篇，世共知之。又《古意》“凌波洛浦遇陈王”（按：原书标点为《古意凌波洛浦遇陈王·鹧鸪词》，误），《鹧鸪词》

① 陈田撰：《明诗纪事》戊签·卷一，《明代传记丛刊》第14册，明文书局1991年版，第3页。

“秦时明月玉弓悬”，《关山月》“迢迢贱妾隔湘川”，《出关拟唐人》“狼弧芒角正弯环”，《塞下曲》“长榆塞上接龟沙”诸篇，工妙天成，不减前作。又《青蛤行寄内》绝句，亦绝妙，大抵皆自古乐府出。益都王遵坦太平论明诗，独推新都为性之者，亦自有见。①

杨慎学习六朝体，是在辨尽众家、博学众体的基础上做出的选择。② 做出这一选择，不仅是缘于六朝体与他的性情十分吻合，也是故意与同时代诗人示以区别，用实际创作成就对“前七子”、“后七子”“诗必盛唐”的狭窄取向提出批评。从下面这段话中不难看出杨慎的良苦用心：

窃有狂谈，异于俗论，谓诗歌至杜陵而畅，然诗之哀（原文如此，疑为“衰”）飒实自杜始；经学至朱子而明，然经之拘晦实自朱始。是非杜朱之罪也，玩瓶中之牡丹，看担上之桃李，效之者之罪也。③

杨慎并不否定杜甫对于诗学、朱熹对于经学的重要贡献，只是对后世学者拘于一家的行为十分不满。由于杨慎早年有意针砭时弊，因此不将杜诗作为重点学习对象。在云南谪戍三十年之后，杨慎已无意在诗坛争胜，诗风也就自然而然地接近于杜诗了。如《六月十四日病中感怀》④：

七十余生已白头，明明律例许归休。

---

① 王士禛：《香祖笔记》卷五，上海古籍出版社 1982 年版，第 99 页。

② 见雷磊：《杨慎诗学研究》，中国社会科学出版社 2005 年版，第 127 页。

③ 杨慎：《升庵全集》卷六，商务印书馆 1937 年版，第 83、84 页。

④ 杨慎：《升庵全集》卷二十九，商务印书馆 1937 年版，第 283 页。

归休已作巴江叟，重到翻为滇海囚。
迁谪本非明主意，网罗巧中细人谋。
故园先陇痴儿女，泉下伤心也泪流。

这是诗人情感的自然流露，无意学杜，却逼真似杜。

杨慎的文学创作，涵盖诗、文、词、赋、散曲、杂剧、弹词等各类体裁。他对各种文体艺术特色的准确把握，表现出深厚的辨体功力。如下面这首《浪淘沙》[①] 词：

春梦似杨花，绕遍天涯。黄莺啼过绿窗纱，惊散香云飞不去，篆缕烟斜。　油壁小香车，水渺云赊。青楼珠箔那人家。旧日罗巾今日泪，湿尽韶华。

言词华美，情感细腻，使杂入宋人词中，亦毫不逊色。

杨慎的《二十一史弹词》，文笔流畅，朗朗上口。其中《临江仙》[②] 一词，被后人借用为《三国演义》的开篇词，更是广为传诵：

滚滚长江东逝水，浪花淘尽英雄。是非成败转头空。青山依旧在，几度夕阳红。　白发渔樵江渚上，惯看秋月春风。一壶浊酒喜相逢。古今多少事，都付笑谈中。

这首词与上一首相比，风格更加雄浑，但依旧不失华美本色。

3. 挺出崛起，能自树立

明人胡应麟曾对杨慎提出如下批评：“第诗文则饾饤多而镕炼乏，著述则剽袭胜而考究疏。”但是他也承认“用修才情

---

① 杨慎著、王文才辑校：《杨慎词曲集》，四川人民出版社 1984 年版，第 17 页。

② 杨慎著、王文才辑校：《杨慎词曲集》，四川人民出版社 1984 年版，第 272 页。

问学，在弘正后、嘉隆前，挺出崛起，无复依傍，自是一时之杰”。他得出的结论是“大概议论太高者力常不副，涉猎太广者业苦不精，此古今通病，匪独用修也”①。且不论胡应麟对杨慎诗文的评价是否公正，胡应麟只看到了杨慎著作的表面价值，却没有看到它们所体现的方法论意义。

关于杨慎的思想，嵇文甫认为杨慎开启了清代读书博古、崇尚考据的学风；张义德认为杨慎倡导了求实的治学方法；陆复初指出“杨慎的唯物主义观点，更多地表现出它的直观性，而缺乏抽象思维能力”，但肯定了杨慎在认识论方面有高于同时代人的地方。② 确实，杨慎没有致力于思想体系的建构，在理论方面没有明显建树。但是他用创作实绩来代替理论，对打破当时思想界、文学界的迷障，起到了旁人不可替代的作用。

杨慎重视博学，与状元的身份也有一定关系。在翰林院供职，要随时准备充当皇帝的顾问，没有一点学问是不行的。正德间，武宗读《文献通考》，见书中提到有星名“注张”，命内阁取秘书《通考》查阅，又作“汪张”，于是派太监问遍了钦天监及翰林院，没有人知道此为何星。独杨慎给出答案，“注张”就是柳星，并历引《周礼》、《史记》、《汉书》以复。还有一次，湖广土官“水尽源通塔平”长官司进贡，翰林院同官疑“水尽源通塔平”为三地名，于是在“长官司”之前添了一个“三”字。杨慎指出这是六字地

① 胡应麟：《诗薮》续编卷一《国朝上》，中华书局 1958 年版，第 348 页。

② 见雷磊：《杨慎诗学研究》，中国社会科学出版社 2005 年版，第 11 页。

名，并取朝中官制证之。嘉靖初年，给事中张树上言时政，其中“论学术不正”一条，有“斋宇嵬琐”之语，皇帝问内阁这句话的出处。杨慎恰好在场，即取《荀子·非十二子》篇以复。大学士蒋冕高兴地称赞道：“用修之博，何减古之苏颂乎！”① 不过，仅有学问和才华还不够。永乐时期的状元曾棨，也以博闻强记、才华横溢著称。杨慎比曾棨的高明之处，在于他有不随流俗、能自树立的精神。

杨慎曾经指出：“故儒之学有博有约，佛之教有顿有渐，故曰多闻则守之以约，多见则守之以卓。寡闻则无约也，寡见则无卓也。”② 但是，对于当时新兴的王学，他却没有抱着“多闻”、“多见”的态度对待，而是给予严厉的批判：“迩者霸儒创为新学，削经划史，驱儒归禅。缘斯作俑，急于鸣俦，俾其易入。而一时奔名走誉者，自叩胸臆，叵以惊人彪彩，罔克自售，靡然从之，纷其盈矣。蜉蝣撼树，谓游夏为支离。聚蚊成雷，以舒雄为小伎。豪杰之士，陷溺实繁。”（《答重庆太守刘嵩阳书》）③ 杨慎对王守仁及其心学的这种态度，这也许与双方在“大礼议”中的不同政治立场有关。这体现出杨慎思想中保守的一面。

---

① 简绍芳：《赠光禄卿前翰林修撰升庵杨慎年谱》，参见雷磊《杨慎诗学研究》附录一《杨慎生平资料》，中国社会科学出版社 2006 年版，第 191 页。

② 杨慎：《升庵全集》卷二，商务印书馆 1937 年版，第 28 页。

③ 杨慎：《升庵全集》卷六，商务印书馆 1937 年版，第 83 页。

第二节 王学对状元文学的影响

一、王学冲击下的状元文学

明中期，思想界最引人注目的事件是王学的诞生与流行。王学又称阳明心学，创始人王守仁（1472～1529），字伯安，号阳明子，世称阳明先生，浙江余姚人。父亲王华（1446～1522）是成化十七年（1481）辛丑科状元。王守仁本人没有中状元，只是一名普通进士，据说是因为才高“为忌者所抑”。王守仁在弘治六年（1493）第一次参加会试落第，他父亲的朋友、京中的一些达官贵人都来安慰他。宰相李东阳戏言：“汝今岁不第，来科必为状元，试作《来科状元赋》。”王守仁悬笔立就，诸老惊为天才。退有忌者曰：“此子取上第，目中无我辈矣。”① 弘治九年（1496）丙辰会试，果为忌者所抑，再次落第。当时同舍中有以不第为耻者，守仁说：“世以不得第为耻，吾以不得第动心为耻。”②弘治十二年（1499），王守仁会试第二，廷试为二甲第七名。正德初，因得罪刘瑾，被谪贵州龙场卫，于此悟道。后平定“宸濠之乱”，拜南京兵部尚书，封“新建伯”。正德十六年（1521）完成其心学体系的建构。因遭大学士杨廷和所忌，遂辞官回乡讲学，在绍兴、余姚一带创建书院，宣讲“王学”。黄宗羲将王守仁的治学道

①② 见王守仁：《王阳明全集》卷三十三《年谱一》，上海古籍出版社1992年版，第1223、1224页。

路概括为三个阶段："先生之学，始泛滥于辞章，继而遍读考亭之书，循序格物，顾物理吾心终判为二，无所得入。于是出入佛、老者久之。及至居夷处困，动心忍性，因念圣人处此更有何道？忽悟格物致知之旨，圣人之道，吾性自足，不假外求。其学凡三变而始得其门。"①

传统儒家思想，主要是作为一种社会伦理学说而存在，经过汉代董仲舒、南宋朱熹等人的改造后，成为有力的统治工具。而王学则吸收释、道思想的长处，重点解决个体心灵安顿问题，从而使儒家思想由社会伦理学说转向性命哲学。王学的流行，加速了明代社会秩序的瓦解，但对明代文学的发展却有着积极、广泛而深远的影响。状元作为儒家思想的重要代表，作为国家政治集团的成员之一，他们的思想、仕途与人生道路也不可避免地会受到这场深刻的社会思想变革的影响，并在他们的文学创作中有所体现。

"大礼议"之后，代表程朱理学的"护礼派"受到沉重打击，思想主张接近于王学的"议礼派"成为朝中的主要政治力量。王学借助这一契机，迅速传遍了大江南北。正如《明史》所言："嘉、隆而后，笃信程朱、不迁异说者，无复几人矣。"② 即使以程朱理学为官方指导思想的科举考试，也受到了王学的冲击。嘉靖六年（1527），朝廷对科举文体所作的规定中，出现了如下要求——"说理者

① 黄宗羲：《明儒学案》卷十《姚江学案·文成王阳明先生守仁》，见《明代传记丛刊》第1册，明文书局1991年版，第211页。

② 张廷玉等：《明史》卷二八二《儒林传序》，中华书局1974年版，第7222页。

必窥性命之蕴”①，表明王学开始渗透到科举考试之中。可惜好景不长，嘉靖八年（1529），王守仁去世。同年，王学被朝廷宣布为伪学而遭禁止。“从嘉靖八年世宗宣布王学为伪学而加以禁止，到嘉靖二十六年王门弟子徐阶之入内阁而握重权，则此一时段可视为是王学之遭受挫折与压抑的一个时期。”② 但士子对王学的热情依旧不减。王学的影响在嘉靖八年（1529）己丑科状元罗洪先、嘉靖十一年（1532）壬辰科状元林大钦的身上体现得最为明显。他们都是王学的忠实追随者，并且因王学被压抑而辞官归里，不复出仕。

林大钦（1511～1546），字敬夫，号东莆。广东海阳（今广东潮州）人。少年时好读书，十二岁时随父至郡中，过一书肆，见到苏洵《嘉祐集》，爱之不忍离去，请父亲买下此书，携回家反复揣摩，月余之后，为文屈注奔腾，已有苏氏神韵。中状元时，年方二十二。林大钦中状元的过程颇富戏剧性。是年，礼部尚书夏言知贡举，会试之前上疏道：“举子经义策论，各有程式。迩来文体诡异，旧格屡更。请令今岁举子，凡刻意骋词、浮诞割裂以坏文体者，摈不取。”③ 世宗依之。会试过后，殿试之前，夏言又令人宣谕诸生，为文须依成式，不许标新立异。林大钦到场晚，没有听到宣谕。结果，他

① 张朝瑞辑：《皇明贡举考》卷一《文体》，齐鲁书社 1997 年版，第 31 页。

② 左东岭：《王学与中晚明士人心态》，人民文学出版社 2000 年版，第 289 页。

③ 郭子章：《潮中杂记》卷九《郡邑志补·林东莆遗事》，参见林大钦《林大钦集》，广东人民出版社 1995 年版，第 388 页。

的殿试策大破常格，起首第一句便与众不同，未用冒语。阅卷时，都御史汪鋐见到此卷，大为诧异，交给大学士张孚敬（即张璁）看，张孚敬说："是虽破格，然文字明快，可备御览。"① 果然，世宗御览之后，擢林大钦为第一。

林大钦中状元，实与张孚敬的赏识有关。林大钦接触王学，当在入京之后。他与王畿②、罗洪先、邹守益③等王门后学建立了友谊。后王学遭到官方打击，林大钦出仕三年便返乡讲学著述。有《东莆先生文集》，为后人所编。生前曾手订诗集，嘉靖二十二年（1544），他在诗集自叙中表示：

> 钦病体羸弱，流落丰草，忘情穷通，永矢弗谖。盖怀古问经，畜鸡种黍，亲学老圃，以供朝飧，聊追丈人之踪矣。逸兴时生，率尔成咏。散人多讹，言无诠次。夫藜藿之词，不足以语甘肥之旨。《传》曰："诗言志。"故本乎性情之谓天音，岂论工拙耶！④

陈衍虞为其文集作《序》称：

> 虞读集中与王龙溪、罗念庵、邹东廓诸公往复诸札，

① 郭子章：《潮中杂记》卷九《郡邑志补·林东莆遗事》，参见林大钦《林大钦集》，广东人民出版社 1995 年版，第 389 页。

② 王畿（1498～1583），字汝中，号龙溪，浙江山阴（今绍兴）人。乃王守仁弟子。嘉靖五年（1526）会试考中后，不求仕进，未参加廷试，回乡与钱德洪共同协助王守仁指导后学。嘉靖八年赴京殿试，途中闻王守仁卒，便南归奔丧。嘉靖十一年中进士，官至南京武选郎中，因其学术思想为当时首辅夏言所恶而被黜。此后往来各地讲学 40 余年。所著有《王龙溪全集》。王畿认为良知原是当下现成，不假功夫修证。提倡"四无说"，其学近于禅。

③ 邹守益（1491～1562），字谦之，号东廓。乃王守仁弟子，江右王门的代表。有《东廓集》。

④ 林大钦：《林大钦集》，广东人民出版社 1995 年版，第 217 页。

> 大都以性命之绝学为汲汲，似于诗文一道，一切以雕虫小技视之，无足当其揣摹者。五言古诗，绝有陶彭泽风味，余体亦萧然自放，骨带烟霞。①

林大钦的诗歌主要有两类题材，一是写田园隐居生活，但其重心不在描写田园风光，而在于表现自己超越现实的心灵世界。如《田园杂咏八首》、《田园闲居四首》、《咏史六首》等。《田园杂咏八首》(其二)② 云：

> 人事多舛错，百年会多忧。
> 知止乃不辱，安命故无愁。
> 投冠旋旧庐，学圃度清秋。
> 忘我千年思，庆此孤生幽。
> 衣食聊自须，沌然无外谋。
> 长与仁义生，夕死复何求。

诗中颇有彭泽风味。但与陶渊明不同的是，林大钦归隐田园，不是出于对田园生活的热爱，而是出于对思想自由的热爱。他有《感兴十七首》，均为谈学论道之作。如《感兴十七首》(其一)③：

> 少年弗获意，所困在群书。
> 钻仰疲今古，穷思涉幻虚。
> 中灵忽予会，掩卷三叹吁。
> 昭昭天所基，万化孰不俱。
> 矜识道愈昏，顺性理无余。

---

① 林大钦：《林大钦集》附录，广东人民出版社 1995 年版，第 373 页。

②③ 林大钦：《林大钦集》，广东人民出版社 1995 年版，第 219 页。

赖此方寸心，永我万里途。

百家多怪迂，至德谅自须。

林大钦的诗本乎性情，不假修饰。但过于注重谈学论道，而对文学自身的审美特征有所忽视，有时不免使诗歌沦为思想的传声筒。

林大钦卒于嘉靖二十四年（1546），两年之后，王门后学徐阶入内阁，王学的政治地位又得以提升。王守仁是浙江余姚人，后移居绍兴，晚年曾于绍兴一带讲学，因此，绍兴是王学的重要流行地。嘉靖三十五年（1556），绍兴出了第一位状元诸大绶。隆庆年间，又连续出了两名状元罗万化和张元忭。

诸大绶（1523～1573），字端甫，号南明，浙江山阴（今浙江绍兴）人。嘉靖三十五年（1556）丙辰科状元。官至礼部右侍郎，卒赠礼部尚书，后追谥文懿。有《诸文懿公集》。

罗万化（1536～1594），字一甫，号康洲，浙江会稽（今浙江绍兴）人。隆庆二年（1568）戊辰科状元。官至礼部尚书，卒赠太子太保，谥文懿（一作文懋）。有《世泽编》。

张元忭（1538～1588），字子荩，号阳和，祖籍四川绵竹，徙居浙江山阴（今浙江绍兴）。隆庆五年（1571）辛未科状元，以忠孝闻名于世。天启初年，追谥文恭。有《不二斋稿》。

诸大绶、罗万化、张元忭曾经于县学一同读书，后相继及第，被传为佳话。他们都受到王学的熏陶，特别是张元忭，他早年笃信王阳明“致良知”之说，曾师从王畿，为浙中王门后学，后渐觉王学有流于禅之弊，中年以后转而“辟龙溪”。张元忭认为“朱熹、陆九渊之学本出一源”，并取朱子诗，摘录其与王阳明相合者汇成一编，以平息朱、王学说的异同之争。黄宗羲谓其“谈文成之学，而究竟不出于朱子，恐于本体终有所未明也”①。诸大绶、罗万化、张元忭与文学家徐渭都有交往，徐渭中年发狂，因杀妻入狱，赖张元忭等人之力，始得以脱困。张元忭的玄孙张岱是《陶庵梦忆》的作者，为晚明小品文大家。

嘉靖时期，王学内部逐渐分化，对状元文学影响最大者主要是以王畿为代表的浙中王学、以邹守益为代表的江右王学等。至隆、万年间，最初主要流行于下层社会的王学左派（又称泰州学派）在士人阶层中的影响日渐扩大。王学左派主张“率性而行，纯任自然”，对公安派的文学思想有重要影响。

万历五年（1577）丁丑科状元沈懋学（1539～1582），字君典，号少林，一号白云山樵，宣城（今安徽宣城）人。其父为王门后学王畿弟子。沈懋学本人则对王门后学流于禅悟有所不满，认为他们曲解了阳明学说“致良知”的真谛。沈懋学与戏曲家汤显祖、屠隆等交往密切。钱谦益《列朝诗集小传》记载：

> （汤显祖）尝下第，与宣城沈君典薄游芜阴，客于郡丞龙宗武。江陵有叔，亦以举子客宗武，交相得也。万历丁丑，江陵方专国，从容问其叔：“公车中颇知有雄骏君子晁贾其人者乎?”曰：“无逾于汤、沈两生者矣。”江陵将以鼎甲畀其子，罗海内名士以张之。命诸郎因其叔延致两生。义仍独谢弗往，而君典遂与江陵子懋修偕及第。②

沈懋学后来因为不满于张居正夺情事件而辞官归里，放浪于山

① 黄宗羲：《明儒学案》卷十五《浙中王门学案五·侍读张阳和先生元忭》，见《明代传记丛刊》第1册，明文书局1991年版，第353页。

② 钱谦益：《列朝诗集小传》丁集中《汤建昌显祖小传》，见《明代传记丛刊》第11册，明文书局1991年版，第602页。

水间，数年而卒。有《郊居遗稿》，其诗文自成一家。

二、状元罗洪先：诗与思的交融

罗洪先（1504～1564），字达夫，号念庵，江西吉水人，是明代嘉靖八年（1529）己丑科状元，后因直言敢谏遭罢官，一生大部分时间隐居于乡间讲学，有《念庵文集》传世。罗洪先以理学闻名于世，在阳明后学中，他被认为是最能“得阳明之真传”者。同时，他也是一位出色的诗人，其诗歌得力于其思想，颇具审美价值和研究价值。

罗洪先11岁时读古文，慨然慕罗伦为人，从此有志于圣学。15岁时读王守仁《传习录》，至废寝忘食。作为王守仁的同时代人，罗洪先宗良知之学，但一直无缘成为王守仁的正式弟子，仅与王门后学钱德洪、王畿、邹守益等相交厚。时王畿谓良知自然，不假纤毫力。罗洪先不同意此说：“世岂有现成良知者耶?”虽与畿交好，而持论始终不合。在王门私淑弟子中，罗洪先被公认是成就最高的一位。《明儒学案》卷十八将其学术道路概括为“先生之学，始致力于践履，中归摄于寂静，晚彻悟于仁体”①，赞扬罗洪先“得阳明之真传”（《明儒学案·钱德洪传》）。罗洪先尝曰：“儒者学在经世，而以无欲为本。惟无欲，然后出而经世，识精而力巨。”这句话颇能体现他的思想精华。他的治学主张，概括起来，一是主静，二是主实践。罗洪先常举《易大传》

---

① 黄宗羲：《明儒学案》卷十八《江右王门学案三·文恭罗念庵先生洪先》，见《明代传记丛刊》第1册，明文书局1991年版，第418页。

"寂然不动"、周子"无欲故静"之旨以告学人，故后世将他与聂豹①并视为王学中的"归寂派"。但罗洪先的"主归寂"，不能孤立地看，应该与他的"主践履"结合起来考察。"归寂"是儒者的自我修养，即"内圣"之学。"践履"是儒者的济世主张，即"外王"之学。作为状元，罗洪先始终有济世之志，只是未逢其时。

罗洪先思想中包含着"日用践履"和"主静无欲"两个方面，两者不可分割，共同指向"仁体"。"日用践履"是儒家积极入世精神的体现，指向外部世界；"主静无欲"是对内心世界的省察和改造。"仁"是儒家思想的重要核心。不少罗洪先的同时代人以及后世学者，在论及念庵思想时，往往将"日用践履"与"主静无欲"割裂，单纯强调其"主静无欲"的一面；或者将"日用践履"与"主静无欲"视为罗洪先治学道路上的两个阶段，将后者视为对前者的反拨，无形中将两者对立，从而导致了对念庵思想的种种误解。

如《四库全书总目》称："其学惟静观本体，亦究不免于入禅。"② 这是对念庵思想的极大误解。其实，念庵是反对入禅的，曾作有《异端论》，包括上、中、下三篇，在承认三教同源的基础上，分析了佛教和道教的得失，赞同先儒所云"儒为大公，佛为自私"③。罗洪先《〈水厓集〉序》云："自圣人之道不明，学者往往溺于神仙之说。大要握固守气，可以

① 聂豹（1487～1563），字文蔚，号双江，江西永丰人。

② 永瑢等：《四库全书总目》卷一百七十二《集部·别集类二十五·念庵集》，中华书局1965年版，第1505页。

③ 徐儒宗点校整理：《罗洪先集》卷二，凤凰出版社2007年版，第27～30页。

遗世而久视，故贪生与废务者必趋之。彼方守气，其于向人出一语已为损漏，矧肯与世酬应，役役文字间哉！”① 其《〈遗玉录〉序》云：“儒者之学，以经世为用，而其实以无欲为本。夫惟用之经世也，于是事变酬酢之故，人物利害之原，家国古今之宜，阴阳消息之理，无一或遗，然后万物得其所；夫惟本于无欲也，于是死生祸福、毁誉得丧、荣辱喧寂、忧愉顺逆之来，无一或动，然后用之经世者，智精而力专。”② 他还写过《答双江公书》，反对王门学者聂豹专主寂静。从以上所引的这些文字中我们可以看出，罗洪先始终是以儒者自居的，“守静”只是他加强自我修养的一种手段，他并没有沉溺于佛老学说而放弃儒家知识分子的社会责任感。

念庵思想可结合其人生经历来认识。罗洪先的一生，以嘉靖十八年（1539）因直谏遭罢归为界，可划分为前、后两个阶段。前期读书做官，以践履为主，但其内心深处从未停止过对儒学真义的求索。后期归隐讲学，在主静的同时，却也始终没有放弃经世的理想。无论在朝还是在野，罗洪先的人生追求其实是一以贯之的，即：探求儒学精义，不以功名富贵为意，肩负起士人使命，拯救世道人心，推己及人，造福天下。

罗洪先居官的时间，加起来不过两年。罗洪先中状元时，年方25岁，但已经具备了较高的心学修养。其年会试主考官为张璁、霍韬。唐顺之为会元。廷试后，大学士杨一清等以罗洪先、程文德、杨名、唐顺之、陈束、任瀚六

① 徐儒宗点校整理：《罗洪先集》卷十一，凤凰出版社2007年版，第485页。

② 徐儒宗点校整理：《罗洪先集》卷十一，凤凰出版社2007年版，第496页。

卷进览，世宗皆有御批。对罗洪先的评语是“学正有见，言说而意必忠，宜擢之首者”①，对唐顺之的评语是“条论精详殆尽”②。罗洪先高中状元之后，他的岳父向他贺喜，他却说：“丈夫事业更有许大在，此等三年递一人，奚足为大事也。”③ 此后他归乡养亲三年，父母先后去世，又为父母守孝数年。嘉靖十八年（1539），召拜左春坊左赞善。次年冬，与司谏唐顺之、校书赵时春上疏，请求在新年的第一天让皇太子出御文华殿受百官朝拜，激怒世宗。其上谏获罪一事，有人认为过激。如焦竑评论道：“时东宫尚在童髫，即无疾，亦非朝百官之日，矧上方不预，岂欲闻此不祥语，三人之名固不当倚此为重。”④ 若就事论事，此语固然不错。但这件事不能孤立地看待，而应放到当时的政治背景下来看。世宗继位之初，曾经欲有所作为。但从嘉靖十五年起，世宗屡屡托病，不理朝政，故罗洪先等三人请太子受朝贺，实是对世宗的讽劝，意谓世宗如不御临朝，不妨早传位于太子，故世宗勃然大怒。这体现了罗洪先的政治远见和刚直不阿的精神。此后，世宗迷信道教，

① 胡直：《行状》，徐儒宗编校整理：《罗洪先集》附录一，凤凰出版社 2007 年版，第 1378 页。

② 王世贞：《弇山堂别集》卷八十二《科试考二》，中华书局 1985 年版，第 1569 页。

③ 黄宗羲：《明儒学案》卷十八《江右王门学案三·文恭罗念庵先生洪先》。按，《明史》的记载略有不同。《明史》记罗洪先此语为：“儒者事业有大于此者。此三年一人，安足喜也。”见（清）张廷玉等《明史》卷二百八十三《列传第一百七十一·儒林二》。《明史》将“丈夫”改为“儒者”，突出了罗洪先作为学者的一面，但却淡化了罗洪先思想中重践履的一面。

④ 焦竑：《玉堂丛语》卷之四《侃直》，中华书局 1981 年版，第 123 页。

朝中严嵩弄权，国事日坏。严嵩与罗洪先是同乡，曾经屡次召用罗洪先，但罗洪先不喜严嵩为人，拒不出仕。《明史》称：

洪先归，益寻求守仁学。甘淡泊，炼寒暑，跃马挽强，考图观史，自天文、地志、礼乐、典章、河渠、边塞、战阵攻守，下逮阴阳、算数，靡不精究。至人才、吏事、国计、民情，悉加意谘访。曰："苟当其任，皆吾事也。"邑田赋多宿弊，请所司均之，所司即以属。洪先精心体察，弊顿除。岁饥，移书郡邑，得粟数十石，率友人躬振给。流寇入吉安，主者失措。为画策战守，寇引去。素与顺之友善。顺之应召，欲挽之出，严嵩以同乡故，擢假边才起用，皆力辞。①

可见，罗洪先归田后，一方面继续讲学，另一方面也没有放弃济世的目标。

罗洪先的诗中，有不少关注现实的作品。如：

《官军谣》②

（段都阃所将省兵四百无一人援白沙者）

官军四百数不足，衣甲鲜明好皮肉。
朝游江上簇军营，夜向城头攫人屋。
县官供应间迟速，虎符日月相迫促。
白沙乡兵御奔突，兵家胜负多翻覆。
月落荒村鬼夜哭，桥头一炬明于烛。
翦衣谁作招魂曲，铃阁将军睡方熟。

---

① 张廷玉等：《明史》卷二百八十三《列传第一百七十一·儒林二》，中华书局1974年版，第7279页。

② 罗洪先：《念庵罗先生集》卷十三，《四库全书存目丛书》集部第90册，齐鲁书社1997年版，第78、79页。

《新淦贼退志喜》①

孤城初试六钧弓，一箭还收百战功。
落叶风前秋气爽，倚楼江上暮愁空。
骑催露布传宵遁，帆下风樯识岁丰。
却念宵衣书帛远，上林早晚待飞鸿。

《归田》②

疏贱何心与物猜，敝庐归去正蒿莱。
灌园渐解憎多事，种树方知养不才。
手录道经闲自诵，门临秋水晚慵开。
过从亦有邻翁语，又喜宽租诏令来。

《归田》一诗，写的是罗洪先归隐田园后的心情。他虽在田园，却并非完全不问世事。“灌园渐解憎多事，种树方知养不才”，是对以往重践履、少虚静的反思。他不想终日忙碌而无所得，想通过闭关修养，无论在思想还是才干上，都达到更高的境界。同时，他也时刻关注着民间的疾苦。听到朝廷有宽租的诏令，他十分高兴，并借此机会帮助县衙重新核算田赋，将以往积弊一扫而空。

罗洪先隐居松原期间，曾于山间觅得一洞，以茅草稍加修葺，命名为“石莲洞”，居于其间，闭门谢客，整整三年足不出户。友人王畿恐其专守枯静，不达当机顺应之妙，前往拜访，试探罗洪先：“近日行持，比前何似?”罗洪先答道：“往年尚多断续，近来无有杂念。杂念渐少，即

① 罗洪先:《念庵罗先生集》卷十三,《四库全书存目丛书》集部第90册，齐鲁书社1997年版，第79页。

② 罗洪先:《念庵罗先生集》卷十二,《四库全书存目丛书》集部第90册，齐鲁书社1997年版，第37页。

感应处便自顺适。即如均赋一事，从六月至今半年，终日纷纷，未尝敢厌倦，未尝敢执着，未尝敢放纵，未尝敢张皇，惟恐一人不得其所。一切杂念不入，亦不见动静二境，自谓此即是静定功夫。非纽定默坐时是静，到动应时便无着静处也。”① 原来罗洪先并没有一味枯坐，他在静修期间，用半年时间完成了田赋核算这件繁琐的工作。无论是安静还是忙碌，内心始终保持着平静。王畿亦为之叹服。

罗洪先以学术闻名，他的文学成就较少被人提及。其实，他的诗文造诣颇深，这或许与他主静有关。主静，才会有更深刻、更贴切的感悟。罗洪先的诗所具有的意境，是那些纷扰的世人体验不到、表达不出的。他的诗多自得之语。他的门人胡直为罗洪先《念庵集》作序：“称其学凡三变，文亦因之。初效李梦阳，既而厌之，乃从唐顺之等相讲磨，晚乃自行己意。”罗洪先《答友人书》：“取譬于水，谓古之人有能者，必其中有自得实见，斯道之流行无所不在，虽欲不为波涛湍澜之致不可得。”罗洪先的诗，确实如行水流水般自然，同时又如水的千变万化，其中颇多自得之见，言之有物。其诗有如下特点：一是景物深幽，但气象博大。如《游白鹿洞歌》②：

何年白鹿洞，正傍五老峰。五老去天不盈尺，俯窥人世烟云重。我欲揽秀色，一一青芙蓉。举手石扇开半掩，绿鬟玉女如相逢。风雷隐隐万壑泻，凭崖倚树闻清钟。洞

① 黄宗羲：《明儒学案》卷十八《江右王门学案三·文恭罗念庵先生洪先》，见《明代传记丛刊》第1册，明文书局1991年版，第419页。

② 《福建通志（乾隆）》卷一百五十一《艺文》，文渊阁《四库全书》本。

门之外百丈松，千株尽化为苍龙。驾苍龙，骑白鹿。泉堪饮，芝可服。何人肯入空山宿，空山空山即我屋，一卷黄庭石上读。

白鹿洞曾是朱熹讲学之所。罗洪先游览此处，更加激发起他向学的决心，欲力追前贤。“何人肯入空山宿”，山中的风景不是人人能够解悟的，罗洪先却觉得这边风景独好。他喜爱的不只是山水，而是在山中享受思想的乐趣。再如《练中丞故墅》①：

三洲烟草暮江滨，未问遗墟泪下频。
破冢有山归别主，远孙无食寄贫邻。
百年天地谁非幻？万古君臣独在身。
莫道高名能引祸，风尘多少不归人。

练中丞即练子宁。练子宁（？～1403），名安，江西新淦人。洪武十八年（1385）殿试榜眼，建文年间拜御使大夫，性刚烈。燕王朱棣起兵谋夺皇位，子宁不肯归附，被诛并族全家。练子宁善诗文，有《金川玉屑集》。罗洪先此诗，对这位前贤的寂寞身后事表示同情，同时流露出对政治风云变幻莫测的厌倦。而《游峡山》一诗，更体现出罗洪先的心境：

飞来古寺枕江边，钟鼓微茫树接烟。
千点落花寒食雨，数声啼鸟夕阳天。
妙高台上多遗草，如意亭中有太玄。
我是九霄云路客，岂应疏懒傍鱼船？

诗的前两联，写薄暮的情景，景致幽静，但格局宏大。数声啼

① 罗洪先：《念庵罗先生集》卷十二，《四库全书存目丛书》集部第90册，齐鲁书社1997年版，第54页。

鸟，更衬托出诗人平静而又丰富的内心世界。后两联，诗人写自己身为状元，不应疏懒，而应致力于学问，以求造福苍生。

罗洪先诗的另一个特点是出语自然，但不落俗套。如《天池寺》①：

颠仙丹成献明主，半留天池人莫取。

出岫常为一片云，有时解作千峰雨。

诗人以颠仙自喻，“丹成”，即学有所成。遇到圣明的天子，诗人也愿去尽心辅佐，但他会时时保持着自己高洁的操履。“出岫常为一片云”，写平静的内心世界；“有时解作千峰雨”，则表达出普济苍生的志愿。此诗如白话一般流畅，诗人仿佛不是在作诗，而是与我们面谈，倾诉心曲。又如：

《后园续咏六首》(其二)

棠藜花开深浅黄，燕子初飞日渐长。

草亭坐久客不到，半雨半风春自狂。②

《后园续咏六首》(其四)

南村云起北村晴，晴鸠雨鸠更互鸣。

东风吹雨衣不湿，我在桃花深处行。③

写田园风光，如同《竹枝词》一般清新、欢快。诗中包含着对生活真切的感受，耐人涵咏。

---

① 罗洪先:《念庵罗先生集》卷十二,《四库全书存目丛书》集部第90册，齐鲁书社1997年版，第56页。

② 罗洪先:《念庵罗先生集》卷十三,《四库全书存目丛书》集部第90册，齐鲁书社1997年版，第85页。

③ 罗洪先:《念庵罗先生集》卷十三,《四库全书存目丛书》集部第90册，齐鲁书社1997年版，第86页。

第七章　理想的挽歌：晚明状元与文学

晚明是一个文采风流的时代，也是一个充满道德危机感的时代。谈到晚明，人们总是感叹“士风下滑”，认为这是明亡的一个重要原因。士风，体现了知识分子的道德意识、社会理想。“士风下滑”在晚明是客观存在的，但也并非绝对。晚明状元呈现出两极分化现象，既有整日钩心斗角、结党营私之徒，置天下兴亡于不顾，令人痛心疾首；也有一些状元，敢于仗义执言，心系天下安危，国破之后，不惜以身殉国。他们虽然百般努力，却无回天之力，这更加令人感慨。从他们保留下来的为数不多的文学作品中，我们听到了一曲道德理想主义的挽歌。

第一节　状元焦竑与晚明文学思潮

晚明是一个比较模糊的概念。现在学术界较为流行的看法是将万历十五年（1587）作为晚明的起点。本书亦遵循此说。以此为界，晚明产生的第一位状元是焦竑。

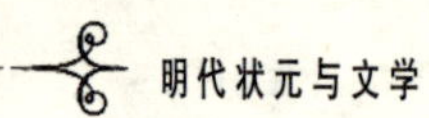

焦竑（1541～1620），字弱侯，号澹园，山东日照人，户籍江苏江宁（今南京），万历十七年（1589）己丑科状元。他早年受讲学之风的影响，一生不忘对思想和学问的追求。进入晚明以后，焦竑在学界的地位日益突出。他与李贽交往密切，对公安派作家有重要影响。他融贯三教，重视性灵，与晚明文学思潮有相通之处。同时，他主张“华实相副”，标举治世之音，是从传统儒家思想的角度，给晚明道德危机开出的一剂药方。焦竑的一生，跨越了嘉靖后半期乃至隆庆、万历朝的大部分时间，堪称是一位站在时代转折点上的文化巨人。

焦竑的前半生，在科举之路上走得相当艰难，年近五十才考中状元。他的仕途也不顺利。万历二十二年（1594），大学士陈于陛荐他领衔修国史，“竑逊谢，乃先撰《经籍志》，其他率无所撰，馆亦竟罢”①。翌年皇长子出阁，焦竑为讲官，因进《养正图解》，招致同僚及上司的排挤。万历二十五年（1597）主持顺天乡试时，因考生用语险诞而被弹劾，谪福宁（今福建霞浦县）州知州，翌年又被降级，遂辞职归南京。焦竑年轻时便以学问识见而声名远播，辞官后，他埋首著述，“识弥高，养弥邃，综万方之略，究六艺之归”②，声望日隆。在当时士人中，他的影响甚至超过了文坛领袖王世贞。他的门人、明末著名科学家、政治家徐光启在其《尊师澹园焦先生续集序》中说，“吾师澹园先生，粤自

① 张廷玉等：《明史》卷二百八十八《列传第一百七十六·文苑四》，中华书局1974年版，第7392页。

② 耿定力：《焦太史澹园集序》，见焦竑撰、李剑雄点校《澹园集》，中华书局1999年版，第1211页。

早岁则以道德经术标表海内，巨儒宿学，北面人宗”，其著述“无不视为冠冕舟航”。①《明儒学案》亦称：“金陵人士辐辏之地，先生主持坛坫，如水赴壑，其以理学倡率，王弇州所不如也。”② 甚至一些外国传教士也慕名前往拜访焦竑。意大利人利玛窦（Matteo Ricci，1552～1610）在回忆录中写道：“当时，在南京城里住着一位显贵的公民，他原来得过学位中的最高级别，中国人认为这本身就是很高的荣誉……这个人素有我们已经提到过的中国三教领袖的声誉。他在教中威信很高。”③ 利玛窦提到的这个人，就是曾经中过状元、又以学问名闻天下的焦竑。

焦竑自幼博览群书，治学孜孜不倦，在文、史、哲、音韵、考据等方面都取得了不凡成就。其主要著作除了《澹园集》四十九卷、《澹园续集》二十七卷外，还有《国史经籍志》五卷、附录一卷、《焦氏笔乘正集》六卷、《焦氏笔乘续集》八卷、《笔乘别集》六卷、《支谈》三卷、《国朝献征录》一百二十卷、《玉堂丛语》八卷、《养正图解》二卷等等。另外，他还评点和编纂过大量作品。他的学问之博、著述之丰，可追步杨慎。与杨慎不同的是，焦竑更热衷于学问的研讨和思想的探究，其文化身份近于学者而非作家。《明史》对焦竑思想的深刻程度认识不足，将焦竑列入《文苑列传》，未入《儒

① 徐光启：《尊师澹园焦先生续集序》，见焦竑撰、李剑雄点校《澹园集》，中华书局1999年版，第1219页。

② 黄宗羲：《明儒学案》卷三十五《泰州学案四·文端焦澹园先生竑》，见《明代传记丛刊》第2册，明文书局1991年版，第15页。

③ 利玛窦、金尼阁著：《利玛窦中国札记》，广西师范大学出版社2001年版，第358、359页。

林列传》，实在是一种误解。

虽然焦竑没有将主要精力投放到文学创作上，但这并不代表焦竑轻视文学。他博采综收、融会贯通的思想，与晚明文学思潮有相通之处。

一、思想融会贯通，倡导性灵之说

焦竑的思想，主要受泰州学派影响。嘉靖四十三年（1564），焦竑24岁，乡试中举。当时南京讲学之风大炽，耿定向①、罗汝芳②、王襞③等人先后到南京讲学。焦竑躬逢其盛，拜这些著名学者为师，努力探求身心性命之学。其中，耿定向对焦竑一生的影响最大，他是将焦竑引到学术之路上的第一人。嘉靖四十五年（1566），耿定向在天台建立崇正书院，选十四府名士就读于其间，推荐焦竑为学长，有时还令焦竑代执讲席，焦竑在诸生间声名鹊起。焦竑对耿定向十分尊重，毕生执弟子之礼。耿定向的思想较为正统，焦竑受其影响，思想中也有较为传统的一面。但是焦竑后来转益多师，加上自己的独立思考，思想与耿定向不尽相同。万历十四年（1586），罗汝芳至南京讲学，焦竑前去听讲，大为折服，遂投入罗汝芳门下。罗汝芳吸收了佛教禅宗的思想，认为只要顺着本心，即赤子良心去应顺事物，就自然会当下符合“天理”之善。《明儒学案》称罗汝芳的思想“一

---

① 耿定向（1524～1596），字在伦，号天台，又号楚侗，湖北黄安人。

② 罗汝芳（1515～1588），字惟德，号近溪，江西南城人。

③ 王襞（1511～1587），字宗顺，号东崖。泰州学派创始人王艮次子，曾师从王畿。

洗理学肤浅套括之气”①。受罗汝芳影响，焦竑逐渐摆脱了理学的束缚。“孔孟之学，尽性至命之学也，独其言约旨微，未尽阐晰，世之学者又束缚于注疏，玩狎于口耳，不能骤通其意。释氏诸经所发明，皆其理也。苟能发明此理，为吾性命之指南，则释氏诸经，即孔孟之义疏也，而又何病焉！”②焦竑不拘泥于“儒释之短长”，而以真理为指归，指出“学者诚有志于道，窃以为儒释之短长，可置勿论，而第反诸我之心性。苟得其性，谓之梵学可也，谓之孔孟之学可也，即谓非梵学、非孔孟学，而自为一家之学，亦可也”③。焦竑为学主张“学道者当尽扫古人刍狗，从自己胸中辟取一片乾坤，方成真受用，何至甘心死人脚下”④。焦竑后来与李贽的交往，更体现出他学术思想开放的一面。

焦竑与李贽的交往，约始于隆庆四年（1570）前后。这一年，李贽来到南京，任南京刑部主事，两人一见如故。从隆庆四年（1570）到万历五年（1577），在李贽任官南京的这段时期内，他们“朝夕相处，穷诣彼此实际。夫不诣则已，诣则必尔，乃为冥契也”⑤，两人从此结下了深厚的友谊。万历五年（1577），李贽赴云南姚安任太守，焦竑作《送李比部》，

---

① 黄宗羲：《明儒学案》卷三十四《泰州学案三·参政罗近溪先生汝芳》，见《明代传记丛刊》第1册，明文书局1991年版，第792页。

②③ 焦竑：《澹园集》卷十二《答耿师》，中华书局1999年版，第82页。

④ 焦竑：《焦氏笔乘》续集卷二《支谈上》，上海古籍出版社1986年版，第230页。

⑤ 李贽：《续焚书》卷二《寿焦太史尊翁后渠公八秩华诞序》，《焚书·续焚书》，岳麓书社1990年版，第336页。

诗中有句云："相知今古难，千秋一嘉遇。而我狂简姿，得蒙英达顾。肝胆一以披，形迹非所骛。"① 万历九年（1581），李贽到黄安投奔好友耿定理（耿定向之弟），约焦竑至黄安相会。二月，二人相会于黄安。万历二十八年（1600），李贽遭当局迫害；次年遇害。焦竑为其整理出版了《李氏遗书》、《焚书》、《续焚书》等。

李贽是中晚明时代的一位思想怪杰，对晚明文学思潮有深刻影响，特别是对公安派的影响最大、最直接。但李贽的思想最初并不为"公安三袁"了解，是焦竑在李贽与公安派之间搭建了一架桥梁。

焦竑通过与袁宗道的交往，最早对"公安三袁"发生影响。袁宗道是万历十四年（1586）会元，殿试名列二甲，以庶吉士身份进入翰林院。三年后，焦竑考取状元，授翰林院修撰。袁宗道比焦竑小二十岁，他久闻焦竑之名，前往问学。在此之前，袁宗道一度迷信道家养生之说。袁中道在《石浦先生传》中说，袁宗道曾"抱奇病，病几死。有道人教以数息静坐之法有效，始闭门鼻观，弃去文字障，遍阅养生家言。……先生（指袁宗道）官翰林，求道愈切。……己丑，焦公竑首制科，瞿公汝稷官京师，先生就之问学，共引以顿悟之旨。……先生于是研精性命，不复谈长生事矣"②。焦竑授袁宗道"顿悟之旨"，不仅将其从宗教中拉出来，使其思想上升到更高的哲学层次，而且对公安派文学思想的形成有

① 焦竑：《澹园集》卷三十七，中华书局1999年版，第588页。

② 袁中道：《珂雪斋集》，上海古籍出版社1989年版，第708、709页。

重要意义。钱谦益《列朝诗集小传》认为，公安派“实自伯修发之”①。而袁宗道早年受复古派影响较深，马积高指出：“小修《石浦先生传》言伯修早年本学济南、琅琊之文，联系起来看，我们完全可以推测伯修在文学观上也受到焦竑的影响，从而发生转变。”② 这种推测是有一定依据的。早在万历十四年（1586），焦竑在《焦氏笔乘·支谈》中便曾经提出“学道当扫尽古人刍狗，从自己胸中辟取一片乾坤，方成受用。何至甘死在古人脚下”③ 的治学主张。这种精神，对袁宗道从复古主义的束缚中解脱出来无疑大有帮助。公安派的另一名重要成员陶望龄是万历十七年（1589）会元，与焦竑为同年。焦竑与袁宗道、陶望龄等同在翰林院，接触较多。袁宗道从焦竑处习得性命之学，又将此传授给两个弟弟袁宏道、袁中道。袁宏道、袁中道也因乃兄之故，先后与焦竑结识。从焦竑口中，他们开始对李贽有所了解，并对李贽的思想发生了兴趣。朱国祯《仿洪小品》记载：“焦弱侯推尊卓吾，无所不至。谈及，余每不应。一日，弱侯闻曰：‘兄有所不足耶？即未必是圣人，可肩一狂字，可坐圣门第二席。’”④ 袁中道曾向焦竑询问李贽的情况，焦竑向他介绍了自己同李贽交往的过程：

---

① 钱谦益：《列朝诗集小传》丁集中《袁庶子宗道》，见《明代传记丛刊》第11册，明文书局1991年版，第607页。

② 马积高：《宋明理学与文学》，湖南师范大学出版社1989年版，第288页。

③ 焦竑：《焦氏笔乘》，上海古籍出版社1986年版，第230页。

④ 朱国桢：《涌幢小品》卷十六《黄叔度二诬辩》，文化艺术出版社1998年版，第377页。

> 予问先生（焦竑）曰："若李卓吾（李贽）者，先生能信其了此大事否？"先生曰："是非所知也。然其见地亦甚高，乃世之学者比之于魔焉，则过矣。卓吾初官南都，予友人谓予曰：'李某却有仙风道骨，若得此人入道，进未可量。'后见其人果然。久之乃向学，每聚会之中，嘿无一言，沉思而已。如此数年，谈锋始发，然亦时时有疑。及至楚，有书来曰：'今之卓吾，非昔日之卓吾也。若如昔之卓吾，亦何贵卓吾哉！'其自任如此。"①

焦竑称赞李贽"见地亦甚高"，且好学深思，不断精进。当然，从焦竑的口气中，我们可以听出他对李贽的看法亦有所保留。他对李贽的学问造诣没有作直接评价，而是借李贽的言行来说明其"进未可量"。焦竑与袁宗道的身份相近，同在馆阁任职，因此，他们的思想要相对保守一些。而袁宏道则与李贽性情更为相投。万历十九年（1591），袁宏道慕名造访李贽，两人相谈甚洽。李贽留袁宏道住了三月有余，正式建立起师生关系。袁宏道在文学方面具有更高天赋，逐渐取代袁宗道成为公安派的旗手。相对于李贽对袁宏道的影响而言，焦竑对袁宗道的影响不太受世人关注，这是情有可原的。

袁宏道于万历二十四年（1596）左右在《叙小修诗》中提出"独抒性灵，不拘格套"，这句话常被后人用来概括公安派的文学主张。其实，"性灵"之说，并非由袁宏道首创。早

---

① 袁中道：《游居杮录》卷三，青岛出版社 2005 年版，第 49、50 页

在万历十年（1582），焦竑在《雅娱阁诗序》中便曾经提出："诗非他，人之性灵之所寄也。"① 万历三十九年（1611），他又在《题寄心集》中重申："蒙庄有言，诗以道性情。盖以洞达性灵，而劝谕箴贬，以一归于正，即其恳款切至，要必和平温厚，婉委而有余情。"② 可见，将诗与性灵联系在一起，是焦竑的一贯主张。袁宏道对性灵文学的提倡，极有可能受到焦竑的影响。不过，袁宏道将性灵说推而广之，使之适用于包括散文在内的一切文体，并且将性灵说与"不拘格套"联系在一起，使之具有了反传统的革命意义。而焦竑的性灵说，依然植根于传统的土壤之内，其性灵说的出发点是"一归于正"，这与明末清初思想家王夫之论诗主"性情之正"的观点颇为相似。

二、主张"华实相副"，标举"治世之音"

焦竑曾编《国史经籍志》，其《集类·别集》跋曰：

汉初著作，未以集名。梁阮孝绪始有《文集录》，《隋志》因之。至今众士慕尚，波委云属，不可胜收矣。顾兵燹流移，百不存一。以彼掉鞅辞场，风雨生于笔札，金璧耀乎简编，岂不谓独映一时，垂声千古哉？而一如烟云过眼，转盼以尽。以此知士之所恃不在徒言也。然而名谈玮论、阐道济时者，盖间有之。今具列于篇，仍为别集。③

---

① 焦竑：《澹园集》卷十五，中华书局1999年版，第155页。

② 焦竑：《澹园集》续集卷九，中华书局1999年版，第911页。

③ 焦竑：《国史经籍志》卷五，《四库全书存目丛书》史部第277册，齐鲁书社1996年版，第508、509页。

焦竑的文学态度，于此可见一斑。“风雨生于笔札，金璧耀乎简编”，士人依靠文学建立起来的声名，在焦竑看来，是转瞬即逝的。“士之所恃不在徒言”，而在于能够有“名谈玮论、阐道济时”。焦竑并不反对文学，但反对徒具文学形式、毫无思想价值的作品。我们注意到，焦竑编写《国史经籍志》，原是作为官修《国史》的一部分。因此，上面的这段文字，可视为焦竑郑重提出的文学主张。

在其他场合，焦竑也表达着同样的观点。他在《与友人论文》中提出“华实相副”的主张，要求形式与内容相统一。他首先肯定文法的重要性：“惟文以文之，则意不能无首尾，语不能无呼应，格不能无结构者，词与法也。”但是文法要为内容服务，“而不能离实以为词与法也”。他指出：“六经四子无论已，即庄、老、申、韩、管、晏之书，岂至如后世之空言哉？庄、老之于道，申、韩、管、晏之于事功，皆心之所契，身之所履，无丝粟之疑，而其为言也，如倒囊出物。借书于手，而天下之至文在焉，其实胜也。汉世蒯通、隋何、郦生、陆贾，游说之文也，而宗《战国》；晁错，贾谊，经济之文也，而宗申、韩、管、晏；司马相如、东方朔、吾丘寿王，谲谏之文也，而宗《楚辞》；董仲舒、匡衡、扬雄、刘向，说理之文也，而宗《春秋》、《左氏》。其词与法可谓盛矣，而华实相副，犹为近古，至于今称焉。”①

其《环碧斋稿序》云：“夫人亦各行其所安，不必强同也。余以诗文讽议，窃禄于朝，而畴曩篇咏，不啻减半，殆精

① 焦竑：《澹园集》卷十二，中华书局1999年版，第93页。

力有所用，不欲罢之此耳。”① 门人陈懿典在为其文集作序时也指出：“其精神所注，在大道与经世，而不在于为文”②。门人徐光启评价焦竑之文：“盖先生之文，于理学家言则备矣……读其文而有能益于德，利于行，济于事，则一而已。”③焦竑本人与其门人说法一致，都表明焦竑的主要兴趣在于思想、学术，而不在于文学本身。

焦竑早年也曾受复古思想影响，并有志于为文，并在古文方面取得了一定成就。《明史》称焦竑“善为古文，典正驯雅，卓然名家”④。

焦竑之文，不盲目好古，重视风格与内容的统一。举一个或许不太恰当的例子，即他在任东宫讲读官期间曾为太子编写《养正图解》，当时为太子担任讲读官者有六人，除焦竑外，其他人不过是依经解义，走走过场而已，焦竑却把讲读之职看得非常重要，尽心尽职地去做好。每次讲完课，他不是马上告退，而是就讲课的内容请太子提问。当时太子年方13岁，开始时，太子提不出什么问题，后来在他的启发下，问答如流，聪明日放。他还选辑古代60个有作为的太子的故事，编成一本图文并茂、实用性和适用性都强的书，名《养正图解》，打算进呈太子，引起同任讲读官的郭正域等人的不满，遂作罢。后来焦竑的儿子将书稿携回南京刊刻，有太监见到此书，进呈

① 焦竑：《澹园集》卷十五，中华书局1999年版，第158页。

② 焦竑：《澹园集》续集附编二，中华书局1999年版，第1214页。

③ 焦竑：《澹园集》续集附编二，中华书局1999年版，第1220、1221页。

④ 张廷玉等：《明史》卷二百八十八《列传第一百七十六·文苑四》，中华书局1974年版，第7393页。

神宗御览，神宗大加称赞。这令郭正域等人既惭愧又嫉恨，屡向大学士张位进谗言。万历二十五年（1597），焦竑主持顺天乡试。在张位等人的主谋下，焦竑被坐以坏文体之罪，外调福宁州同知。从这件事中，我们一方面可以看出晚明官场倾轧之激烈，另一方面也说明《养正图解》确实编得好，所以才会招致别人的嫉恨。《养正图解》的好处就在于它的实用性和适用性。

诗文体性有异，诗的实用性显然不能与文一概而论。因此焦竑论诗，不太强调实用性。但他依然反对形式主义的诗歌，提倡诗中须有真情实感，有为而作。如，他在《题谢康乐集后》中说：

> 以兴致为敷叙点缀之词，则敷叙点缀皆兴致也；以格调寄俳章偶句之用，则俳章偶句皆格调也。以故芙蕖初日，惠休揖其高标；错彩镂金，颜生为之却步，非此故欤？不然李唐以来，类欲攀屈宋之逸驾，薄齐梁之后尘矣，遽使之规迹古风，配陶凌谢，其可乎？余观弘正一二作者，类遗其情，而模古之词句；迨其下也，又模模之者之词句，本之不硕，而第繁其枝，欲其有可食之实，可匠之材，难矣！以彼知为诗，不知其所以诗也。①

这段话主要是针对“七子”的复古主张而发。焦竑指出，诗应当发自内心，形式与内容相统一。他要求把握诗的本质，“知其所以诗”，这些观点都是值得重视的。朱彝尊称焦竑“诗特清新”，便是因为焦竑的诗发自内心世界。

---

① 焦竑：《澹园集》卷二十二，中华书局1999年版，第275、276页。

焦竑尊重诗的文体特性，没有从实用主义立场对诗提出要求，但却在风格上有所要求。他在《弗告堂诗集序》中提倡这样的风格：

> 盖公标格令上，天宇清真，雍容谦和，声华自远，故其诗不激而高，不刻而工，隽永藏于温醇，纤秾寓之雅淡，所称治世之音者，非耶？①

在政治腐败、士风下滑的晚明，提倡所谓“治世之音”，不免有些脱离现实，却也包含着一种期望，即：诗应当体现出社会责任感，发挥诗教的功用，如《毛诗序》所言“上以风化下”。这对馆阁文学而言，尤其重要。

焦竑的这种观点，在晚明不乏同调。如刘尚信为万历三十二年（1604）甲辰科状元杨守勤的文集作序，开篇指出：

> 尝谓明兴文章莫盛于馆阁，自潜溪、括仓、东里导源，长沙辟户，其丝纶选暇，添火为章，亦既纸贵鸡林，杈传凤阁矣。隆万以来，代兴之权，似属旁落，少年凌厉，高视坛坫。遂远祧法匠，而近宗末师，风向所趋，气格顿尽。彼如春红斗嫣，秋潦狂溢，亦奚裨于用而垂不朽？为读是集，而窃幸笙簧金玉之章，芽茁浑灏之气，尚留人间也。②

刘尚信的这段评论，可视为是馆阁文学对复古运动的反击。时至晚明，复古运动特别是其末流招致了不少批判。公安派、唐

---

① 焦竑：《澹园集》卷十六，中华书局1999年版，第169页。

② 刘尚信：《〈宁澹斋文集〉序》，见杨守勤《宁澹斋全集》卷首，《四库禁毁书丛刊》集部第65册，北京出版社1999年版，第223页。

宋派等主要是从文学本身对复古运动发起攻击，而馆阁文人也加入攻击的行列，只是其出发点是“裨于用”。或许馆阁文人对文学寄予了太多功利性的期待，是文学本身所无法负担的，如政治的腐败，士风的下滑，种种社会痼疾，不是仅靠文学就能医治得好的。但文学作品应当包含一定的社会责任感，这种观念还是值得赞许的。

第二节 党争影响下的晚明状元文学

晚明时期，继焦竑之后，共有 18 位状元登上历史舞台。他们当中，既有风骨棱棱的东林党人，也有软滑的政治投机家；既有祸国的奸臣，也有以身殉国的忠烈。虽然只有极少数晚明状元的别集得以流传至今，但是就文学与社会政治现实的关系而言，晚明状元的作品或许是最值得我们掩卷沉思的。

一、士风·党争·状元

明代中期王阳明心学的广泛传播，引发了对个体生命价值的关注和思考，至晚明，经过李贽等人的阐发，进而发展为对生命欲望的尊重和对许多传统观念、道德信仰的颠覆。这在思想史上有其进步意义，推动了晚明文学艺术的繁荣，但对维护当时的社会秩序而言，却颇为不利。龚鹏程在其《晚明思潮》一书中将晚明士人对王学的不满作了如下概括：“可见当时对王学的主要不满，在于王学强调尊德性，重视安顿个人身心性命、成就圣贤人格，而未能在‘纪纲世界’这方面多所建树。阳明本人虽有事功，但其学问之形态却未能教人如何开物成务。用儒学的术语来说，便是仅有内圣学，缺乏外王学。”① 阳明后学更是对当时的社会统治构成威胁。因此，王学在晚明时期遭到官方的严厉打压。不过，将晚明社会秩序的崩溃完全归咎于王学是不公平的。晚明社会的败落，更多地应当从明代君主专制政体内部寻找原因。相对于王学而言，程朱理学固然有利于建立一个“纪纲世界”，但在明代君主专制政体下，由于缺乏对君权的足够约束，“纪纲世界”建立的前提首先是要有一个好皇帝。这一前提，早在明代中期就已消失了。

整个明代中后期，只有在张居正当国时，政治上才能看到一点点亮色。万历皇帝亲自执政后，专用软熟之人为相，张四维、申时行相继任首辅。申时行（1535～1614），榜姓徐，字汝默，号瑶泉，晚号休休居士，直隶长洲（今江苏苏州）人，嘉靖四十一年（1562）壬戌科状元。他初任首辅期间，为政宽大，广开言路，受到朝臣称赞。但神宗不喜言官抨击时政，凡言事者皆被贬谪。朝臣们希望申时行站出来说话，但申时行无力改变现实，被朝臣视为软弱无能，声望大损。后因事受到言官弹劾，力请辞官。此后，家居二十余年，家中蓄有戏班，对明代苏州地区戏曲的繁荣有一定影响。对晚明政治的弊病，申时行曾一针见血地指出：“上下否隔，中外睽携，自古国家未有如此而能久安长治者。”②

“纪纲世界”的瓦解，皇帝的废政，使晚明社会逐渐病入膏肓。孟森《明史讲义》将这段历史进程概括如下：

---

① 龚鹏程：《晚明思潮》，商务印书馆 2005 年版，第 69 页。

② 申时行：《赐闲堂集》卷三十八，《四库全书存目丛书》集部第 134 册，齐鲁书社 1997 年版，第 792 页。

> 明之衰，衰于正、嘉以后，至万历朝则加甚焉。明亡之征兆，至万历而定。万历在位四十八年，历时最久，又可分为三期：前十年为冲幼之期。有张居正当国，足守嘉、隆之旧，而又或胜之。盖居正总揽大柄，帝之私欲未能发露，故其干济可观，偏倚亦可厌，而若穆宗之嗜欲害政则尚无有，纯乎阁臣为政，与高拱之在穆宗朝大略相等。至居正卒后，帝亲操大柄，泄愤于居正之专，其后专用软熟之人为相。而怠于临政，勇于敛财，不郊不庙不朝者三十年，与外廷隔绝，惟依奄人四出聚敛，矿使税使，毒遍天下。庸人柄政，百官多旷其职；边患日亟，初无以为意者。是为醉梦之期。至四十六年，清太祖公然起兵，入占辽、沈，明始感觉，而征兵征饷，骚动天下，民穷财尽，铤而走险，内外交乘，明事不可为矣。是为决裂之期。①

万历朝是明代历史上一段漫长的时期，其大部分时间处于“醉梦之期”。姜应麟为状元杨守勤《宁澹斋文集》所作《叙》中称：“昔神庙中叶，崇尚无为，诸天下几务一切休之以静，即储讲亦久辍焉。”②

万历朝纲纪废弛，君臣否隔，导致党争的出现。《明史·本纪第二十一·神宗二》指出了神宗对党争产生所负的责任：“神宗冲龄践阼，江陵秉政，综核名实，国势几于富强。继乃因循牵制，晏处深宫，纲纪废弛，君臣否隔。于是小人好权趋

① 孟森：《明史讲义》，中华书局1981年版，第246页。

② 姜应麟：《〈宁澹斋文集〉叙》，见杨守勤：《宁澹斋全集》，《四库禁毁书丛刊》集部第65册，北京出版社1999年版，第219页。

利者驰骛追逐，与名节之士为仇雠，门户纷然角立。驯至悊、愍，邪党滋蔓。在廷正类无深识远虑以折其机牙，而不胜忿激，交相攻讦。以致人主蓄疑，贤奸杂用，溃败决裂，不可振救。故论者谓明之亡，实亡于神宗，岂不谅欤。"① 党争被认为是导致明亡的重要原因。明末学者夏允彝在《门户大略》中指出："然朋党之论一起，必与国运相始终，迄于败亡者，以聪明正直之士，世道攸赖，必以党目之，于是精神智术俱用之相倾轧，而国事座误不暇顾也。"②

明代自嘉靖"大礼议"之后，朝中官僚集团便分为不同派系，为争夺内阁首辅权位攻讦不休，但尚无固定门户。万历间，形成了以内阁辅臣沈一贯、方从哲为首的浙党，给事中亓诗教为首的齐党，给事中官应震为首的楚党，宣城人汤宾尹为首的宣党，昆山人顾六峻为首的昆党等。万历二十一年(1593)，岁在癸巳，为京察之年③，史称"癸巳京察"。这次京察中，一些正直的官员遭到迫害，如高攀龙、顾宪成、赵南星等。他们回到家乡，以东林书院为据点，定期讲学。讲学之余，他们往往抨击时政，影响日益扩大。朝廷中的反对派称之为东林党，他们则将朝中各派系称作邪党。天启初，东林党人掌握了朝廷大权，浙、齐、楚三党为了和东林党对抗，联合起

① 张廷玉等：《明史》卷二十一《本纪第二十一》，中华书局1974年版，第294、295页。

② 夏允彝：《门户大略》，见计六奇《明季北略》卷二十四，中华书局1984年版，第687页。

③ 明代考察官吏之制分京察和外察。京察考核京官，六年一次，每逢巳、亥年进行。外察考核地方官吏，三年一次，乘地方官进京朝觐之机进行。京察成为不同派系打击异己、培植势力的大好时机。

来，投到宦官魏忠贤门下，成为阉党。魏忠贤兴起大狱，对东林党残酷镇压。崇祯继位后，铲除魏忠贤，严禁党争，但门户之争依然存在。崇祯时，内阁频频换人，有“崇祯五十相”之说。这一方面是由于崇祯有心振作，另一方面也与当时门户倾轧之激烈有关。

二、多元的人生价值取向

持久、激烈的晚明党争，对状元的选拔、仕途都产生了重大影响，不少状元也卷入其中，呈现出多元化的人生价值取向。这在他们的文学创作中也有所反映。

（一）机变日增

顾炎武《日知录》云：“万历以后，法令存而教化亡，于是机变日增，而材能日减。”① 顾炎武指出的这种现象在状元中也很突出。在晚明状元中，有不少道德沦丧之辈。他们周旋于各种政治力量之间，不择手段地往上爬，在登上高位之后，便尸位素餐，甚至因平庸而误国。由于人品不足贵，其作品也流传得不广。

韩敬（1584～?）字简宇，一字求仲，号止修。浙江归安（今浙江湖州）人。万历三十七年（1609）参加顺天府乡试取得第二名。次年会试，“宣党”汤宾尹为会试同考官，越房录取韩敬，其他考官竞相仿效，越房录取者达 18 人。榜发，士论大哗。殿试时，汤宾尹又做了手脚，使韩敬成为状元。同榜探花钱谦益是东林党人，深受大学士叶向高器

---

① 顾炎武著、黄汝成集释、秦克诚点校：《日知录集释》，岳麓书社 1994 年版，第 313 页。

重，本来很有希望夺魁。二人因此结怨。三年后，因顺天乡试案发，御史孙居相、给事孙振基揭发汤宾尹作弊事，韩敬落职闲住，此后著书自娱，编有《后学津梁》等。天启元年（1621），钱谦益任浙江乡试主考官，韩敬捏造关节，设计陷害，使其落职。韩敬天资聪慧，文才出众，但人品不佳，其作品流传下来得很少。

周延儒（1593~1643）字玉绳，号挹斋，直隶宜兴（今江苏宜兴）人。万历四十一年（1613）会试、殿试皆第一。天启中，累迁至少詹事，掌南京翰林院事。崇祯二年（1629）十月，皇帝下诏会推阁臣，周延儒与礼部侍郎钱谦益皆有入选可能。周延儒联合温体仁向钱谦益发难，最终钱谦益夺官闲住，周延儒获推入阁。次年，周延儒升首辅。他居官不谨，崇祯四年（1631），录取姻亲陈于泰为状元，周、陈两家子弟横行乡里，引起民愤，加上温体仁暗中攻讦，周延儒不得不在崇祯六年（1633）引疾乞归。归田后，他与复社来往密切。复社号称“小东林”，领袖张溥是周延儒门生。张溥筹集了六万两银子，疏通言路，帮助周延儒于崇祯十四年（1641）重返内阁，再次成为首辅，复社的势力也因此达到顶峰。周延儒按照复社的要求，革除弊政，提拔了一批东林党人，并追赠已故文震孟，获得了朝野上下的一致赞扬。但周延儒在治国方面其实并无才能。崇祯十六年（1643），清兵北上，周延儒不得已请督师，却不敢迎战，谎报军情，遭弹劾，被赐死。他对明亡负有不可推卸的责任，被列入《明史·奸臣列传》。

陈于泰，字大来，直隶宜兴（今江苏宜兴）人。崇祯四年（1631）辛未科状元。陈于泰能中状元，得力于他和首辅周延儒的姻亲关系。为掩人耳目，周延儒在会试时将才子吴伟业列为第一名。殿试时，读卷官毕自严为讨好周延儒，将陈于泰列为第一进呈，一时公论大哗。明亡后，陈于泰落发为僧，有《绣胸斋稿》，已佚。他是清代阳羡词派代表人物陈维崧的从叔祖。

魏藻德（1605～1644），字思令，号清躬，顺天通州（今北京通州）人。崇祯十三年（1640）庚辰科状元。时内忧外患，崇祯帝思得异才，于殿试之后，复召48人于文华殿面试，问"绥边靖患、报仇雪耻"之策。魏藻德口才极佳，大谈"知耻"，并自叙守通州之功。崇祯认为他很有抱负，擢为第一。崇祯十六年（1643）五月，骤擢入阁。大学士陈演见魏藻德受宠，于是曲相比附。陈演罢，魏藻德继为首辅，居位无所建树，平庸误国。李自成入京，魏藻德偷生不得，死后遭到世人唾弃。《明史》评论道："至于演、藻德之徒，机智弗如，而庸庸益甚，祸中于国，旋及其身。"①

（二）东林正气

晚明状元当中，不乏东林党人，他们敢于抨击时弊，积极与邪党、阉党作斗争，作品中表现出高尚的气节和忧国忧民的思想。

翁正春（1552～1626），字兆震，号青阳，福建侯官（今福建闽侯）人。万历七年乡试中举，会试屡考不中，循例署龙溪教谕。万历二十年（1592）中状元，累迁少詹事。万历三十八年（1610），翁正春升礼部左侍郎，充日讲官，寻署部事。时神宗不理朝政，适逢十一月出现日食，翁正春上言："君德象日，宜照临，不宜藏闭；宜发扬煦育，不宜收敛摧

① 张廷玉等：《明史》卷二五三《列传第一四一·魏藻德列传》，中华书局1974年版，第6551页。

抑。”不被采纳。次年八月万寿节，翁正春献《万寿八箴》曰：“清君心、遵祖制、振国纪、信臣僚、宝贤才、罢聚敛、恤民命、重边防。”皆切中时弊。汤宾尹、韩敬科场案发，翁正春定韩敬不谨之罪，遭到朝中“宣党”的忌恨，遭弹劾。翁正春遂辞官归田。天启元年（1621），熹宗起用翁正春为礼部尚书，翁正春不改本色，与阉党魏忠贤抗争，被皇帝降旨切责，次年又遭魏忠贤党羽弹劾，愤而辞官。

前人评价翁正春“为文赡丽典重，有冠裳佩玉之度”①。他曾作过一篇《读秘阁藏书赋》：

> 愧馆职之滥竽兮，徒大官之坐饷。感遭逢之鲜觏兮，敢蹉跎而孟浪？于是遨游清署，偃息玉堂。嘉古训之有获，鉴不学而面墙。俯流光兮若驶，期黾勉兮皇皇。况夫瀛洲春暖，太液波光。莺声睍睆，蝶影徜徉。兰猗猗其逞秀，莲冉冉以含香。当斯时也，余幸翰苑晴晖，词林清暇，寓目兮李邕之楼，骋心兮邺侯之架……余将以吟以咏，载玩载读，导文窾，批理窟，资之以黼黻皇猷，岂徒章句之是束。忆昔董子搜奇兮下帷幌，孟坚运思兮入毫芒，司马命意兮名山藏，边生经笥兮分天章。是皆涉中扃，窥窍堂，足以恢帝纪，振王纲。余诚不敢与数子并，窃有志焉，敢谦让乎未遑辞。

赋中表达了自己有志于“恢帝纪，振王纲”，并非泛泛而谈。他曾抗论魏忠贤，清代陈鼎《东林列传》卷十七收有他的传记。

① 《福建通志（乾隆）》卷四十三《人物一》，文渊阁《四库全书》本。

赵秉忠（1574~1626），字季卿，号阳，山东益都（今山东青州）人。万历二十五年（1597）乡试第九名，次年中状元。万历四十年（1612）出任江南乡试主考官，所录姚希孟、周顺昌等都是东林党人。累官礼部尚书，天启三年（1623），不满魏忠贤弄权，辞官归里，天启五年被魏忠贤削籍为民，愤郁而卒。有《峨山集》十二卷。他的《状元卷》保存至今，是我国科举制度1300多年唯以保存完好的原件。《明诗综》收赵秉忠诗一首《送张水部南归》①：

平子归田去，山川赋旧游。
遗荣才北阙，高兴已南州。
鲈鲙三江月，菰蒲五月秋。
襟期知旷达，尊酒写离忧。

不失为佳作。

钱士升（1575~1652），字抑之，号御屿，别号塞庵。浙江嘉善人。万历四十四年（1616）丙辰科状元。授修撰。在翰林与钱龙锡、钱谦益、钱象坤并负物望，有"四钱"之目。天启初，阉党当权，钱士升以养母乞归。久之，进左中允，不赴。崇祯元年（1628），应诏复出，任少詹事，掌南京翰林院。崇祯六年（1633），拜礼部尚书兼东阁大学士，参预机务。帝操切，温体仁以刻薄佐之，上下嚣然。士升因撰《宽简虚平四箴》以献，深中时弊，忤帝意。未几，乞休。明亡后七年始卒。有《赐余堂集》十卷。朱彝尊《静志居诗话》卷十七云，钱士升"丁离乱，故其诗多郁塞"。《明诗纪事·庚签·卷二十三》收其《入直诗》一首，可反映当时的内阁史

① 朱彝尊：《明诗综》卷六十三，文渊阁《四库全书》本。

实。

庄际昌（1584～1629），字景说，号羹若，原名梦岳，福建永春人。万历四十七年（1619）己未科状元。天启中，因批评《三朝要典》得罪魏忠贤，被削职为民。崇祯元年（1628），官复原职，旋升左庶子兼侍读，崇祯每召集群臣议事，都由庄际昌作记录，经常通宵达旦，因劳过度卒于任。著有《羹若文集》、《霞栖藏稿》等。

文震孟（1574～1636），初名从鼎，字文起，号湛持，直隶长洲（今江苏苏州）人。天启二年（1622）壬戌科状元。授翰林修撰。以言事降级。崇祯初复原官，崇祯八年（1635）擢礼部左侍郎兼东阁大学士，入阁预政。因得罪首辅温体仁，三个月便落职，归家半年后卒，追赠礼部尚书，谥文肃。有《药园文集》、《药圃诗稿》、《姑苏名贤小记》二卷。又，乾隆《江南通志·艺文志》著录有《竹坞藏稿》。文震孟是文征明的后人，他没有明中期吴中士人的放诞之习，而以名节自励。《姑苏名贤小记》作于未及第之前，该书"以当世目吴人为轻柔浮靡，而不知清修苦节之士可为矜式者不少，故择长洲、吴县人物卓绝者各为之传，而系以《赞》。首高启，终王敬臣，凡五十人。盖既以表前贤，又以励后进也"①。朱彝尊《明诗综》卷七十一引陈皇士语云："文公诗不多作，然不失台阁气象。"② 其《静志居诗话》云：

---

① 永瑢等：《四库全书总目》卷六十二《史部十八·传记类存目四·〈姑苏名贤小记〉二卷（两淮马裕家藏本）》，中华书局1965年版，第562页。

② 朱彝尊：《明诗综》卷七十一《文震孟》，文渊阁《四库全书》本。

> 文氏自温州守以来，累叶风流儒雅，为士林所推。相国晚达早归，崇祯五十辅臣骨鲠称首，乌衣子姓名节相继，不愧清门，是难能也。诗颇平缛。《拟古》一章缠绵婉约，庶几屈宋唐景之遗音乎。①

朱彝尊在《静志居诗话》中赞扬了文震孟的高风亮节。对于文震孟的诗歌创作，朱彝尊最欣赏的是《拟古·远行》，其诗如下：

> 江之阳兮有屿，江之阴兮有渚。朝而风兮夕而雨，望夫君兮渺何许？春波兮悠悠，日暮兮夷犹。擘青桂兮为楫，搴木兰兮为舟。怅含思兮凝睇，乘清风兮远游。远游兮上下，载行兮载舍，遵中流兮待君，将寄心于远者。②

诗中以夫妇喻君臣，写朝廷中权奸当道，君臣隔膜，作者的理想抱负无从实现，充满惆怅，只好借精神上的远游以纾解内心的苦闷。该诗缠绵悱恻，含蓄蕴藉，模仿《楚辞·远游》，深得其神韵。

（三）游心于艺

面对残酷的党争，有些状元自觉远离政治；还有些状元，受党争影响不那么明显，立朝正直，在文学方面也取得了一定的成就，如万历二十三年（1595）乙未科状元朱之蕃、万历二十九年（1601）辛丑科状元张以诚、崇祯元年（1628）戊辰科状元刘若宰等。

---

① 朱彝尊：《静志居诗话》十八，见《明代传记丛刊》第9册，明文书局1991年版，第680、681页。

② 朱彝尊：《明诗综》卷七十一《文震孟》，文渊阁《四库全书》本。

朱之蕃（1561～1626），字符价（或曰元介、元升），号兰嵎。世居山东茌平，后附南直锦衣卫籍（今江苏南京）。朱之蕃与焦竑堪作对比。焦竑潜心于学，朱之蕃则游心于艺。朱之蕃是明代状元中最有名的书画家。他及第时间比焦竑晚两科，他的父亲朱衣则与焦竑同年中乡试。按说有同乡、世交之谊，同在翰林院，焦竑应该与朱之蕃关系非常好。但焦竑却瞧不起朱之蕃，认为他身为状元、翰林，只知写字作画，没有济世之才，每次相遇则讥讽之。朱之蕃曾出使朝鲜，有《奉使稿》、《兰嵎诗文集》、《南还杂著》等。编有《明百家诗选》三十四卷，去取漫无持择，非善本。另据《千顷堂书目》记载，朱之蕃还编有《集中唐十二家诗》十二卷、《晚唐十二家诗》十二卷、《唐科试诗》四卷等。《静志居诗话》对他的评价是"元介文翰兼工，张旃东国，与馆伴周旋，有倡必和。微嫌诗材惯熟，语不惊人"①。且看其《和周吉甫春日移居》②：

身健当何患，尊盈不计贫。
古今成过客，风月属闲人。
但许横飞斝，休论倒着巾。
谩怜同调病，吾亦任吾真。

这首诗可看作是朱之蕃的自我写照。他希望作一个"风月闲人"，虽然身在官场，却有"竹林七贤"一般的魏晋风流。临死前，他对儿子说："人生聚则成形，散则成气，一来一去而

① 朱彝尊：《明诗综》卷六十三，文渊阁《四库全书》本。

② 《御选明诗》卷六十二《五言律诗十三·朱之蕃》，文渊阁《四库全书》本。

已。”谈笑而逝。朱之蕃诗歌的思想内容，多表现文人雅趣，较少关注国计民生。

张以诚（1565～1615），字君一，号瀛海，直隶青浦（今上海青浦）人。未及第时，曾入国子监读书，以善作八股文闻名于时。其八股文与冯梦祯、陶望龄、董其昌齐名。① 他为官淡于声色货利，注重名节，为士论所推重。官至谕德，事亲至孝，万历四十三年（1615）其父病故，张以诚哀毁过度而卒，年仅四十八。有《酌春堂集》十卷，现存于故宫。张以诚文宗苏轼，诗学孟浩然。《松风余韵》卷二六收张以诚遗诗五首：《渌水曲》、《送怀柔史令》、《赠萧大将军移镇渔阳》、《送同年佐南安郡》、《寿王洪洲学宪》。其《渌水曲》“香暖金堤时，湛淡春塘溢。已送行台花，复倒高楼日”②，表现出独特的美学追求。其《怀舅氏冯集甫》③ 更能代表张以诚的诗风：

骊驹唱春风，萧条忽秋色。
玉露零空庭，徘徊怅永夕。
高歌转成悲，追陪念畴昔。
狂呼月下尊，笑展花间奕。
清言竞倾倒，谑语互弹射。
岁月曾几何，关河邈暌隔。
依依渭阳情，冉冉光阴掷。
风尘惜离群，偃仰甘屏迹。
珍重云中书，深慰蓟门忆。

---

① 《松风余韵》卷二六《张以诚》，文渊阁《四库全书》本。

② 王鸿鹏选注：《中国历代状元诗（明朝卷）》，昆仑出版社2006年版，第256页。

③ 《御选明诗》卷三十二，文渊阁《四库全书》本。

浮云断南天，白日黯西匿。

申章何以报，但愿加餐食。

在这首诗中，张以诚充满深情地回忆了年轻时期与冯集甫在一起的一些生活片断，抒发了别后的思念之情。此诗正如唐代诗人孟浩然的作品一样，善于发掘自然和生活之美，即景会心，娓娓道来，富有真情实感，与明初的台阁体大不相同。张以诚作为馆阁文人，向终生不仕的田园诗人孟浩然学习，显示出这一时期馆阁文人的价值观及其文风的多元化取向。

（四）壮烈回响

“疾风知劲草，烈火见真金。”在晚明激烈的党争中，有些状元虽然为国家命运感到忧心忡忡，却无施展才能之地，只能选择独善其身，或归田隐居。国难来临，那些官僚政客束手无策的时候，这些状元却挺身而出。他们或以身殉国，感召世人（如刘理顺），或积极投身于抗清大业，勇赴国难（如余煌、刘同升）。他们用自己的热血和生命，奏响了那个时代最为激越的乐章。

余煌（？~1646），字武贞，号公逊，浙江会稽（今浙江绍兴）人。天启元年（1620）乡试中举，天启五年（1625）乙丑科状元，授翰林修撰。余煌身为史官，奉命参与修撰《三朝要典》。这部书是在魏忠贤指使下修撰的，用意在混淆是非，为东林党人制造罪名。崇祯时，铲除阉党，《三朝要典》被焚，余煌受到牵连，但未受惩罚。不久，以母丧归。服孝期满，被任命为左中允，历左谕德、右庶子，充经筵讲官。后遭到弹劾，认为他参与修撰《三朝要典》，属阉党。余煌上疏争辩，思宗下旨安慰，认为他是被迫参与其事，不予追究。不久父亲去世，回乡守孝，不再出仕。鲁王监国绍兴，先后任命余煌为礼部右侍郎、户部尚书，余煌皆不赴任。后因武将骄横，拜余煌为兵部尚书，余煌临危受命，积极投身抗清。顺治三年（1646）六月，清兵直逼绍兴，鲁王远渡海外。余煌见大势已去，大开城门，放军民出城避难，自赋绝命诗一首："穆骏自驰，老驹忍逝。止水汨罗，以了吾事。有愧文山，不入柴市。""穆骏"指鲁王，"老驹"为自喻，"文山"即文天祥，"柴市"指刑场。他不愿随鲁王逃亡，决心像屈原那样投水自尽。临终时，嘱咐仆人不入乡贤祠，不刻文集，不要墓志，只在墓碑上刻"明高士余武贞墓"。因此，余煌没有文集传世。

刘理顺（1582～1644），字复礼，号湛陆，一作湛露，河南杞县人。崇祯七年（1634）甲戌科状元。刘理顺好濂洛之学，敦尚古道，取"复礼"为字，含有"克己复礼"之意。他的为人正如其名。万历三十四年（1606），刘理顺乡试中举，当时他住在一座茅草屋中。崇祯初，其子乡试亦中举，打算为父亲建一所新居，刚提及此事，刘理顺便生气地拒绝了。从乡试中举到考中进士，中间相隔28年，在这期间，刘理顺俭约自持，不改其素，里中无不敬重他的为人。崇祯七年，刘理顺赴京会试，顺利过关。这一年的殿试策问，内阁将题目拟定进呈后，崇祯帝又做了大幅修改，其主要内容为"知人安民"，曰："所与共天下者，士大夫也。今士习不端，欲速见小，兹欲正士习，以复古道，何术而可？……且流寇久蔓，钱粮缺额，言者不体国计，每欲蠲减，民为邦本，朝廷岂不知之，岂不恤之！但欲恤民，又欲饱军，何道可能两济？……"等等，共提了十个问题，"皆宸翰亲挥，语意淋漓，求治之殷，具可想见”。[①] 殿试后，读卷官选了16份考卷进呈，崇祯皆不满意，又命再进呈12卷。当读到刘理顺的试卷时，崇祯帝大为满意，特拔刘理顺为第一，并高兴地说：“朕今日得一耆硕矣。”[②] 其后，刘理顺历任南京司业、左中允、右谕德，入侍经筵兼东宫讲官。杨嗣昌、薛国观、周延儒相继用事，刘理顺从不依附。他虽然出自温体仁门下，但对温体仁亦保持距离。崇祯十七年（1644），李自成攻打北京甚急。同僚问刘理顺是坚守还是逃跑，刘理顺坚定地说：“存亡视国，尚须商酌耶！”[③] 李自成进京，刘理顺的妻万氏、妾李氏、儿子请先死。随后，刘理顺题绝命诗一首，曰：“成仁取义，孔孟所传。文信践之，吾何不然？既占科名，岂敢苟全。三忠祠内，无愧前贤。”书罢，投笔自缢，年六十三。奴仆四人皆从死。农民军中有许多河南人，闻讯纷纷前往吊唁，说：“此吾乡杞县刘状元也，居乡厚德，何遽死？”[④]罗拜号泣而去。南明王朝赠他为詹事，追谥文正。刘理顺是死于闯王入京之时，与清朝无正面冲突，因此，清政府不仅没有禁毁他的文集，还于顺治十年（1653）将他改谥文烈，予以表彰。他的《刘文烈公全集》亦于顺治十年整理出版。许多由明入清的文人纷纷为他的文集作序，对刘理顺其文其人给予了高度评价。如孙奇逢《刘文烈先生全集序》指出刘理顺文如其人：“天下事皆可伪

① 李逊之：《崇祯朝记事》卷二，见《四库禁毁书丛刊》史部第6册，北京出版社1998年版，第503页。

② 张廷玉等：《明史》卷二六六《列传第一五四·刘理顺》，中华书局1974年版，第6859页。

③④ 张廷玉等：《明史》卷二六六《列传第一五四·刘理顺》，中华书局1974年版，第6860页。

袭于一时，而言之所发本乎志气，声容可假而其精神不可假者尝存。今余读先生之文者，亦第谓即先生之人而已矣。”① 梁羽明《刘文烈公全集序》从台阁文学的角度评价刘理顺之文：“文烈其人传，其文未有不传者。浑浑噩噩之气，直与天地同流，所谓台阁文章，岿然别构。岂句栉字比、雕虫小技所敢望其涯际也耶！”② 许作梅《刘文烈公全集序》则侧重于艺术分析：“先生遣使遗诗箑为赠，芸窗展玩，如坐春风，乃识先生为诗自浣花深处来。……其疏类宣公，其文比退之，其为诗则远追少陵，近拟空同，而经筵诸义真所谓谏官不能言而讲官言之者。”这一评价未免有点夸大其词。他接着又指出：“其诸体大率皆旨尚忠质，词取简朴，不以繁缛为工耳。于戏！先生往矣！文章果足以尽生平哉？人以文重，文尤以人重也。”③

朱彝尊《静志居诗话》对刘理顺诗有如下评价：“诗多直抒胸臆，不为体格所拘。”④《明诗综》卷七十五收入刘理顺诗一首，题为《钱塘江遇雨》⑤：

微雨来江上，蒙蒙晓未收。
故园千里隔，客梦一身浮。

---

① 见刘理顺：《刘文烈公全集》卷首，清顺治刻康熙印本，《四库禁毁书丛刊》集部第144册，北京出版社1999年版，第5页。

② 同上，第7页。

③ 见刘理顺：《刘文烈公全集》卷首，清顺治刻康熙印本，《四库禁毁书丛刊》集部第144册，北京出版社1999年版，第9页。

④ 朱彝尊：《静志居诗话》卷二十，见《明代传记丛刊·学林类8（010）》，明文书局1991年版，第120页。

⑤ 朱彝尊编：《明诗综》卷七十五《刘理顺》，文渊阁《四库全书》本。

乌柏家家树，鱼榔岸岸舟。

观涛无不可，须上几重楼？

从艺术角度分析，这首诗在刘理顺诗歌中确属上乘之作。它细腻地表达出了游子客居异乡的感受。末句“观涛无不可，须上几重楼”，寓意深长，套用“欲穷千里目，更上一层楼”的句式，反其意而用之。如果说“欲穷千里目，更上一层楼”表现的是一种理想主义的豪迈情怀，“观涛无不可，须上几重楼”则带有几分迷惘的色彩。我们也可以将其视为是诗人对官场倾轧的厌倦。在晚明的政坛上，只有那些结党营私的政客，才有可能爬得更高。但是他们对国家又有什么贡献呢？人的欲望是无止境的。真正有心为国家效力者，即使身处下僚，亦可有所贡献。

上面这首诗是触景生情之作，虽然流自胸臆，但风格比较含蓄。刘理顺另有一部分作品，更能体现“诗如其人、直抒胸臆”的特色。如五言古诗《直道歌赠黄石斋》①：

惟人灵万物，直乃所以生。

政教从此立，三代无变更。

宣尼行古道，一字莫敢轻。

邹里衍七篇，义利各分明。

长夜既以开，后贤各铮铮。

唐有昌黎子，文章八代惊。

著论溯典常，抗疏振公卿。

大义责桀骜，白刃视如蝱。

① 刘理顺：《刘文烈公全集》卷三，清顺治刻康熙印本，《四库禁毁书丛刊》集部第144册，北京出版社1999年版，第53页。

追至伊川氏，主敬中莹莹。
嚬笑不假人，表里一纯诚。
防微戎折柳，□近罔牵情。
东南翕然尚，紫阳集其成。
生平惟四字，入告敢逢迎。
立朝未有日，谏草箱几盈。
大纲正千载，六经传以宏。
颖秃载籍间，终岁守砼砼。
非不慕黄虞，非不志飏□。
存此几希在，斯与言用行。
尺寸如可徇，贤圣当吞声。
乃知皎皎者，初非羡浮名。
于今谁嗣之，闽海一孤贞。

这首诗可比文天祥的《正气歌》。诗中列举了孔子（宣尼）、孟子（邹里）、韩愈（昌黎）、程颐（伊川）、朱熹（紫阳）等人的事迹，简要概括了他们的学术主张，赞扬了历代儒家学者能行“直道”的正义精神。又如《评梅（赠刘晋卿）》①：

维梅冠百花，芬馥是其性。
岭上萼早舒，参差呈淡净。
不借叶为护，偏劳月与映。
带雪迎晓日，瘦骨哪知清。
移栽上苑中，观者钦容敬。
寸株香满园，一嗅醒百病。

① 刘理顺：《刘文烈公全集》卷三，清顺治刻康熙印本，《四库禁毁书丛刊》集部第144册，北京出版社1999年版，第53页。

北风日日来，清馨转以盛。
纵复置深山，松竹相与庆。
为壮岁寒色，岂傲枝头靓。
雨露夫何计，烟霞吸靡竟。
以此副科名，青天一轮镜。

这是赠给刘同升的一首诗。刘同升也是状元，比刘理顺略晚一科。此诗以梅喻人，称赞刘同升品质高洁，无愧科名。

刘同升（1587～1646），字晋卿，又字孝则，江西吉水人。其父刘应秋是万历十一年（1583）癸未科探花，与汤显祖是同榜进士，官至国子监祭酒。汤显祖曾将女儿许配给刘同升，后其女早夭，未果。刘同升年轻时读书刻苦，以古人自命，并拜邹元标为师，热衷于研究心学。在科举考试中屡屡落第，有人劝他多在举业上下工夫，刘同升不以为然。天启元年（1621）江西乡试中举，崇祯十年（1637）廷试第一，时年已五十一。刘同升与明末著名爱国诗人陈子龙是同榜进士，两人都出自黄道周之门。后因弹劾大学士杨嗣昌，刘同升被谪调福建按察司知事，称疾归乡。国变时，刘同升与杨廷麟等共举义旗，守卫赣州。唐王闻而嘉之，诏加国子祭酒，转詹事，后擢兵部左侍郎、江西巡抚。因劳瘁过度，病卒。赠东阁大学士，谥“文忠”。著有《锦鳞集》、《音韵汇编》、《明名臣传》、《文苑英华删选》等。《明诗综》卷七十七收入他的一首诗，题为《由百花溪登玉笥山》：

朝看山出云，暮看云入笥。
山行若无蹊，恰有青童至。
指点绝壁间，仙台藏胜地。
藤枝匪易攀，屐齿犹可置。

日午闻鸡鸣，岩椒启金字。
出险坡渐平，划然人境异。
连峰涌下界，扑面耸层翠。
因过丹灶房，纵览紫微志。
白花雨外明，红果林间坠。
晚食供芋魁，晨铛倒茶柜。
坐久慵下山，踟蹰想真寄。
尘网讵得辞，幽期偶然遂。

从此诗可看出刘同升受心学影响的痕迹。末句“尘网讵得辞，幽期偶然遂”，表明他虽然向往归隐林泉的生活，但强烈的社会责任感，驱使他为抗清大业而奔波。美丽的山水风光，只能在偶然的情况下才得以领略。刘同升最后劳瘁而死。他热爱祖国的大好山河，并为之洒下了自己的最后一滴热血。

刘同升有三百多首咏史诗，热情讴歌了苏武、文天祥、陆秀夫等具有民族气节的历史人物。他的诗在艺术成就上与陈子龙、夏完淳等明末著名爱国诗人相比或许有所不及，但在爱国热情上却并不逊色。

余论　明代状元文学启示录

对明代状元文学的回顾、梳理，到此就结束了。明代状元文学的内容是丰富多彩的，出现过不少佳作，有些状元的文学思想也不乏闪光之处，但放在整个明代文学的大背景中来看，状元文学的光彩显得相对黯淡了许多。

状元文学主要集中于诗文领域，有些状元曾涉足词曲、笔记小说等创作领域并取得了一定成就。杨慎写过《汉杂事秘辛》等艳情传奇，在状元文学中算是比较另类的，这与他谪戍的经历和“能自树立”、不拘流俗的文学思想有关。有些状元曾经为传奇小说作序，如曾棨为李昌祺《剪灯余话》作序，钱福为《重刻〈吴越春秋〉》作序，其思想不脱儒家思想的老调，了无新意。

在晚明思想解放的潮流中，状元焦竑标举“治世之音”；状元文震孟以名节自励，作《姑苏名贤小记》，在序中表明是为洗清世人对苏州人轻薄佻达的印象而作；状元刘理顺一生克己复礼，带领全家殉国难。所有这些，在现代人看来，或许都不免会皱几下眉头，感觉嗅到了一丝迂腐的气息。不过换个角度看，我们也不禁对状元的道德理想主义情怀油然而生敬意。

如果说科举是孕育状元文化的土壤，那么儒家文化才是状元文化的灵魂。科举制度是儒家思想的重要载体，两者都在不断地发展、变化之中，在不同时代具有不同特点。不同时代，儒家思想在科举文化中所占的地位和作用也不尽相同。因此，只有明辨儒家思想与科举文化的发展源流及其时代特征，我们才会对明代状元的思想和创作有更深刻的理解。

一

儒家是一种积极入世的、进取的哲学，儒家有“三不朽”之说，即立德、立功、立言。杜维明在《古典儒学中的道、学、政》一文中，以“道、学、政”来概括儒学的主要特征：“我们应就其三个互相关联的基本概念加以考察。先将起源与界限问题搁置一边，儒家思想是对周代文明衰亡的回应，它的兴起提出了特定的问题（Problematiken），后来成了儒学的明显特征。儒家《论语》的三个核心观念标明了这些问题：道、学、政。”① 所谓“道、学、政”，其实就是儒家所讲的“立德、立言、立功”。类似的表达还有很多，如“孔门四科”，其中包括道德、言语、政事、文学。在这些提法当中，道德修养（包括道德、言语）都被摆在第一位，事功其次，文学则是叨陪末座。这有助于我们理解状元的心态及其人生价值取

---

① 杜维明：《道·学·政——论儒家知识分子》，收于杜维明著，郭齐勇、郑文龙编《杜维明文集（三）》，武汉出版社2002年版，第503页。

向。科举社会中的读书人，从启蒙阶段开始，便被纳入了一条固定的生活轨道，通过参加科举考试，一步步地迈向仕途。不同之处仅在于，有些人在这条道路上走得近，有些人走得远；有些人走得比较顺利，有些人则历尽坎坷。

立德是儒家知识分子的最高追求，但从政更具诱惑力。道德上的声望对仕途很有帮助，文学则只是一种社交手段而已。明代状元有 17 人入阁成为大学士，地位相当于宰相。因为有这样光明的前途，明代状元便更加致力于道德和政治，文学创作相对受到冷落。只有在仕途遭遇坎坷的时候，他们才会转而用文学创作来证明自己的人生价值，如杨慎、康海。

为印证上述判断，我们选取了几位比较有代表性的明代状元，按“孔门四科”顺序排列如下：

1. 道德：罗伦、毛澄、舒芬、张元忭、刘理顺等。

2. 言语（学者）：吕楠、罗洪先、焦竑等。

3. 政事：胡广、陈循、费宏等。

4. 文学：曾棨、钱福、康海、杨慎等。

从文学研究者的角度，我们最欣赏的是排在第 4 列的才子型状元。从明朝统治者的眼光看，他们更欣赏的则是排在第 3 列的状元和排在第 1 列的以道德著称的状元。以道德著称的状元虽然生前地位并不显赫，但死后往往得到表彰。这里体现出一种观念上的差异。不仅我们的观念与传统儒家的思想观念不同，明代皇帝的思想观念与传统儒家思想其实也有区别。明代统治者借助科举考试大力推行的不是完整的儒家思想，而是经过阉割的儒家思想。

朱元璋任用人才的重要标准是“贤”。他在吴元年（1367）十一月对大臣说：“国无仁贤则国空虚。”明朝初年，他谕群臣曰："必选贤能以隆治化。"洪武六年四月，对吏部大臣说："世有贤才，国之宝也。"洪武八年七月，他总结古代帝王的经验教训道："是故择贤任能，列布庶位，安危协心，盛衰同德者，殷周之兴也。用伊尹、周公诸贤，故卜世永久，历祚灵长；秦隋之季，弃群策于汉高，委英雄于唐主，独任其智，末几而亡。"洪武十二年底他谕礼部大臣曰："天下非一人独理，必选贤而后治，故为国得宝，不如孝贤。"次年，又谓吏部大臣云："天下之务，非贤不治，求贤之道，非礼不行。……人君之能致治者，为其有贤人而为之辅也。"①

我们知道，儒家最推崇的是"圣贤之道"。朱元璋屡屡提及"贤"，却绝口不提"圣"，这一事实值得回味。如果我们深入分析一下"贤"的标准，便可以发现朱元璋阉割儒学的真相。圣贤虽然并称，但还是有差别的。圣与贤，代表了儒家思想中"成己"与"成人"这两个方面。儒家作为一种入世之学，"成己"的目标正在于"成人"。朱元璋看重的是被阉割过的儒学，他并不提倡儒家知识分子成圣，只希望他们成贤，为己所役。或许，在朱元璋看来，只有皇帝才配称圣，臣子只要达到贤的标准就够了。

贤还含有用世之意。如果士人所学不能直接为世所用，在朱元璋看来也是无用之学，不能称之为贤。文学便是如此。朱元璋对文学并不排斥，但也不特别看重。文学可以给士人带来很高的声望，鉴于这种声望，朱元璋也会将文士延揽至麾下，但除非他们有"学"，否则不会予以重用。洪武时期的状元，

① 此段引文均出自《大明太祖高皇帝宝训》，齐鲁书社 1996 年版，第 742、743 页。

显然还不太适应这种被阉割的儒学，因而遭到了严厉的惩罚。随着乡愿哲学的流行，永乐时期，士人与皇帝的关系重新变得融洽，迎来了馆阁文学的黄金时期。而正统之后，皇帝宠信太监，政治日渐腐朽。士人的“贤”，有赖于皇帝的“圣”。皇帝既然已经不再圣明，士人自身成圣的愿望又被激发出来。弘治中兴时期，孝宗礼贤下士，使士人的思想进一步得到鼓舞。这一时期，士人当中广泛流行重“践履”的治学理念，其实是对科举考试中推广的被阉割的儒家思想表示不满。正德、嘉靖年间，士人与皇帝的激烈对抗，正说明了这一点。这种思想对抗，在“大礼议”事件中发展到高潮。明代的君主专政体制，决定了斗争以士人的失败而告终。对政治的失望，促成了王学的产生与流行。

从文学的角度来看，儒家思想是一种入世的学说，而释、道更具有出世的精神。换句话说，儒家思想偏向于政治学、伦理学，而释、道有更多的哲学内蕴。哲学与文学同是形而上学，都具有务虚的特点。因此，释、道更具有艺术精神，在精神上与文学有更多的内在相通之处。明代中后期，王学广泛流行，开始将明代士人的精神世界提升到哲学层面，与释、道取得沟通，也给文学带来了更多的艺术气息。但王学却不利于君主专政的统治，因而后来遭到统治集团的打压，逐渐转向民间。

以上是我们对明代儒家思想发展历程的看法。朱元璋借助科举考试，大力推行儒家思想，但他推行的是阉割过的儒家思想，最终却促成了儒家思想的一次革命性变革——王学的诞生。同样的演变轨迹，也在明代政治和明代文学中体现出来。

二

钱穆曾经指出“明代是中国传统政治之再建，然而恶化了”①，之所以这样说，是因为“元代入主，中国传统政治几于烬绝。明祖光复，而不胜其匹夫之私意，废宰相，设内阁，政府大权，辖于王室，遂开晚近六百年君主独裁之新局”②。按照钱穆先生的观点，中国政治有两大特点，一是“广土众民大一统”局面的形成。二是抱有大同社会的较高政治理想。③ 这两大特点决定了“中国政治之终极责任在教，中国政治之基础条件，亦在教”④。明代初建之时，广办学校，大兴教育，故可视为“是中国传统政治之再建”。不过，中国传统政治乃是一种“士人政治”⑤，“儒家思想之在政治，乃臣学，非君学也。儒家政治重心在臣不在君”⑥。朱元璋违背了这一原则，废除宰相，实行君主独裁，埋下了终至不可调和的政治危机的种子。清代在沿袭明代制度的基础上又变本加厉，“于是中国乃有皇帝而无大臣”⑦，中国传统政

① 钱穆：《国史大纲》，商务印书馆 1994 年版，第 665 页。

② 钱穆：《中国传统政治与儒家理想》，见《政学私言》，商务印书馆 1972 年版，第 103 页。

③ 钱穆：《中国传统政治与儒家理想》，见《政学私言》，商务印书馆 1972 年版，第 97 页

④ 钱穆：《中国传统政治与儒家理想》，见《政学私言》，商务印书馆 1972 年版，第 99 页。

⑤ 钱穆：《国史大纲》，商务印书馆 1994 年版，第 668 页。

⑥ 钱穆：《中国传统政治与儒家理想》，见《政学私言》，商务印书馆 1972 年版，第 99 页。

⑦ 钱穆：《中国传统政治与儒家理想》，见《政学私言》，商务印书馆 1972 年版，第 103 页。

治遂大坏。这不只是钱穆先生的一家之言，黄宗羲《明夷待访录》有《置相》一篇，便曾言道："有明之无善治，自高皇帝罢丞相始也。"黄宗羲的解释是："原夫作君之意，所以治天下也。天下不能一人而治，则设官以治之；是官者，分身之君也。……古者不传子而传贤……宰相既罢，天子之子一不贤，更无与为贤者矣，不亦并传子之意而失者乎？"① 上述观点，对于理解明代政治的特点，颇有启发意义。

无独有偶，在明代文学领域，也存在着与明代政治类似的现象。仿照钱穆先生的说法，我们似乎也可以说："明代是中国传统文学之再建，然而异化了。"这里所谓"传统文学"，主要指儒家思想影响下的文学。中国传统文学和政治都深受儒家思想的影响，因而两者关系十分密切。从《诗经》、《楚辞》开始，中国古典文学似乎就与政治结下了不解之缘。对文学作品的政治解读成为一种传统，如《毛诗序》将《关雎》解读为"后妃之德"，便是典型的一例。中国传统政治十分重视教育，同在儒家思想指导下的传统文学，也因而承载了更多的教化功能。古人认为，文运关乎世运，故将文学的社会价值拔得很高，而相对轻视有时甚至敌视文学自身的审美价值。孔子"恶郑声之乱雅乐"②，反对只具审美价值、不具社会价值的艺术作品，后世的齐梁文风便因此招致过严厉的批判。唐宋时期的几次文学复古运动，都把提高文学的社会价值作为首务。诗歌、古文作为中国古典文学的正宗文体，得以长盛不衰，不仅在于它们的审美价值，更

① 黄宗羲：《明夷待访录》，中华书局1985年版，第5、6页。
② 语出《论语·阳货》。

在于它们的社会价值。宋词虽为一代文学之代表，但始终被视为小道、“诗余”，不得与诗歌、古文并肩。而且，词的创作主体依然是士大夫群体，故词虽然可以吟风弄月，但终究“不伤大雅”。宋词中的豪放派，则使词与传统文学又接上了轨。元曲的情形有所不同，它体现出平民化的色彩，相应的，也较少受儒家思想的控制，有脱离中国传统文学轨道的倾向。元末明初，以宋濂为代表的士人集团极力鼓吹台阁之文，在一定层面上反映了“士”阶层再建文学传统的努力。朱元璋当然欢迎那些怀才抱德之士为新朝廷效力，但是他又不愿意赋予士阶层以更多的权力，以免威胁到王朝的稳定。在明初几代帝王的拉拢和打压下，元末明初一度昂扬高亢的台阁文风，最终演变为以“三杨”为代表的雍容典雅却生气顿失的台阁体。“前七子”重举复古大旗，欲将理想主义的血液注入日趋僵化委顿的明代文学的躯体内，但最终却踏上了形式主义的歧途。此后，围绕着“信古”与“信心”的争讼始终不绝。直到明末，陈子龙等人仍然在提倡复古，不过，山河易代，使陈子龙冲破了形式主义的迷障，高擎起理想主义的大旗。正是基于上述原因，我们说，“明代是中国传统文学之再建”。当陈子龙终于寻找到复古运动真谛的时候，明朝已告灭亡。在明代大部分时期内，士人阶层企图通过复古运动再建中国传统文学的努力其实是落空了，反而有一股颠覆传统的力量，在与传统的较量中取得了引人注目的成就，如章回小说等新兴文体的出现。不过，我们不能将这种状况称为“恶化”，只能称之为“异化”。文学毕竟不同于政治，它有自身的发展规律，不是儒家思想能够完全左右的。儒家的文学思想有其合理之处，也有明显的局限性。

上述“同构”特征提醒我们，在研究明代文学的时候，不妨多从政治角度着眼。明代政治的主要优点是：重视学校教育，翰林制度较前代有了较大发展。缺点是：废除宰相，实行君主独裁。科举考试的一端是学校教育，另一端则通向与皇帝十分接近的翰林院。状元是科举制度的产物，与皇帝、内阁、翰林制度、学校教育都有密切关系。士阶层是联系政治与文学的纽带，状元作为士阶层的一员，作为科举的象征，作为明代政治生活中重要角色的扮演者，其文学创作无疑是值得我们关注的。状元大体上每三年产生一位，均匀分布于明代的各历史时段，便于对明代政治与文学的关系做整体考察。因而，研究明代政治与文学的关系，状元文学是一个绝佳的着眼点。

三

讲了这么多，让我们回过头再来审视明代的状元文学，我们发现，明代状元文学与明代政治的发展基本上是同步的，而与明代文学的整体走向呈现背离之势。

明初，朱元璋凭借自己的雄才大略，使明朝国势空前强盛，超轶汉唐。朱元璋重视对子孙的教育，因此明前期的统治者大多能够励精图治。明成祖朱棣更是力追乃父，开创了永乐盛世。永乐时期也是馆阁文学的黄金时期，状元文学作为馆阁文学的一部分，也在这一时期达到鼎盛。我们说的“鼎盛”，不是就创作成就而言，而是就状元文学在当时文坛上的地位而言。馆阁文学在当时的文坛上占据统治地位，状元胡广继解缙之后成为馆阁文人的领袖，状元曾棨也是永乐诗坛上的活跃分子。就整个明代文学而言，这时却处在衰退期。明初诗坛上，曾经活跃着五大诗派，即以刘基为代表的“越诗派”，以高启、杨基为代表的“吴诗派”，以孙蕡为代表的“岭南诗派”，以林鸿为代表的“闽中诗派”，以刘菘为代表的“江右诗派”，这些诗派在洪武年间都遭到不同程度的打压，这才导致永乐时期台阁体独盛的局面。正统之后，明代政治走向腐败，馆阁文学失去了可以附丽的政治环境，逐渐丧失了在文坛上的统治地位，但它同时也摆脱了政治的束缚，开始向审美回归。弘治时期，复古派向馆阁文学发起猛烈攻击，馆阁文人在文坛的重要地位被郎署文人所取代。状元康海虽然有着馆阁文人的身份，但无意向馆阁文学靠拢，在那个时代的状元文学中，康海是一个特例。在明代中期，山林文学的地位开始提升，重新获得了与台阁文学平起平坐的地位。晚明兴起的山人文化，则说明文学重心在进一步下移。状元受传统思想的束缚，与晚明文学的发展趋向呈现背离。他们虽然置身于晚明思想解放的潮流中，却始终与时代的步伐保持着一定距离。状元张元忭与徐渭的交往就是一个明显的例子。张元忭的家乡是浙江山阴（今浙江绍兴），这里是王学之风最盛的地区，王守仁的大弟子王畿在此地讲学，张元忭和徐渭都曾师从王畿。但张元忭后来对王畿的思想表示不满，认为其流于禅。张元忭生平以忠孝自许，行为严谨，而徐渭则以狂放著称。两人终身保持着深厚友谊，但思想差距很大。徐渭曾杀妻入狱，是张元忭大力周旋，使他免于一死。后徐渭入京，住在张元忭家，张元忭时时劝导他要守礼法，徐渭很不高兴，经常大声扬言：“吾杀人当死，颈一茹刃耳，今乃碎磔吾肉！”① 与张元忭不同，公安派领袖袁宏道

---

① 钱谦益:《列朝诗集小传》丁集中《徐记室渭》，见《明代传记丛刊》第11册，明文书局1991年版，第601页。

与徐渭在精神上有更多相通之处，因而对徐渭十分赞赏，成为徐渭的身后知己。张元忭有《张阳和先生不二斋稿》存世，他虽然身为状元，在文学史上，声名却远不如徐渭和袁宏道那般响亮。

总之，明代状元文学作为馆阁文学的一部分，从主流逐渐滑向边缘，这与明代皇权从强大走向腐败是同步的，而整部明代文学史与明代政治史之间却存在一种“同构”、“异动”的现象。明代文学与明代政治都立足于传统，有志于恢复传统，最终却远离了传统。区别在于，明代政治与传统政治相比，趋于恶化，而明代文学则在晚明呈现出新的面貌。明代状元文学置身于政治与文学的夹缝，始终将政治放在首位，没有加入晚明文学的大合唱。状元们对道德的追求、对文学社会意义的强调，是值得我们尊重的，但他们看不到明代政治走向腐败的症结所在，也没有拿起他们手中的笔，向不合理的社会秩序宣战。最终，大部分状元连同他们的作品一起，成为明代政治的陪葬品。

优秀的文学作品，应当是审美价值、思想价值和社会价值的完美结合，而这三者之间并非总是和谐统一的，有时也会产生矛盾。文学应如何为自己寻求一个合理的社会定位，这是明代状元文学留给我们的一个发人深思的问题。

附录一

明代状元别集存佚情况一览表

科次	姓名	别集	存佚	馆藏	丛书收录
洪武四年（1371）辛亥科	吴伯宗	《南宫集》、《使交集》、《成均集》、《玉堂集》	佚		
		《荣进集》	存		《四库全书》
		《吴状元荣进集》	存	美普	
洪武十七年（1384）乙丑科	丁显	《建阳集》	待考		
洪武二十一年（1388）戊辰科	任亨泰	《状元任先生遗稿》	存	国图	
		《使交集》	存		《丛书集成续编》
洪武二十四年（1391）辛未科	黄观	《显忠录》、《侍中集》	待考		
洪武二十七年（1394）甲戌科	张信				

（续表）

科次	姓名	别集	存佚	馆藏	丛书收录
洪武三十年(1397)丁丑科	陈䢿				
	韩克忠				
建文二年(1400)庚辰科	胡广	《胡文穆公文集》	存		《四库全书存目丛书》
永乐二年(1404)甲申科	曾棨	《巢睫集》	佚		
		《曾西墅先生集》	存		《四库全书存目丛书》
永乐四年(1406)丙戌科	林环	《絅斋先生集》	存	中科院	
永乐九年(1411)辛卯科	萧时中	《曲山三萧遗集》	待考		
永乐十年(1412)壬辰科	马铎	《梅岩集》			
永乐十三年(1415)乙未科	陈循	《芳洲文集》、《芳洲诗集》	存		《续修四库全书》
		《芳洲文集续编》	存		《续修四库全书》
		《再和东行百咏集句》	存		《四库全书存目丛书》
		《东行百咏集句》	存		《四库全书存目丛书》
永乐十六年(1418)戊戌科	李骐				

（续表）

科次	姓名	别集	存佚	馆藏	丛书收录
永乐十九年（1421）辛丑科	曾鹤龄	《松腫集》	待考		
永乐二十二年（1424）甲辰科	邢宽				
宣德二年（1427）丁未科	马愉	《马学士文集》	存		《四库全书存目丛书》
宣德五年（1430）庚戌科	林震				
宣德八年（1433）癸丑科	曹鼐				
正统元年（1436）丙辰科	周旋	《畏庵集》	存		《四库全书存目丛书》
正统四年（1439）己未科	施槃				
正统七年（1442）壬戌科	刘俨	《刘文介集》	待考		
正统十年（1445）乙丑科	商辂	《商文毅公集》	存		《四库全书存目丛书》

（续表）

科次	姓名	别集	存佚	馆藏	丛书收录
正统十三年（1448）戊辰科	彭时	《彭文宪公集》			
		《彭文宪公集》	存		《四库全书存目丛书》
景泰二年（1451）辛未科	柯潜	《竹岩集》	存		《四库全书》
景泰五年（1454）甲戌科	孙贤	《鸣盛集》（《鸣盛录》）	待考		
天顺元年（1457）丁丑科	黎淳	《狷介集》、《龙峰集》	待考		
		《黎文僖公集》	存		《续修四库全书》
天顺四年（1460）庚辰科	谢一夔	《谢文庄公集》	存	赣图	
天顺八年（1464）甲申科	彭教	《泷江集》	佚		
		《东泷遗稿》	存		《四库全书存目丛书》
成化二年（1466）丙戌科	罗伦	《一峰文集》	存		《四库全书》
		《一峰先生文集》	存	北大	

（续表）

科次	姓名	别集	存佚	馆藏	丛书收录
成化五年（1469）己丑科	张昪	《张文僖公文集》、《诗集》	存		《四库全书存目丛书》
		《张文僖公和唐诗》	存	天一阁	
成化八年（1472）壬辰科	吴宽	《家藏集》	存		《四库全书》
		《吴文定公诗稿》	存	国图	
		《匏翁家藏集》《补遗》			
成化十一年（1475）乙未科	谢迁	《归田稿》	存		《四库全书》
成化十四年（1478）戊戌科	曾彦	《申晚集》			
成化十七年（1481）辛丑科	王华	《龙山稿》、《垣南草堂稿》	待考		
成化二十年（1484）甲辰科	李旻	《东厓集》	待考		
成化二十三年（1487）丁未科	费宏	《太保费文宪公摘稿》	存		《续修四库全书》
		《明太保费文宪公文集选要》	存		《四库全书存目丛书》
		《宸章集录》	存		《四库全书存目丛书》

（续表）

科次	姓名	别集	存佚	馆藏	丛书收录
弘治三年（1490）庚戌科	钱福	《钱太史鹤滩稿》	存		《四库全书存目丛书》
弘治六年（1493）癸丑科	毛澄	《三江遗稿》	存		《四库全书存目丛书》
弘治九年（1496）丙辰科	朱希周	《恭简集》	待考		
弘治十二年（1499）己未科	伦文叙	《迂冈集》	待考		
弘治十五年（1502）壬辰科	康海	《对山集》	存		《四库全书》
		《康对山先生集》	存		《续修四库全书》
		《沜东乐府》	存		《续修四库全书》
弘治十八年（1505）乙丑科	顾鼎臣	《未斋集》	存		
		《顾文康公文草》、《诗草》、《续稿》、《三集》	存		《四库全书存目丛书》
		《顾文康公续稿》	存		《四库禁毁书丛刊》
正德三年（1508）戊辰科	吕柟	《泾野先生文集》	存		《续修四库全书》

（续表）

科次	姓名	别集	存佚	馆藏	丛书收录
正德六年(1511)辛未科	杨慎	《升庵集》	存		《四库全书》
		《升庵文集》	存		
		《升庵外集》	存		
		《续升庵集》	存		
		《升庵长短句》、《续集》	存		《续修四库全书》
正德九年(1514)甲戌科	唐皋	《心庵文集》	待考		
正德十二年(1517)丁丑科	舒芬	《梓溪文集》	存	文学所	
		《舒梓溪先生全集》	存	扬图	
正德十六年(1521)辛巳科	杨维聪				
嘉靖二年(1523)癸未科	姚涞	《明山文集》	待考		
嘉靖五年(1526)丙戌科	龚用卿	《使朝鲜录》、《云冈集》、《诗余》	佚		
		《云岗选稿》	存		《四库全书存目丛书》
嘉靖八年(1529)己丑科	罗洪先	《念庵文集》	存		《四库全书》
		《念庵罗先生集》	存		《四库全书存目丛书》
		《石莲洞罗先生文集》	存		

（续表）

科次	姓名	别集	存佚	馆藏	丛书收录
嘉靖十一年(1532)壬辰科	林大钦	《东莆先生文集》	存	中山	
嘉靖十四年(1535)乙未科	韩应龙				
嘉靖十七年(1538)戊戌科	茅瓒	《见沧文集》	待考		
嘉靖二十年(1541)辛丑科	沈坤				
嘉靖二十三年(1544)甲辰科	秦鸣雷	《倚云楼遗集》	待考		
嘉靖二十六年(1547)丁未科	李春芳	《李文定公贻安堂集》	存		《四库全书存目丛书》
嘉靖二十九年(1550)庚戌科	唐汝楫	《小渔先生遗稿》	存		《四库全书存目丛书》
嘉靖三十二年(1553)癸丑科	陈谨	《环江遗稿》	待考		
嘉靖三十五年(1556)丙辰科	诸大绶	《诸文懿公集》	待考		
嘉靖三十八年(1559)己未科	丁士美				

（续表）

科次	姓名	别集	存佚	馆藏	丛书收录
嘉靖四十一年（1562）壬戌科	申时行	《纶扉笥草》	存	故宫	
		《纶扉简牍》	存		《四库禁毁书丛刊》
		《外制草》、《纶扉奏草》、《储汇录》、《召对录》	存		
		《赐闲堂集》	存		《四库全书存目丛书》
嘉靖四十四年（1565）乙丑科	范应期	《玉拙堂集》	佚		
隆庆二年（1568）戊辰科	罗万化	《世泽编》	存		
隆庆五年（1571）辛未科	张元忭	《张阳和先生不二斋稿》	存		《四库全书存目丛书》
		《张阳和文选》	存		《丛书集成初编》
万历二年（1574）甲戌科	孙继皋	《宗伯集》（又名《柏潭集》）	存		《四库全书》
万历五年（1577）丁丑科	沈懋学	《郊居遗稿》	存		《四库全书存目丛书》
万历八年（1580）庚辰科	张懋修				

（续表）

科次	姓名	别集	存佚	馆藏	丛书收录
万历十一年（1583）癸未科	朱国祚	《介石斋集》	待考		
万历十四年（1586）丙戌科	唐文献	《唐文恪公文集》（又名《占星堂集》）	存		《四库全书存目丛书》
万历十七年（1589）己丑科	焦竑	《澹园集》、《焦氏澹园续集》	存		《续修四库全书》《四库禁毁书丛刊》
万历二十年（1592）壬辰科	翁正春				
万历二十三年（1595）乙未科	朱之蕃	《奉使朝鲜稿》	存		《四库全书存目丛书》
		《南还纪胜》、《兰嵎诗文集》、《落花诗》	待考		
万历二十六年（1598）戊戌科	赵秉忠	《嵋阳集》	待考		
		《嵋山集》	存	不详①	
万历二十九年（1601）辛丑科	张以诚	《张宫谕集》	存	故宫	
万历三十二年（1604）甲辰科	杨守勤	《宁澹斋全集》	存		《四库禁毁书丛刊》

① 参见崔建英辑订:《明别集版本志》,中华书局 2006 年版,第 608 页。

（续表）

科次	姓名	别集	存佚	馆藏	丛书收录
万历三十五年（1607）丁未科	黄士俊				
万历三十八年（1610）庚戌科	韩敬				
万历四十一年（1613）癸丑科	周延儒				
万历四十四年（1616）丙辰科	钱士升	《赐余堂集》	存		《四库禁毁书丛刊》
万历四十七年（1619）己未科	庄际昌	《羹若文集》	待考		
天启二年（1622）壬戌科	文震孟	《药园文集》	存	辽宁	
		《药圃诗稿》	待考		
天启五年（1625）乙丑科	余煌				
崇祯元年（1628）戊辰科	刘若宰				
崇祯四年（1631）辛未科	陈于泰	《绣胸斋稿》	佚		

（续表）

科次	姓名	别集	存佚	馆藏	丛书收录
崇祯七年（1634）甲戌科	刘理顺	《刘文烈公全集》	存		《四库禁毁书丛刊》
崇祯十年（1637）丁丑科	刘同升	《锦鳞集》	待考		
崇祯十三年（1640）庚辰科	魏藻德				
崇祯十六年（1643）癸未科	杨廷鉴	《东皋草堂集》	待考		

注：本表的制作，主要是为了直观展示明代状元的别集存佚情况。为求简明起见，某些与主题无关的信息一概省略。主要体现在以下方面：

1. 只收录诗文、词曲别集，八股文稿本等其他别集概不收录。

2. 对别集的版本情况未作注明。有些别集的现存版本较多，仅取其较全者。为方便读者查找，凡收入丛书的别集全部列出。

3. 存佚情况标"待考"者，《中国古籍善本书目》、《明别集版本志》等书均未有著录，各丛书亦未收，仅见于古代文献著录，可能已经佚失。

4. 对于已被收入丛书的别集，丛书中已注明其馆藏地，本表不再另注。对未被收入丛书的别集，如果有多处馆藏地，仅举一地作为代表，证明此书现存。

5.《四库全书存目丛书》等一些大型丛书中的别集，其书名只写简称，不写卷数，详细情况可参考附录二。

6. 馆藏地对应的全称如下：

美普：美国普林斯顿大学图书馆

国图:国家图书馆

中科院:中科院图书馆

赣图:江西省图书馆

北大:北京大学图书馆

文学所:中国社科院文学研究所图书馆

扬图:江苏省扬州市图书馆

中山:广东中山图书馆

故宫:故宫博物院图书馆

辽宁:辽宁省图书馆

附录二

大型丛书中的状元别集

（以状元科第先后为序）

一、《四库全书》

吴伯宗:《荣进集》，文渊阁《四库全书》本。

柯潜:《竹岩集》，文渊阁《四库全书》本。

罗伦:《一峰文集》，文渊阁《四库全书》本。

吴宽:《家藏集》，文渊阁《四库全书》本。

谢迁:《归田稿》，文渊阁《四库全书》本。

康海:《对山集》，文渊阁《四库全书》本。

杨慎:《升庵集》，文渊阁《四库全书》本。

罗洪先:《念庵文集》，文渊阁《四库全书》本。

二、《续修四库全书》

陈循:《芳洲文集》十卷、《附录》一卷、《芳洲诗集》四卷，影印山东省图书馆藏明万历二十一年陈以跃刻后印本，《续修四库全书》第1327册，上海古籍出版社1996年版。

陈循:《芳洲文集续编六卷》，影印南图藏明万历四十六年陈以跃刻本，《续修四库全书》第1328册，上海古籍出版社1996年版。

柯潜：《竹岩集》十八卷、《补遗》一卷、《续补遗》一卷、《附录》一卷，影印东北师大图书馆藏清雍正十一年柯潮刻本，《续修四库全书》第 1329 册，上海古籍出版社 1996 年版。

黎淳：《黎文僖公集十七卷》，影印上图藏明嘉靖三十五年陈甘雨刻本，《续修四库全书》第 1330 册，上海古籍出版社 1996 年版。

费宏：《太保费文宪公摘稿二十卷》，影印南图藏明嘉靖三十四年吴遵之刻本，《续修四库全书》第 1331 册，上海古籍出版社 1996 年版。

康海：《康对山先生集四十六卷》，影印华东师大图书馆藏明万历十年潘允哲刻本，《续修四库全书》第 1335 册，上海古籍出版社 1996 年版。

康海：《沜东乐府二卷》，影印北大图书馆藏明嘉靖三年康浩刻本，《续修四库全书》第 1738 册，上海古籍出版社 1996 年版。

吕柟：《泾野先生文集三十八卷》，明万历二十年李桢刻本，《续修四库全书》第 1337、1338 册，上海古籍出版社 1996 年版。

杨慎：《升庵长短句》三卷、《升庵长短句续集》三卷，影印南图藏明嘉靖刻本，《续修四库全书》第 1723 册，上海古籍出版社 1996 年版。

焦竑：《焦氏澹园集四十九卷》，影印明万历三十四年刻本，《续修四库全书》第 1364 册，上海古籍出版社 1996 年版。

焦竑：《焦氏澹园续集二十七卷》，影印科图藏明万历三十九年朱汝鳌刻本，《续修四库全书》第 1364、1365 册，上海古籍出版社1996年版。

三、《四库全书存目丛书》

胡广：《胡文穆公文集二十卷》，清乾隆十五年刻本，《四库全书存目丛书》集部第28、29册，齐鲁书社1997年版。

曾棨：《曾西墅先生集十卷》，石家庄市图书馆藏明万历十九年吴期照刻本，《四库全书存目丛书》集部第30册，齐鲁书社1997年版。

陈循：《芳洲文集》十卷、《附再和东行百咏集句》一卷、《芳洲先生年谱》一卷（王翔编），明万历二十一年陈以跃刻本，《四库全书存目丛书》集部第31册，齐鲁书社1997年版。

陈循：《东行百咏集句九卷（存六卷）》，明刻本，《四库全书存目丛书》集部第31册，齐鲁书社1997年版。

马愉：《马学士文集》八卷，华东师范大学图书馆藏明嘉靖四十一年迟凤翔刻本，《四库全书存目丛书》集部第32册，齐鲁书社1997年版。

周旋：《畏庵周先生文集十卷》，明崇祯元年刻本，《四库全书存目丛书》集部第33册，齐鲁书社1997年版。

商辂：《商文毅公集十卷》，中国人民大学图书馆藏明万历三十年刘体元刻本，《四库全书存目丛书》集部第35册，齐鲁书社1997年版。

彭时：《彭文宪公集》四卷、《附录》一卷、《殿试策》一卷，北京大学图书馆藏清康熙五年彭志桢刻本，《四库全书存目丛书》集部第35册，齐鲁书社1997年版。

彭教：《东泷遗稿》四卷、《制策》一卷、《附录》一卷，江西省图书馆藏钞本，《四库全书存目丛书》集部第38册，齐鲁书社1997年版。

张昇：《张文僖公文集》十四卷、《诗集》二十二卷（诗集存卷一至卷五），明嘉靖元年刻本，《四库全书存目丛书》第39、40册，齐鲁书社1997年版。

费宏撰，徐阶、刘同升选：《明太保费文宪公文集选要七卷》，北京大学图书馆藏明崇祯刻清印费文宪公文通公合集本，《四库全书存目丛书》集部第43册，齐鲁书社1997年版。

费宏：《宸章集录》（不分卷），北京大学图书馆藏明蓝格钞本，《四库全书存目丛书》集部第292册，齐鲁书社1997年版。

钱福：《钱太史鹤滩稿》六卷、《附录》一卷，北京图书馆藏明万历三十六年沈思梅居刻本，《四库全书存目丛书》集部第46册，齐鲁书社1997年版。

毛澄：《三江遗稿二卷》，中国社会科学院文学研究所藏钞本，《四库全书存目丛书》集部第46册，齐鲁书社1997年版。

顾鼎臣：《顾文康公文草》十卷、《诗草》六卷、《续稿》六卷、《三集》四卷，中国科学院图书馆藏明万历至清顺治顾氏家刻本，《四库全书存目丛书》集部第55册，齐鲁书社1997年版。

舒芬辑：《重订成仁遗稿七卷》，北京图书馆藏明正德十五年新安书林余氏刻本，《四库全书存目丛书》集部第298册，齐鲁书社1997年版。

龚用卿：《云岗选稿二十卷》，北京图书馆藏明万历三十五年龚燿刻本，《四库全书存目丛书》集部第87、88册，齐鲁书社1997年版。

罗洪先：《念庵罗先生集十三卷》，北京大学图书馆藏明嘉靖四十二年刘玠刻本，《四库全书存目丛书》集部第89、90册，齐鲁书社1997年版。

李春芳：《李文定公贻安堂集》十卷、《附录》一卷，北京大学图书馆藏明万历十七年李戴刻本，《四库全书存目丛书》集部第113册，齐鲁书社1997年版。

唐汝楫：《小渔先生遗稿十二卷》，明万历四十三年刻本，《四库全书存目丛书》集部第124册，齐鲁书社1997年版。

申时行：《赐闲堂集四十卷》，北京大学图书馆藏明万历刻本，《四库全书存目丛书》集部第134册，齐鲁书社1997年版。

张元忭：《张阳和先生不二斋文选》七卷、《附录》一卷，湖北省图书馆藏明万历张汝霖张汝懋刻本，《四库全书存目丛书》集部第154册，齐鲁书社1997年版。

沈懋学：《郊居遗稿十卷》，故宫博物院图书馆藏明万历三十三年何乔远刻本，《四库全书存目丛书》集部第132册，齐鲁书社1997年版。

唐文献：《唐文恪公文集十六卷》，北京大学图书馆藏明杨鹤崔尔进刻本，《四库全书存目丛书》集部第170册，齐鲁书社1997年版。

朱之蕃撰：《奉使朝鲜稿》一卷，上海图书馆藏明万历刻本，《四库全书存目丛书》集部第167册，齐鲁书社1997年版。

四、《四库禁毁书丛刊》

顾鼎臣：《顾文康公续稿六卷》，明崇祯十六年刻本，《四库禁毁书丛刊》集部第59册，北京出版社1999年版。

申时行：《纶扉简牍十卷》，明万历二十四年刻本，《四库禁毁书丛刊》集部第161册，北京出版社1999年版。

焦竑：《焦氏澹园集》四十九卷（明万历三十四年刻本）、《焦氏澹园续集》二十七卷（明万历三十九年金励刻本），《四库禁毁书丛刊》集部第61、62册，北京出版社1999年版。

杨守勤：《宁澹斋全集文》十二卷、《留芳录》一卷、《附疏稿》一卷、《诗》十卷（原缺文卷九），明末刻本，《四库禁毁书丛刊》集部第65册，北京出版社1999年版。

钱士升撰，许重熙撰：（年谱）《赐余堂集》十卷、《年谱》一卷，清乾隆四年钱佳刻本，《四库禁毁书丛刊》集部第10册，北京出版社1999年版。

刘理顺：《刘文烈公全集十二卷》，清顺治刻康熙印本，《四库禁毁书丛刊》集部第144册，北京出版社1999年版。

五、《丛书集成初编》

张元忭：《张阳和文选》，据正谊堂全书本排印，《丛书集成初编》第2161册，商务印书馆1936年版。

六、《丛书集成续编》

张元忭：《张阳和文选三卷》，《丛书集成续编》第68册，新文丰出版公司1985年版。

焦竑：《澹园集四十九卷续集二十七卷》，金陵丛书本，《丛书集成续编》第186、187册，新文丰出版公司1985年版。

参考文献

（以所见版本出版年代先后为序）

古籍类

吴伯宗：《荣进集》，文渊阁《四库全书》本。

程通：《贞白遗稿》，文渊阁《四库全书》本。

解缙：《文毅集》，文渊阁《四库全书》本。

杨士奇：《东里集》，文渊阁《四库全书》本。

柯潜：《竹岩集》，文渊阁《四库全书》本。

王鏊：《震泽集》，文渊阁《四库全书》本。

吴宽：《家藏集》，文渊阁《四库全书》本。

谢迁：《归田稿》，文渊阁《四库全书》本。

李梦阳：《空同集》，文渊阁《四库全书》本。

何景明：《大复集》，文渊阁《四库全书》本。

陆深：《俨山集》，文渊阁《四库全书》本。

王世贞：《弇州四部稿》，文渊阁《四库全书》本。

曹学佺：《石仓历代诗选》，文渊阁《四库全书》本。

康熙：《御选明诗》，文渊阁《四库全书》本。

朱彝尊:《明诗综》,文渊阁《四库全书》本。

《松风余韵》,文渊阁《四库全书》本。

徐纮:《明名臣琬琰续录》,文渊阁《四库全书》本。

张英、王士禛等:《御定渊鉴类函》,文渊阁《四库全书》本。

《福建通志(乾隆)》,文渊阁《四库全书》本。

袁宏道:《袁中郎全集》,世界书局1935年版。

申时行等重修:《明会典》,商务印书馆1936年版。

杨慎:《升庵全集》,商务印书馆1937年版。

赵翼:《陔余丛考》,商务印书馆1957年版。

胡应麟:《诗薮》,中华书局1958年版。

李开先:《李开先集》,中华书局1959年版。

沈德符:《万历野获编》,中华书局1959年版。

何良俊:《四友斋丛说》,中华书局1959年版。

王汝南:《续补明纪编年》,台湾银行经济研究室1961年版。

永瑢等:《四库全书总目》,中华书局1965年版。

《明实录》,“中央研究院”历史语言研究所1967年版。

柯潜:《竹岩集》,台湾商务印书馆1969年版。

魏征等:《隋书》,中华书局1973年版。

张廷玉等:《明史》,中华书局1974年版。

康海:《对山文集》,伟文图书出版社有限公司1976年版。

李梦阳:《空同先生集》,伟文图书出版社有限公司1976年版。

钱泳:《履园丛话》,中华书局1979年版。

叶盛:《水东日记》,中华书局1980年版。

焦竑:《玉堂丛语》,中华书局1981年版。

黄宗羲:《明夷待访录》,中华书局1981年版。

朱舜水:《朱舜水集》,中华书局1981年版。

王士禛:《香祖笔记》,上海古籍出版社1982年版。

李肇:《翰林志》,台湾商务印书馆1983年版。

张英、王士禛等撰:《御定渊鉴类函》,台湾商务印书馆1983年版。

钱谦益:《列朝诗集小传》,上海古籍出版社1983年版。

丁福保辑:《历代诗话续编》,中华书局1983年版。

李东阳著、周寅宾点校:《李东阳集》,岳麓书社1984年版。

杨慎著、王文才辑校:《杨慎词曲集》,四川人民出版社1984年版。

宋懋澄:《九籥集》,中国社会科学出版社1984年版。

于慎行:《谷山笔麈》,中华书局1984年版。

赵翼著、王树民校正:《廿二史札记校正》,中华书局1984年版。

高启:《高青丘集》,上海古籍出版社1985年版。

李东阳:《麓堂诗话》,中华书局1985年版。

朱承爵:《存余堂诗话》,中华书局1985年版。

皇甫录:《皇明纪略》,中华书局1985年版。

王世贞:《弇山堂别集》,中华书局1985年版。

刘仕义:《新知录摘抄》,中华书局1985年版。

李调元:《制义科琐记》,中华书局1985年版。

焦竑:《焦氏笔乘》,上海古籍出版社1986年版。

戴名世:《戴名世集》,中华书局1986年版。

查继佐:《罪惟录》,浙江古籍出版社1986年版。

李乐:《见闻杂记》,上海古籍出版社1986年版。

萧统:《文选》,上海古籍出版社1986年版。

白居易著、朱金城笺校:《白居易集笺校》,上海古籍出版社1988年版。

黄溍:《金华黄先生文集》,北京图书馆出版社1988年版。

袁中道:《珂雪斋集》,上海古籍出版社1989年版

李贽:《焚书·续焚书》,岳麓书社1990年版

汪森编:《粤西文载》,广西人民出版社1990年版。

王鏊:《震泽集》,上海古籍出版社1990年版。

吕天成撰、吴书荫校注:《曲品校注》,中华书局1990年版。

朱彝尊:《静志居诗话》,明文书局1991版。

王世贞:《明诗评》,明文书局1991年版。

陈田:《明诗纪事》,明文书局1991年版。

张凝道、张弘道:《皇明三元考》,明文书局1991年版。

过庭训:《分省人物考》,明文书局1991年版。

文震孟:《姑苏名贤小记》,明文书局1991年版。

黄宗羲:《明儒学案》,明文书局1991年版。

刘凤:《续吴先贤赞》,明文书局1991年版。

黄佐:《革除遗事》,中华书局1991年版。

曹安:《谰言长语》,中华书局1991年版。

尹直:《謇斋琐缀录》,中华书局1991年版。

王守仁:《五阳明全集》,上海古籍出版社1992年版。

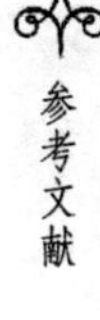

王世贞著、罗仲鼎校注：《艺苑卮言校注》，齐鲁书社1992年版。

严从简：《殊域周咨录》，中华书局1993年版。

顾炎武著、黄汝成集释：《日知录集释》，岳麓书社1994年版。

林大钦：《林大钦集》，广东人民出版社1995年版。

朱国祯：《仿洪小品》，燕山出版社1995年版。

尹直：《謇斋琐缀录》，齐鲁书社1995年版。

谈迁：《枣林杂俎》，齐鲁书社1995年版。

杨士聪：《玉堂荟记》，齐鲁书社1995年版

蒋一葵：《尧山堂外纪》，上海古籍出版社1996年版。

焦竑：《国史经籍志》，齐鲁书社1996年版。

张朝瑞辑：《皇明贡举考》，齐鲁书社1997年版。

陆埛：《篑斋杂著》，齐鲁书社1997年版。

彭教：《东泷遗稿》，齐鲁书社1997年版。

曾棨：《曾西墅先生集》，齐鲁书社1997年版。

马愉：《马学士文集》，齐鲁书社1997版。

商辂：《商文毅公文集》，齐鲁书社1997年版。

钱福：《钱太史鹤滩稿》，齐鲁书社1997年版。

罗洪先：《念庵罗先生集》，齐鲁书社1997年版。

申时行：《赐闲堂集》，齐鲁书社1997年版。

徐阶：《世经堂集》，齐鲁书社1997年版。

张元忭：《张阳和先生不二斋文选》，齐鲁书社1997年版。

宋濂：《宋濂全集》，浙江古籍出版社1998年版。

杨士奇：《东里文集》，中华书局1998年版。

陈鎏:《皇明历科状元录》,书目文献出版社1998年版。

郎瑛:《七修类稿》,文化艺术出版社1998年版。

李逊之:《崇祯朝记事》,北京出版社1998年版。

焦竑撰、李剑雄点校:《澹园集》,中华书局1999年版。

刘理顺:《刘文烈公全集》,北京出版社1999年版。

黄瑜:《双槐岁钞》,中华书局1999年版。

《唐五代笔记小说大观》,上海古籍出版社2000年版。

黄虞稷:《千顷堂书目》,上海古籍出版社2001年版。

梁章钜:《制义丛话》,上海书店出版社2001年版。

王定保撰、姜汉椿校注:《唐摭言校注》,上海社会科学院出版社2003年版。

徐松撰、孟二冬补正:《登科记考补正》,燕山出版社2003年版。

傅璇琮、施纯德编:《翰学三书》,辽宁教育出版社2003年版。

袁中道:《游居杮录》,青岛出版社2005年版。

郑方坤:《全闽诗话》,福建人民出版社2006年版。

著作类

程千帆:《唐代进士行卷与文学》,上海古籍出版社1980年版。

岑仲勉:《金石论丛》,上海古籍出版社1981年版。

傅璇琮:《唐代科举与文学》,陕西人民出版社1986年版。

王文才:《杨慎学谱》,上海古籍出版社1988年版。

马积高:《宋明理学与文学》,湖南师范大学出版社1989年版。

林庆彰、贾顺先：《杨慎研究资料汇编》，“中央研究院”中国文哲研究所1992年版。

钱穆：《国史大纲》，商务印书馆1994年版。

丰家骅：《杨慎评传》，南京大学出版社1998年版。

李剑雄：《焦竑评传》，南京大学出版社1998年版。

左东岭：《王学与中晚明士人心态》，人民文学出版社2000年版。

钱穆：《中国历代政治得失》，生活·读书·新知三联书店2001年版。

[法] 皮埃尔·布迪厄：《艺术的法则：文学场的生成和结构》，中央编译出版社2001年版。

[美] 萨义德著、单德兴译：《知识分子论》，生活·读书·新知三联书店2002年版。

吴承学：《中国古代文体形态研究》，中山大学出版社2002年版。

孟森：《明史讲义》，上海古籍出版社2002年版。

[美] 杜维明：《道·学·政——论儒家知识分子》，武汉出版社2002年版。

[美] 余英时：《士与中国文化》，上海人民出版社2003年版。

王鸿鹏等：《中国历代文状元》，解放军出版社2003年版。

仇江、曾燕闻、李福标编：《岭南状元传及诗文选注》，中山大学出版社2004年版。

金宁芬：《康海研究》，崇文书局2004年版。

[美] 黄仁宇：《万历十五年》，三联书店2004年版。

商衍鎏：《清代科举考试述录及有关著作》，百花文艺出版社2004年版。

刘海峰、李兵：《中国科举史》，东方出版中心2004年版。

周腊生：《明代状元奇谈·明代状元谱》，紫禁城出版社2004年版。

雷磊：《杨慎诗学研究》，中国社会科学出版社2005年版。

龚鹏程：《晚明思潮》，商务印书馆2005年版。

王凯旋：《明代科举制度考论》，沈阳出版社2005年版。

龚笃清：《明代八股文史探》，湖南人民出版社2006年版。

王鸿鹏选注：《中国历代状元诗（明朝卷）》，昆仑出版社2006年版。

崔建英辑订：《明别集版本志》，中华书局2006年版。

徐儒宗编校整理：《罗洪先集》，凤凰出版社2007年版。

陈文新：《明代诗学的逻辑进程与主要理论问题》，武汉大学出版社2007年版。

陈文新：《中国文学流派意识的发生和发展》，武汉大学出版社2007年版。

朱焱炜：《明清苏州状元与文学》，中国言实出版社2008年版。

论文

欧阳琛：《王守仁与大礼议》，《新中华》1949年第12卷第7期。

陈廷乐：《简辑杨升庵著述评选书目》，《昆明师范学院院报》1982年第1期。

陈选公：《“状元策”论略——“官人文学”研究之一》，《郑州大学学报（哲学社会科学版）》，1997年11月第6期。

何玉军：《明代科举与诗歌》，苏州大学2004年硕士论文。

后 记

本书的题目，是由我的导师陈文新先生帮助选定的。

2005年，我离开家乡山东，来到位于东湖之滨、珞珈山畔的美丽的武汉大学，师从陈文新先生攻读古代文学，转眼间度过了忙碌与充实的一年。

次年暑假，我和陈先生一起参加了在山东泰安举办的“罗贯中与《三国演义》、《水浒传》国际学术研讨会”，会议的间隙，我陪先生一起在泰山脚下散步，谈起毕业论文的选题，先生向我建议做这一题目。当时感觉这是一个很有意思的选题，便一口应承下来。不过，如何将这个有“意思”的题目，做得更加有“意义”，对于我浅薄的学术素养而言，实在是一大挑战。为了不浪费这一选题，在很长一段时间内，我都在努力思考，想寻找一个最佳的角度切入，因而大部分时间都是在搜集资料，迟迟没有真正动笔。当然，这也与我对这一领域的陌生有关。当我真正开始动笔写作的时候，时间已经很仓促了。

在本书写作过程中，深深地感受到走学术道路原来是这么艰苦。武大校园素以风景优美著称，然而，论文的写作压力，使我已无心徜徉于珞珈山水之间。日复一日，埋首书案，阳台外的几株参天古木，从早春开始萌芽，转眼已满目葱茏。2008年的那个春天仿佛与我擦肩而过。

虽然毕业论文的写作过程非常艰苦，但也有许多乐趣。在写作过程中，每当发现或解决一个哪怕极小的问题，都会感觉自己的研究是有价值的，付出的心血没有白费。越写到最后，越觉得题目中有丰富的意义可供发掘。不过，这毕竟是一个前人关注较少的领域，而且涉及面极广。以自己目前粗浅的学力，研究还只能停留在起步阶段，有待于日后深化。

2008年博士毕业后，来到了美丽的海南岛，从事教学工作。一直抽不出足够的时间，能够把博士论文好好修改一下，论文被压在箱底，冷落了整整一年。当然，这一年中，我也时常思考着论文中的一些问题，发表过相关的小论文，并且将以前搜集的资料加以整理，在师弟甘宏伟的协助下，编成了《明代状元史料汇编》，该书分上下两册，共220余万字，是陈文新先生主编的大型丛书《历代科举文献整理与研究》中的一种，武汉大学出版社2009年9月出版。《明代状元史料汇编》出版后，时间稍微充裕了一些，此时我也适应了新的生活环境，终于可以静下心来认真修改我的博士论文了。

与厚厚的两大册《明代状元史料汇编》相比，这本薄薄的《明代状元与文学》显得过于轻微，两者看上去实在不成比例。但在我的心中，它们的分量其实不相上下。每一本书即将出版的时候，内心都会有一些忐忑不安。因为每一本书的问世，都会伴随着一些不可弥补的缺憾，不可能尽善尽美。作者所能做的，只能是在书问世之前，尽量减少这种缺憾吧。就作者的本意来说，总是希望自己的书稿能够留在手中多一些时日，可以认真推敲。但换个角度来看，它们总还算有些价值，与其敝帚自珍，不如勇敢地让它们面对读者的检验，一方面可以发挥其作用，另一方面也希望热忱的读者朋友能够不吝赐教，多加批评指正。

感谢我的父亲，他的无私父爱与殷殷厚望，是我在学术道路上不懈前进的强大动力。

感谢恩师陈文新教授一直以来对我的鼓励和鞭策。他那循循善诱、和蔼可亲的师风，沉潜学术、严谨求实的学风，令我受益终生。

感谢北京大学刘勇强教授，南京大学周群教授，南开大学宁稼雨教授，华中师范大学的戴建业教授、谭邦和教授，武汉大学的郑传寅教授、尚永亮教授、刘尊明教授、程芸教授等诸位先生。他们对我的博士论文提出了许多宝贵意见。

感谢海南师范大学文学院的阮忠先生，他的儒雅风范，磊落心胸，孜孜不倦的治学精神，为我树立了学习的楷模，没有他的关心和督促，我的这本小书也许至今还沉睡在箱底。

感谢我的师弟甘宏伟，他牺牲了自己很多宝贵时间，帮助我整理资料，共同完成了《明代状元史料汇编》，他的扎实勤奋、一丝不苟，常常令我自愧不如。

感谢本书的责任编辑张文，没有她的热心帮助，本书不可能顺利面世。

要感谢的人还有很多，比如我的硕士导师、山东师范大学的石玲教授，是她引领我走上了学术的道路；还有许多友善可亲的师友，在生活和学业方面曾给予我热情的关怀和帮助。

从故乡泉城济南到江城武汉，再到美丽的海南，感觉自己就像一条淙淙的小溪，最终奔向大海的怀抱。江海不捐细流，所以成其大。希望自己的心胸也可以从此变得更加开阔。这本小书是我过去几年研究生学习生涯的结晶，见证了我生命中最美、最难忘的一段时光。但那些光阴毕竟已成为过去。对于我而言，这本书不是句点，只是一个开端。

喜欢怀旧的人，当然也喜欢怀古。无论再怎样精彩、难忘的人生，终将成为过去。不同的是，有些人生，会成为历史积累下来的精神财富；有些人生，则不会留下任何痕迹。就如同本书中涉及的那些明代状元一样，他们有着不同的追求，不同的精彩，不同的人生。回顾过去，是为了面向未来。希望拂落历史的尘埃之后，这本薄薄的小书能够给亲爱的读者朋友带来一些思考和回味的余地。

笔者学力有限，书中错漏不足之处恐在所难免，祈请方家不吝教正。

郭皓政

2010 年 3 月，于海口